भारत का स्वाधीनता संग्राम

जब 1857 का स्वतन्त्रता संग्राम विफल हो गया तो अंग्रेजों की जकड़ और भी मजबूत हो गयी और दिन प्रतिदिन उनके अत्याचार बढ़ने लगे।

तब देश में एक नयी जागृति आई और देश को स्वतन्त्र करवाने के लिए देश का बच्चा-बच्चा स्वतंत्रता संग्राम में कूद पड़ा। प्रस्तुत है उसी स्वतंत्रता संग्राम की रोमांचक गाथा।

भारत का स्वाधीनता संग्राम

अवधेश चतुर्वेदी

डायमंड पाकेट बुक्स

प्रकाशक : **डायमंड पॉकेट बुक्स (प्रा.) लि.**
X-30 ओखला इंडस्ट्रियल एरिया, फेज-II
नई दिल्ली-110020

फोन : 011-40712200
ई-मेल : wecare@diamondbooks.in
वेबसाइट : www.diamondbooks.in

संस्करण : 2025

मुद्रक : रेप्रो (इंडिया)

Bharat Ka Swadhinta Sangram
By : Avdesh Chaturvedi

विषय सूची

भारत का स्वाधीनता संग्राम

पृष्ठभूमि

भारत एशिया महाद्वीप के दक्षिण में हिन्द महासागर पर, अरब प्रायद्वीप (सऊदी अरेबिया) और हिन्द-चीन प्रायद्वीप के मध्य में बसा हुआ है। उत्तर में विशालकाय हिमालय पर्वत है और दक्षिण की तीनों दिशाओं में विशालकाय समुद्र है।

सन् 1498 में वास्को डी गामा नामक एक पुर्तगाली यात्री ने आशा अंतरीप का चक्कर लगाकर दक्षिणी-पश्चिमी तट के नगर 'कालीकट' के समुद्र तट पर पहुँच कर, इस सोने की चिड़िया के नाम से मशहूर हिन्दुस्तान में कदम रखा।

वास्को डी गामा की इस यात्रा से विदेशियों के लिए भारत आने का एक नया मार्ग खुल गया था। तब तक हमारे देश हिन्दुस्तान का नाम 'आर्यावर्त्त' था। यहाँ के नागरिकों को आर्य कहा जाता था।

सन् 1526 में मुगलों ने हिन्दुस्तान पर हमला किया तब के आर्यावर्त के अंदर छोटी बड़ी सैकड़ों रियासतें थीं। इन पर हमला करके बाबर ने मुगलों की सल्तनत कायम कर ली। हुमायूं और अकबर ने हिन्दुस्तान में मुगल सल्तनत की स्थापना में सबसे बड़ा और महत्वपूर्ण योगदान किया। अकबर ने दीन-ए-इलाही नाम का नया धर्म चलाया। जिसकी वजह से सारे भारत को एकता की डोर में बांधने का नया प्रयास किया गया था पर अकबर के बाद जहांगीर व शाहजहाँ आमोद-प्रमोद में मग्न रहने लगे। औरंगजेब मुगलकाल का सबसे निरंकुश शासक था। जिसने मुगल साम्राज्य को और मजबूत किया और इस्लाम धर्म को अधिक विस्तार से फैलाया। सन् 1707 में औरंगजेब की मृत्यु हो गयी। उसके बाद के उसके उत्तराधिकारी ज्यादा वीर नहीं थे। इसी दौरान नादिरशाह और अहमदशाह अब्दाली ने हिन्दुस्तान पर हमला कर दिया। इन लोगों ने लाखों रुपयों की संपत्ति लूट ली और हजारों आदमियों को मार डाला।

इसी समय यूरोप से भी कुछ लोग भारत में आये। ये लोग यहाँ पर व्यापार करने के नाम पर आये थे। इनमें पुर्तगाल, हालैंड, फ्रांस और इंग्लैंड के लोग थे। इन विदेशी व्यापारियों में आपस में जोर-शोर से लड़ाईयां होने लगीं।

सन् 1600 में इंग्लैंड में ईस्ट इंडिया कम्पनी की स्थापना हुई । इसका उद्देश्य भारत में व्यापार करना था। इंग्लैंड की ईस्ट इंडिया कम्पनी ने 1756 में कलकत्ता में नील की कोठियां प्रारंभ कर ईस्ट इंडिया कम्पनी के व्यापार की नींव रखी।

ईस्ट इंडिया कम्पनी के संस्थापकों ने धीरे-धीरे यह महसूस किया कि भारत की रियासतें बहुत कमजोर थीं। इसलिए इनके शासकों से बड़ी ही आसानी से सत्ता हथियाई जा सकती है। इसी योजना के तहत धीरे-धीरे ईस्ट इंडिया कम्पनी ने अपने शासन के पंजे फैलाने शुरू किये। उन्होंने हिन्दुस्तानी राजाओं को हटाकर अपना शासन स्थापित करना शुरू कर दिया। जिसका विरोध सबसे पहले बंगाल के नवाब सिराजुदौल्ला ने किया। जिसके कारण अंग्रेजों और सिराजुदौल्ला के बीच बहुत ही भयंकर युद्ध हुआ। नवाब सिराजुदौल्ला इस युद्ध में बुरी तरह से हार् गया।

इसके बाद तो अंग्रेज भारत की रियासतों में खुलेआम अपना हस्तक्षेप करने लगे। सिराजुदौल्ला के बाद मीर कासिम ने बंगाल में अंग्रेजों से लोहा लिया और हार गया। इसी तरह दक्षिण भारत के मैसूर के राजा हैदरअली और उसके पुत्र टीपू सुल्तान ने अंग्रेजों से टक्कर ली और बुरी तरह हारे। हैदराबाद के नवाब, मुगल सम्राट, अवध के नवाब, इन सभी ने अलग-अलग अंग्रेजों से टक्कर ली। परन्तु कोई भी उनसे जीत नहीं सका। मराठा और सिखों ने भी अंग्रेजों से टक्कर ली और बुरी तरह मुंह की खाई।

अंग्रेज सैनिक संख्या में तो कम थे, पर बहुत चतुर और वीर थे। उनके पास आधुनिक हथियार थे। जबकि देशी राजा एक तो अलग-अलग रियासतों में बंटे हुए थे, इसके अलावा उनके पास न तो पर्याप्त सेनायें थीं न हथियार ही थे।

शाह आलम मुगल बादशाह था। एक दिन लार्ड वैलजली ने उसको यह सलाह दी कि शाह आलम अपनी फौज सहित शाही दरबार को लेकर मुंगेर के किले में जाकर रहने लगे तो अच्छा रहेगा पर शाह आलम ने इन सलाहों को पूरी सख्ती से ठुकरा दिया। लार्ड हेस्टिंग्ज ने देशी रियासतों के साथ थोड़ा नरमी का रुख अपनाया।

पर उसके बाद जो गवर्नर आया उसका नाम लार्ड डलहौजी था। जिसने सबसे पहले कम्पनी द्वारा स्थापित शासन के विस्तार करने के लिए कई नये कानून बनाये। जिसमें सबसे बड़ा और महत्वपूर्ण कानून था -- राजाओं के उत्तराधिकार कानून में महत्वपूर्ण परिवर्तन। अब तक जिन राजाओं के कोई संतान नहीं होती थी वह अपने राज्य के उत्तराधिकारी के रूप में किसी बच्चे को गोद ले लेते थे।

लार्ड डलहौजी ने इस उत्तराधिकार कानून में सबसे बड़ा परिवर्तन यह किया कि राजाओं के निसंतान रहने की अवस्था में उनके द्वारा गोद ली गयी संतान राजा के उत्तराधिकारी का दर्जा प्राप्त नहीं कर सकेगी। ऐसे राज्य को अंग्रेजी शासन में शामिल कर लिया जायेगा।

लार्ड डलहौजी ने इस कानून के अलावा कई राजाओं की पदवी छीन ली, उनकी पेंशन बंद कर

दी। कई जमीदारों की जमीदारियां छीन ली गयीं। मुगल बादशाहों की तस्वीरों वाले सिक्के समाप्त कर अंग्रेजों की तस्वीर वाले नये सिक्के प्रचलन में लाये गये। सेना में बड़े और महत्वपूर्ण पदों पर अंग्रेज अफसरों की नियुक्ति रियासतों को जबरदस्ती करनी पड़ी। अंग्रेज अधिकारियों को अधिक वेतन देना पड़ता। भारतीयों की अंग्रेजों के सामने कोई इज्जत नहीं रही।

इसके बाद अंग्रेजों ने भारतीय जनता के सामाजिक और धार्मिक कार्यों में भी पूरी तरह से हस्तक्षेप करना आरम्भ कर दिया। अंग्रेजी शिक्षा, ईसाई धर्म का प्रचार होने लगा। लार्ड डलहौजी ने हिन्दुस्तान में रेल सेवा आरंभ की। उस समय हिन्दू समुद्र के पार जाना अच्छा नहीं समझते थे इसके बावजूद देशी रियासतों के हिन्दू और मुसलमान सैनिकों को हिन्दुस्तान से बाहर लड़ने को भेजा गया।

अंग्रेजों ने भारत की खनिज संपत्ति को भी बाहर भेजना प्रारंभ किया। इसके अलावा खेती के क्षेत्रों की अपेक्षा करके नये उद्योग-धंधों की स्थापना होने लगी। भारत में चल रहे प्राचीन देशी उद्योगों को पूरी तरह से नष्ट कर दिया गया। यहाँ की वस्तुओं को कम कीमत में खरीदा जाता और भारत के कच्चे माल से बनी वस्तुओं को अधिक दाम में बेचा जाता। जैसे हमारे देश की कपास कम दामों में खरीद कर इंग्लैंड भेजी जाती जहाँ उसी कपास से मिलों में कपड़ा तैयार होता जो भारत के बाजारों में महंगे दामों पर बेचा जाता। इस तरह भारत की गरीबी इतनी बढ़ गयी कि वह पूरी तरह से कंगाल हो गया। यहाँ के लोग धीरे-धीरे बेकार होने लगे। तभी पड़े अकाल ने और रही सही कसर पूरी कर दी। हमारे देश के लोग भूखे मर रहे थे और अंग्रेज मजे उड़ा रहे थे।

ईस्ट इंडिया कम्पनी ने व्यापार कर अपनी तिजोरियां पूरी तरह से भर ली थीं। व्यापार की बजाय उन्होंने हिन्दुस्तान में अपना राज्य ही कायम कर लिया था। पर अन्याय का यह सिलसिला ज्यादा समय नहीं चलने वाला था। जनता के मन में इस अनाचार के खिलाफ चेतना जाग रही थी। अत्याचार के सामने तो पशु भी मौन नहीं रहते फिर हम तो इंसान थे। भले ही हम नासमझ थे, पर अपनी आजादी का मूल्य हम सब जानते थे।

इस कारण अंग्रेजी शासन का पूरी तरह से प्रतिरोध होने लगा। सन् 1857 के प्रमुख विद्रोह होने के पूर्व से ही हर साल कोई न कोई विद्रोह होने लगा। इन विद्रोहों को मुख्यतः तीन भागों में बाँटा जा सकता है, नागरिकों के विद्रोह, आदिवासियों के उपद्रव और किसान आंदोलन व विद्रोह।

नागरिक विद्रोह

भारत में ब्रिटिश शासन की जड़ें जमने के साथ-साथ ही भारतीय जनता में भी गंभीर असंतोष और आक्रोश की क्रिया जन्म ले रही थी। इसका प्रभाव फिरंगी सेना में मौजूद भारतीय सिपाहियों पर भी पड़ा। यह असंतोष बेदखल किये सरदारों, उनके उत्तराधिकारियों व उनके सम्बन्धियों, जमींदारों, भूतपूर्व सैनिकों, अहलकारों व भारतीय रियासतों की कृपा पर पलने वाले किसानों, कारीगरों द्वारा इन विद्रोहों में हिस्सा लेने से उत्पन्न हुआ। ये ही इस असंतोष के आधार थे। ये नागरिक विद्रोह बंगाल और बिहार में ब्रिटिश शासन की स्थापना के साथ प्रारंभ हुए। फिरंगियों द्वारा राजस्व वसूली में तेजी

लाने से स्थिति अधिक विस्फोटक होती गयी। हर जिले में और कस्बे में विद्रोह की घटनायें फैल गयीं।

बंगाल में कार्यरत सैनिकों और किसानों ने उस मशहूर संयासी विद्रोहियों का साथ दिया जिसका नेतृत्व धार्मिक मठवासियों और बेदखल जमींदारों ने किया। संयासी विद्रोह सन् 1763 से सन् 1800 तक चला। इसके बाद सन् 1766 से सन् 1772 तक चुआर विद्रोह चला। जिसका प्रभाव बंगाल और बिहार के पाँच जिलों तक रहा। सन् 1789 और सन् 1816 तक चुआरों का दूसरा विद्रोह चला।

अंग्रेजी शासन के देश के दूसरे भाग में विस्तार के साथ भी ऐसे ही विद्रोह का जन्म होना प्रारंभ हो गया। उड़ीसा के जमींदारों का विद्रोह सन् 1804 से सन् 1817 तक चला। दक्षिण भारत में विजयनगर के राजा ने सन् 1794 में विद्रोह किया। 18वीं शताब्दी के नवें दशक में पोलीगरों ने तमिलनाडु में, सन् 1801 में मालाबार और डिंडिगल में, सन् 1801 से 1805 तक तटवर्ती आंध्रप्रदेश में। सन् 1813 से 1834 तक परलाकिमिदी में विद्रोह फैला। मैसूर राज्य में सन् 1800 और 1831 में विद्रोह हुआ। त्रावनकोर के दीवान वेलुतम्पी दलवा ने 1805 में विद्रोह किया। पश्चिमी भारत में सौराष्ट्र के सरदारों ने सन् 1861–62 के बीच बार-बार विद्रोह किया। गुजरात के कोलियों ने सन् 1824–28, 1839 और 1849 में विद्रोह किया। उत्तर भारत कुछ कम अशांत रहा। 1824 में पश्चिमी उत्तर भारत में जाटों ने विद्रोह किया। सन् 1808 में बिलासपुर के राजपूतों, सन् 1814–17 में अलीगढ़ के ताल्लुकेदारों और 1842 में जबलपुर में बुंदेलों ने विद्रोह किया।

मराठवाड़ा में निरंतर छोटे-छोटे विद्रोह होते रहे। सन् 1819 में मराठा सेना ने अंग्रेजों के सामने घुटने टेक दिए। शनिवार वाड़े से जरीपट का भगवा झण्डा उतार कर उसकी जगह यूनियन जैक चढ़ा दिया गया। इस बात का गहरा प्रभाव मराठी जनता पर पड़ा। वे अपने ऊपर आई इस विपत्ति से छुटकारे का कारण खोजने लगे। बदला लेने की नई-नई तरकीबें सोची जाने लगीं। परतंत्र होते ही मराठाओं के मन में तुरंत स्वतंत्र होने की इच्छा जागृत हो गयी थी। वह जल्दी से जल्दी अपना राज्य कायम होता देखना चाहते थे।

सन् 1828 में जन्में विष्णुभुवा ब्रह्मचारी ने राज्य के विषय में जो विचार लोगों के सामने रखे उनका रूप काफी हद तक समाजवादी विचारों से मिलता-जुलता था। उन्होंने यह महसूस किया था कि जाति-धर्म और आर्थिक विषमता में बटा हुआ समाज अंग्रेजों के सामने कभी खड़ा नहीं हो सकेगा। संप्रेषण के अभाव में विष्णुभुवा ब्रह्मचारी के विचार ज्यादा विस्तार नहीं पा सके।

इस बीच सन् 1824 से 29 तक कित्तूर और सन् 1824 में कोल्हापुर में विद्रोह भड़के जिससे एक नई चेतना जागृत हुई। ज्योति बा गोविंद फूले का जन्म सन् 1828 में हुआ था। उन्होंने यह महसूस किया कि अंग्रेजी दासता का सबसे बड़ा कारण यह था कि हमारे अपने लोगों में ही कुछ कमी थी। शिक्षा से महिलाओं को वंचित रखना, जाति प्रथा जिससे छुआ-छूत का फैलना। समाज में फैली अन्य कुप्रथाओं, अंधविश्वास, विचारहीन स्वार्थपरता। इन सभी दोषों के ऊपर उन्होंने एक पुस्तक लिखी जो उस समय बहुत ज्यादा लोकप्रिय हुई सन् 1841 में सतारा में विद्रोह हुआ और सन् 1844 में गड़करियों ने विद्रोह किया था।

सन् 1854 के आस-पास भारतीय सैनिकों के अंदर विद्रोह पनप रहा था। जनता और किसान

बढ़े हुए लगान से तंग थे। उनकी जमीनें छीनी जा रही थीं। पुलिस के निचले कर्मचारियों और अदालतों से आम जनता तंग थी। समाज के उच्च वर्ग तक के लोगों को भ्रष्टाचार और दमन का सामना करना पड़ रहा था। पंडित, मौलवियों, राजाओं और राजकुमारों की आमदनी समाप्त हो गई थी।

अवध को डलहौजी ने अपने राज्य में शामिल कर लिया था। सैनिकों के बीच गुस्से की लहर फैल गयी थी। भूमि पर ज्यादा कर देना पड़ रहा था। जमींदारों और ताल्लुकेदारों की जमीनें छीनी जा चुकी थीं। सिपाहियों को एक बदतर जीव के रूप में समझा जाता था। उनके साथ जानवरों के समान बर्ताव किया जाता था। इसके अलावा सिपाहियों को न तो अच्छा वेतन मिलता था और न ही पदोन्नति के अवसर थे।

सन् 1820 से 1837 तक कोलों, 1855–56 संथालों ने विद्रोह किये। केरल के मलिप्पा किसानों ने 1836 से 1854 तक बाईस बार विद्रोह किया। ये सारे विद्रोह 1857 के प्रथम विद्रोह का पूर्वाभास मात्र थे।

❑❑❑

पहली लड़ाई

10 मई, 1857 को दिल्ली से 36 मील दूर मेरठ में आजादी की पहली बड़ी लड़ाई का शुभारंभ हुआ। मेरठ में इसकी शुरूआत मंगल पांडेय ने की थी। धीरे-धीरे यह विद्रोह पंजाब, राजपूताना, पूर्व में बिहार, बंगाल, नर्मदा तट के आस-पास फैल गया। सिपाहियों के कारतूस मुंह में दबाने की घटना ने यह विद्रोह फैला दिया था। सिपाहियों ने तीन अंग्रेजों को मार डाला। जिससे अंग्रेज बौखला गये। उन्होंने सबसे बड़ी गलती मंगल पांडेय को फाँसी की सजा दे कर की । इसके बाद तो भारतीय सिपाहियों ने पूरी तरह से विद्रोह की घोषणा कर दी। बागी सिपाही सीधे दिल्ली की ओर जा पहुँचे। दिल्ली के सिपाहियों ने मेरठ के सिपाहियों को देख तुरंत ही विद्रोह की घोषणा कर दी। इन सिपाहियों ने दिल्ली के लाल किले पर अपना कब्जा कर लिया और सम्राट बहादुर शाह जफर को दिल्ली का बादशाह घोषित कर दिया। धीरे-धीरे इस विद्रोह की आग पूरी तरह से सारे हिन्दुस्तान में फैल गयी।

पटना, जगदीशपुर, कानपुर, झांसी, लखनऊ, बनारस, इलाहाबाद, जबलपुर तक में सिपाही और आम जनता देशी हथियारों और कुल्हाड़ी, दरांती, धनुष-बाण जैसे घरेलू औजारों तक से फिरंगी सेना के अत्याचारों के खिलाफ लड़ने पर उतर आयी थी। आज के उत्तर प्रदेश और बिहार के नागरिकों ने इस युद्ध में व्यापक हिस्सा लिया था। इसी जनसमूह के कारण इस युद्ध को स्वतन्त्रता की पहली लड़ाई का नाम दिया जाता है। कहते हैं कि इस प्रथम स्वतंत्रता आंदोलन में उत्तर प्रदेश यानि अवध के लगभग एक लाख पचास हजार नागरिक शहीद हुए और बिहार में भी यह संख्या डेढ़ लाख तक ही पहुँची थी।

सन् 1857 के विद्रोह की सफलता का सबसे शक्तिशाली पक्ष हिन्दू-मुसलमानों की एकता को दिया जा सकता है, तो असफलता का सबसे बड़ा कारण, विभिन्न रियासतों द्वारा अंग्रेजों का साथ देना, सरदारों का अंग्रेजों के साथ मिल जाना और मराठा व पश्चिमी और दक्षिणी रियासतों तक स्वतन्त्रता की चेतना का जागृत न होना कहा जायेगा।

आम हिन्दू और मुसलमान के बीच कोई भेदभाव नहीं था। सारे विद्रोहियों ने एक स्तर से एक मुगल बादशाह बहादुर शाह ज़फर को अपना बादशाह स्वीकार किया था। हिन्दू और मुसलमानों ने एक दूसरे की धार्मिक भावनाओं का समुचित आदर किया। गोहत्या पूरी तरह से बंद कर दी गयी। मुसलमानों ने इस पक्ष में पूरे बहुमत से अपनी राय दी। अंग्रेज लाख प्रयत्न करने के बावजूद

मुसलमानों को हिन्दुओं के खिलाफ नहीं कर पाये। इस बात से 1857 के समय साम्प्रदायिकता न होने की बात की पूरी तरह से पुष्टि हो जाती है।

उन दिनों अंग्रेजी राज्य अपनी चरम सीमा पर था। सारी दुनिया में उनकी ताकत का लोहा माना जा रहा था। भारत में रियासतों के अधिकांश राजा और सरदारों ने ब्रिटिश राजसत्ता की कम्पनी की मार्फत पूरी-पूरी मदद की थी। इस कारण उनकी सैनिक शक्ति हमारे विद्रोही सैनिकों के मुकाबले बहुत ज्यादा थी। इसके अलावा विद्रोहियों में शस्त्रों, अनुशासन, एकता, कृतसंकल्पता और कुशल नेतृत्व का अभाव था। अपनी इन्हीं कमियों के कारण विद्रोही सैनिक जीता हुआ युद्ध हार गये। अंग्रेजी सत्ता ने उन्हें बुरी तरह से कुचल डाला।

लार्ड केनिंग 1857 के समय भारत का गवर्नर जनरल था। उसने इस विद्रोह को बड़ी ही कठोरता से दबा डाला। कई नेताओं तथा सैकड़ों विद्रोहियों को फाँसी दी गयी। 20 सितम्बर 1857 को सम्राट बहादुर शाह जफर को गिरफ्तार कर रंगून भेज दिया गया। इसके साथ विद्रोहियों पर बर्बर अत्याचार किये गये। दिल्ली में कैप्टिन हडसन ने मुगल खानदान के वारिसों, बहादुर शाह जफर की संतानों, राजकुमार मिर्जा मुगल, खिज्र सुल्तान और मिर्जा अबूबकर को हुंमायूं के मकबरे से 22 सितम्बर को गिरफ्तार किया और एक बैलगाड़ी में बिठा कर उन्हें दिल्ली दरवाजे तक अर्द्धनग्नावस्था में ले जाया गया। दिल्ली दरवाजे के सामने कैप्टिन हडसन ने इन तीनों को गोली मार दी। तभी से यह जगह खूनी दरवाजा के नाम से मशहूर हो गयी।

दूसरी ओर अन्य विद्रोही नेता अंग्रेजों की शक्तिशाली फौज का सामना कब तक करते। वे एक-एक कर पराजित होते गये। बिठूर में निर्वासित जीवन बिता रहे नाना साहब पेशवा को कानपुर में हार का सामना करना पड़ा। जहाँ से वह नेपाल भाग गये। उनके एक और वफादार सेनापति तात्या टोपे ने 1857 व 1858 तक अंग्रेजों से युद्ध जारी रखा और उन्हें नाकों चने चबवा दिये। अंग्रेजों ने उनकी जिंदा या मुर्दा गिरफ्तारी के लिए अपने अनेक गुप्तचर पीछे लगा रखे थे। उन्हीं के मित्र नरवर के राजा ने शिवपुरी रियासत में उन्हें बुलाकर शरण दी और फिर उन्होंने ही उन्हें 30 अप्रैल 1859 को गिरफ्तार करा दिया। 30 अप्रैल 1859 को ही शिवपुरी मध्य प्रदेश में उन्हें फाँसी दे दी गयी।

अंग्रेजों के झाँसी हड़पने के निर्णय पर सिंह की भाँति गरजने वाली महारानी लक्ष्मीबाई ने अंग्रेजों का कालपी, झाँसी और ग्वालियर में बड़ी ही वीरता से सामना किया। ग्वालियर रियासत से लक्ष्मीबाई ने सैनिक सहायता मांगी जो उसको नहीं मिली। उस समय शिंदे अंग्रेजों के पक्षधर थे। अपने दत्तक पुत्र को पीठ पर बांध कर रानी लक्ष्मीबाई मैदान में कूद पड़ी। 17 जून 1858 को ग्वालियर में अंग्रेजों से लड़ते हुए उनकी मृत्यु हो गयी।

कुंवर सिंह और अमर सिंह जगदीशपुर (बिहार) के रहने वाले थे। उन दोनों भाईयों ने अंग्रेजों को बुरी तरह से परेशान कर रखा था। जब कि कुंवर सिंह 79 वर्ष के वृद्ध थे। उनको भी अंग्रेजों ने धोखे से मार डाला था।

सन् 1857 के विद्रोह में अब के हिमाचल प्रदेश के कुल्लू और शेराज में विद्रोह का असफल प्रयास हुआ था। 1857 के मेरठ में हुए विद्रोह के आरम्भ से ही कुल्लू के सरगना प्रताप सिंह और

उनके साले वीर सिंह ने विद्रोहियों से गुप्त मुलाकात की उन्होंने कुल्लू के लोगों को अंग्रेजों के खिलाफ भड़काया। जिससे विद्रोह भड़क उठा। कुल्लू और शेराज तथा अन्य आस--पास के इलाकों में विद्रोह फैलने लगा। अंग्रेजों और विद्रोहियों के बीच मुठभेड़ें होने लगीं। ट्रांस सतलुज राज्यों के कार्य प्रभारी कमिश्नर हेग ने बड़ी ही मुस्तैदी से इस विद्रोह को दबा दिया था। उसने विद्रोहियों को गदर के नेताओं से मिलने का कोई अवसर नहीं दिया। कुल मिला कर 21 विद्रोही गिरफ्तार किये। 7 अगस्त को प्रताप सिंह और वीर सिंह को धर्मशाला में फाँसी दे दी गयी। सात विद्रोहियों को कठोर कारावास की सजायें दी गयीं।

सन् 1859 तक बिहार के कुंवर सिंह व अमर सिंह दिल्ली के सिपाही बख्त खां, बरेली के ख़ान बहादुर खान, फैजाबाद के मौलवी अहमदुल्ला आदि मारे जा चुके थे। अवध की बेगमें नेपाल भाग चुकी थीं। सन् 1859 तक ब्रिटिश शासन का शिकंजा पूरी तरह से फिर से भारत पर कसने लगा था। भले ही 1857 का विद्रोह असफल रह गया हो पर यह विद्रोह पूरी तरह अकारथ नहीं गया था। अंग्रेजों को तो भारत की शक्ति का पता लगा ही था । साथ-साथ भारत को भी अपनी शक्ति का अंदाजा लग गया था। अपनी कमजोरियों व कमियों का भी पता लग गया था। भारत ने इस विद्रोह को अपने पुराने साधनों से प्रारंभ किया था। यह भारतीय जनता का पहला बड़ा विद्रोह था। देश भर में फैले इन वीरों के चर्चे घर-घर में होने लगे। यह बात सच है कि वीरों की चर्चा अंग्रेजों को जरा भी अच्छी नहीं लगती थी।

विद्रोह का परिणाम

स्वाधीनता का यह पहला विद्रोह असफल भले ही रहा हो पर बेकार नहीं गया था। भारत के लोगों को अपनी शक्ति, अपनी कमजोरियों का पता चल गया था। अंग्रेजों का विश्वास भारत के लोगों से हट गया था। जिसके कारण ब्रिटिश सेना से भारतीय सैनिकों को हटाया जाने लगा। फिरंगियों की संख्या दिन प्रतिदिन बढ़ने लगी। भारतीय रियासतों से छीनी गयी तोपें अब फिरंगी फौज के कब्जे में आ गयी थीं और उनका इस्तेमाल भारतीय फौजियों के खिलाफ होने लगा था। कैदियों को बड़ी कठोर यातना दी जाने लगी थी। कैदियों को संगीनों से छलनी कर जिंदा जलाया जा रहा था। नाना साहब पेशवा की 12 वर्षीय लड़की मैनाबाई को कानपुर में जिंदा जला दिया गया। अंग्रेज भारतीय रियासतों में फूट डाल कर अपनी स्थिति मजबूत कर रहे थे। इसके अलावा अंग्रेजों ने भारतीय जनता को खुश करने के लिए कुछ वायदे कर डाले। महारानी विक्टोरिया ने अपनी ऐतिहासिक घोषणा में कहा, ''अब भारत में नौकरी देने के नाम पर किसी के साथ कोई पक्षपात नहीं किया जायेगा। अब किसी व्यक्ति के धार्मिक और सामाजिक मामलों में कोई दखल नहीं दिया जायेगा। भारत की दस्तकारी को पूरा प्रोत्साहन दिया जायेगा। ऐसे-ऐसे काम भारत में किए जायेंगे जिनसे भारतीय जनता को लाभ होगा।''

इस घोषणा के बाद भारत का राज्य ईस्ट इंडिया कम्पनी के अधीन नहीं रहा। भारत का राज्य

ईस्ट इंडिया कम्पनी से हटाकर सीधे महारानी के अधीन हो गया। भारत मंत्री के नाम से एक अलग मंत्री इंग्लैंड में नियुक्त हुआ जो पंद्रह सदस्यों की एक तदर्थ समिति के साथ मिलकर भारत सम्बन्धी मामले देखने लगा। भारत में बड़ा लार्ड अब महारानी के प्रतिनिधि के रूप में आकर कलकत्ते में वायसराय के नाम से रहने लगा।

भारत के नागरिकों को इस नई सत्ता प्रणाली से कोई लाभ नहीं हुआ। हिन्दुस्तानियों को अब भी ऊँची नौकरियां नहीं मिलती थीं। उनके पास हथियार रखने का अधिकार नहीं था। भारत में हर साल अकाल पड़ने लगे थे जिसका शिकार भारतीय सबसे ज्यादा होते थे।

भारत के कई हिस्सों में अंग्रेजों को जमीन देकर बड़ी आलीशान कोठियां बनाकर दी गयीं। जिन में वह बड़े ठाठ से रहने लगे। भारतीय नागरिक इन रईस अंग्रेजों के नौकरों के तौर पर रहने लगे। मुसलमानों और हिन्दुओं में बुरी तरह से फूट डाली गयी। देशभर में अंग्रेजी शिक्षा और ईसाई धर्म का प्रचार किया जाने लगा। तरह-तरह के अप्रत्यक्ष और प्रत्यक्ष कर लगाये जाने लगे। माल गुजारी दरें बढ़ा कर हमारे माल को हमारे लिए ही कीमती बना दिया गया। पहले भी हमारे यहाँ अपने लिए कपड़ा बनाने के अलावा बाहर भेजे जाने लायक कपड़े का उत्पादन होता था। हिन्दुस्तानी मलमल और छींट पर फिरंगी लट्टू थे। इस कारण यह सारा कपड़ा हिन्दुस्तान से सस्ते दामों में खरीदा जाता और इंग्लैंड में महंगा बिकता। अंग्रेजों ने हिन्दुस्तान से सस्ते दामों में कपास खरीदी और इंग्लैंड में कपड़े की नई मिलें खोल डालीं जिनका बना कपड़ा हिन्दुस्तान में महंगे दामों में बेचा जाने लगा। यदि हमारे देश से 6 करोड़ की कपास जाती थी तो इंग्लैंड से 56 करोड़ का कपड़ा भारत में आता था यानि हमें सीधे 50 करोड़ का घाटा हो जाता था। इन बातों से भारत के आम नागरिकों में अंग्रेजों के खिलाफ सख्त नफरत जाग रही थी। कड़वाहट फैल रही थी।

बंगाल और बिहार में अंग्रेजों की नील की कोठियां थीं। ये नीलहे अंग्रेज भारतीय मजदूरों पर बड़े कठोर अत्याचार करते थे। एक बार तो किसी किसान से नाराज होने पर पूरा का पूरा गाँव नीलहे साहब ने जला दिया था।

बेघर किसान रोते चीखते मजिस्ट्रेट के पास गये। उसने तुरंत पुलिस इंसपेक्टर को नीलहे साहब को गिरफ्तार करने का आदेश दिया, पर नीलहे साहब ने पिस्तौल निकाल कर उस दरोगा को भगा दिया। तब मजिस्ट्रेट जो साहित्यकार बंकिमचंद्र चट्टोपाध्याय थे, ने उस नीलहे साहब को खुद गिरफ्तार किया। उन्हें किसानों की झौंपड़ियां पुनः बनवाने का आदेश दिया और 5000 का जुर्माना किया।

अब हिन्दुस्तानी समझ गये थे कि अंग्रेजों से तभी मुकाबला किया जा सकता है जब हमारे हिन्दुस्तानी मिलकर एक हो जायेंगे। पढ़-लिखकर अंग्रेजों के समान सामाजिक रूप में शक्तिशाली हो जायेंगे।

❑❑❑

चेतना जागृति अभियान

1857 के युद्ध के बाद हिन्दू और मुसलमानों के अलावा अन्य धर्मों के लोगों में एकता की भावना भी जागृत हो रही थी। सब को यह महसूस होने लगा था कि हम सभी एक ही देश के रहने वाले हैं। हमारे सुख-दुःख एक हैं।

भारत के सभी लोग अंग्रेजों के गुलाम बन चुके थे। इस कारण सभी बराबर थे। कोई छोटा बड़ा नहीं था। अंग्रेजी भाषा के प्रचार से पढ़े लिखे लोगों का एक अलग वर्ग बन गया था जो अपनी बात अंग्रेजी भाषा के माध्यम से गवर्नर और वायसराय तक पहुँचा सकता था। वायसराय और अन्य उच्च वर्ग के लोग ऐसे लोगों को प्राथमिकता देते थे। देश में अंग्रेजी शासन को और अधिक मजबूत बनाने के लिए पक्की सड़कें, रेल और डाक सेवा की शुरुआत कर दी गयी थी। आवागमन के साधन ज्यादा आसान होने से देश में दूरियां घट गयी थीं। लोग एक दूसरे के ज्यादा नजदीक आ गये थे। एक दूसरे के दुःख दर्द, कठिनाईयां समझने लगे थे। कई विद्वान लेखकों ने भारत की प्राचीन सभ्यता व संस्कृति की खोज की। इस काम में अनेक विदेशी विद्वानों ने भी भाग लिया।

इन सब बातों से भारत के अन्य वर्गों में भी प्राचीन भारत का इतिहास पढ़ने की इच्छा जागी। स्वाधीनता और पराधीनता का मतलब उन्हें बड़ी ही आसानी से समझ में आने लगा। भारत के लोग जब विदेशों में जाने लगे तो उन्हें गुलामी का मतलब समझ में आने लगा।

इस बीच कई साहित्यकारों ने लिखना शुरु किया। भारतेंदु हरीश्चंद्र, बंकिम चंद्र और सुब्रमण्यम भारती ने अपनी कलम चलाना आरम्भ की थी कि अनेक अन्य लोग देश प्रेम के सम्बन्ध में लेख, कविताएं व नाटक लिखने लगे।

अंग्रेजों के अत्याचार और बुरी तरह से जारी थे। अंग्रेजों की संख्या दिन प्रतिदिन बढ़ रही थी। उनकी सुख-सुविधायें बढ़ रही थीं। वह अपनी मोटरों में कुत्तों के साथ चलते। जितनी सुविधाएं कुत्तों को प्राप्त थीं उतनी सुविधाओं की तो आम भारतवासी कल्पना भी नहीं कर सकता था। रेल के पहले दर्जे में सिर्फ अंग्रेज ही बैठ सकते थे। कोई भारतीय प्रथम श्रेणी में नहीं बैठ सकता था। अंग्रेजों के कुत्ते उनके साथ प्रथम श्रेणी में यात्रा कर सकते थे। भारतीय जज को अंग्रेज के ऊपर मुकदमा चलाने का अधिकार तक नहीं था। लार्ड रिपन ने इस भेदभाव की नीति को दूर करना चाहा। उसने भारतीय जजों को अंग्रेजों के मुकदमें सुनने का अधिकार दिया। जिसका अंग्रेजों ने सख्त विरोध किया। उसकी

शिकायत महारानी तक से की गयी। जिसके कारण लार्ड रिपन को हटा दिया गया। इस घटना से पढ़े लिखे भारतीयों में भी दु:ख की भावना भर गयी। उन्हें एकता का मतलब समझ में आने लगा। पढ़ लिखकर भी वह अंग्रेजों की बराबरी तक नहीं पहुँचे थे। वे बाबू बन गये थे। उन्हें कोई अच्छी नौकरी नहीं मिल रही थीं।

लार्ड लिटन ने भारतीय नागरिकों के पास किसी भी प्रकार के हथियार रखने पर प्रतिबंध लगा दिया। पर अंग्रेजों के इन प्रयासों के बावजूद अंग्रेजी शिक्षा के प्रभाव से प्रबुद्ध भारतीयों का एक वर्ग जन्म ले रहा था जो मिल्टन, शैली, बाइरन जैसे महान कवियों के विचार जान रहा था जो खुद इंग्लैंड में निरंकुशता के खिलाफ लड़ते रहे थे। इसके साथ ही वाल्टेयर, रूसो, बर्क, हर्बट, स्पैंसर, मेकाले, जॉन स्टुऊरमिल, लॉक, मेजिनी, थामस पेन जैसे विचारकों के विचारों को जानने का मौका मिला जो समानता, स्वतंत्रता, भातृत्व, आत्मनिर्णय एवं राष्ट्रीय स्वाधीनता के विचारों से पूरी तरह प्रभावित थे। इस तरह पढ़ लिख कर भारतीय नागरिक स्वतंत्रता की ओर उत्कंठित हो रहे थे।

यह देखकर ब्रिटिश शासकों ने बौखला कर यह हुक्म जारी किया कि हिन्दुस्तानी स्कूलों में यूरोप का उन्नीसवीं सदी का इतिहास नहीं पढ़ाया जाये। पर अंग्रेजों के न चाहते हुए भी अंग्रेजी शिक्षा से भारतीयों को लाभ पहुँच चुका था। शिक्षित भारतीय यह सोचने लगे थे कि, ''ब्रिटिश प्रजातंत्र होने के नाते क्या हमें अपने देश के शासन तंत्र में भाग लेने का अधिकार नहीं है? भारत में अंग्रेजियत को हटाकर भारतीयता के प्रचार की बात सोची जाने लगी। भारत के वयोवृद्ध नेता दादा भाई नौरोजी ने लिखा है कि ''हमें शिक्षा से नया आकाश मिला है जिससे हमें यह पता चलता है कि राजा जनता के लिए होता है, जनता राजा के लिए नहीं।''

भारतीय राष्ट्रीय भावना के प्रवर्तक कहे जाने वाले प्रमुख व्यक्तियों में राजा राम मोहन राय, दादा भाई नौरोजी, वोमेश चंद्र बनर्जी, सुरेन्द्रनाथ बनर्जी, फिरोजशाह मेहता, गोपाल कृष्ण गोखले, डी.इ. वाचा प्रमुख थे।

हम यह महसूस करते हैं कि पाश्चात्य शिक्षा का राष्ट्रीय भावना के विकास में काफी योगदान था। विभिन्न भाषा-भाषी एक सूत्र में बंध रहे थे। पर अंग्रेजी पढ़े पश्चिमी विद्धानों का यह कहना सरासर गलत था कि अंग्रेजी शिक्षा न होती तो राष्ट्रीय आंदोलन ही न होता। शिक्षा किसी भी भाषा में दी जाती, राष्ट्रीय भावना और आंदोलन तो जन्म लेता ही।

हिन्दुओं में जागृति

हिन्दुओं में जागृति का नाम लेते ही सबसे पहले जिस व्यक्ति का नाम सामने आता है उसका नाम राजा राम मोहन राय है। हिन्दू धर्म में फैली अनेक कुरीतियों, अज्ञान और मूर्तिपूजन के खिलाफ इन्होंने 16 वर्ष की आयु में ही लड़ना शुरू कर दिया था। राजा राम मोहन राय ने जहाँ हिन्दू धर्म की कुरीतियों के खिलाफ आवाज़ उठाई वहीं उन्होंने ईसाई मिशनरियों की धर्मांधता के खिलाफ लड़ने के लिए ब्रह्म समाज की स्थापना की। राजा राम मोहन राय स्वतन्त्रता के कट्टर समर्थक थे। उन्होंने

बंगला में संवाद कौमदी (1821), फारसी में मिरातड़ल अखबार (1822) तथा हिन्दी में 'बंगदूत' (1829) निकाला।

सन् 1828 में उन्होंने ब्रह्म समाज की स्थापना की ताकि भारतवासियों को सुधारने का काम सुचारू रूप से हो सके। सन् 1833 में वो ब्रिटिश शासकों को भारत में सामाजिक सुधार लाने की बातचीत करने के लिए इंग्लैंड गये थे जहाँ ब्रिस्टल में उनका देहांत हो गया।

प्रार्थना समाज

सन् 1867 में केशवचंद्र सेन की देख-रेख में मराठवाड़ा क्षेत्र प्रार्थना समाज की स्थापना हुई। इस आंदोलन ने हिन्दू समाज में जात-पात समाप्त करने, अछूतों और विधवाओं की हालत सुधारने, अनाथ आश्रम खोलने और नाईट स्कूल खोलने का काम किया।

आर्य समाज

स्वामी दयानंद सरस्वती ने (1824–83) आर्य समाज की स्थापना 10 अप्रैल 1876 में बम्बई में की थी । जिसने मूर्तिपूजा का विरोध किया। एकेश्वरवाद को प्रमुखता दी। शुद्धि आंदोलन चलाया गया। ''आर्य समाज के प्रमुख ग्रंथ सत्यार्थ प्रकाश को 1883 में प्रकाशित किया गया। इस ग्रंथ के माध्यम से प्रचार किया जाने लगा कि विदेशी राज्य चाहे कितना ही अच्छा हो सुखकर नहीं हो सकता। स्वदेशी राज ही सर्वोपरि है।''

थियोसोफिकल सोसायटी

श्रीमती एनी बेसेंट ने दक्षिण भारत में हिन्दू धर्म के पुनरुद्धार के लिए 1876 में इस संस्था की स्थापना की। मद्रास के अड्यार नाम के स्थान पर इसका मुख्यालय बनाया। श्रीमती एनी बेसेंट ने हिन्दू समाज से कहा ''तुम्हारे पास ज्ञान की सर्वोत्तम कुंजी है। तुम्हारे देवी-देवताओं का चरित्र बहुत ऊँचा है। उस ऊँचाई तक पहुँचने में अभी पश्चिम को बहुत समय लगेगा। भारत के हिन्दुओं को जगाने में एनी बेसेंट ने किसी हिन्दू से ज्यादा उत्तम कार्य किया था। इन सामाजिक संस्थाओं ने भारत में सामंती सामाजिक व्यवस्था पर आधारित जात-पात पर सीधा आक्रमण किया और उदारवादी पूंजीवाद का समर्थन किया था। इन्होंने भारतीय पूंजीवादी वर्ग का सामाजिक आधार खड़ा करने का प्रयास किया जिस तरह ईसाई धर्म प्रचारक भारतीयों को ईसाई बनाकर ब्रिटिश साम्राज्य का साथ दे रहे थे। इसी तरह सुधारवादी भारत के राष्ट्रीय आंदोलन को बढ़ावा दे रहे थे।

मुसलमानों में जागृति

देश में जहाँ हिन्दुओं ने अपनी जागृति के अनेक उदाहरण प्रस्तुत किये थे वहीं मुसलमान भी उनसे पीछे नहीं थे। समय के महत्व को उन्होंने भी पूरी तरह समझा था। मुसलमानों को अंग्रेज अपना पहला शत्रु मानते थे क्योंकि सत्ता उन्होंने इनसे ही छीनी थी। सन् 1848 में लार्ड एलन ब्रो ने मुसलमानों को अपना प्रमुख शत्रु माना था। उसकी नीति हिन्दुओं को प्रसन्न रखने की थी। पर सन् 1857 के स्वाधीनता संग्राम में मुसलमानों की भूमिका से अंग्रेज उनसे चिढ़ गये। इन्हें ब्रिटिश का प्रथम शत्रु माना जाने लगा।

1857 से दस वर्ष तक मुसलमानों का अंग्रेजों ने कट्टर विरोध किया। 1852 से 1858 तक कुल 240 वकील उच्च न्यायालय में वकालत करने पहुँचे जिनमें एक मुसलमान था। यही हालत शिक्षा के क्षेत्र में थी। अंग्रेजों की इस मुस्लिम विरोधी नीति का परिणाम यह हुआ कि सारे मुस्लिम समाज को पराजय, निराशा, शिथिलता की हीन भावना ने घेर लिया था।

डॉ० राजेन्द्र प्रसाद ने यह स्वीकार करते हुए कहा है, ''इतने कटु अनुभवों के कारण मुसलमानों की हिम्मत टूट गयी। उन्होंने काफी समय तक अंग्रेजी शिक्षा का लाभ नहीं उठाया जिस कारण सरकारी नौकरी मिलना असम्भव नहीं तो कठिन अवश्य था। मुसलमानों को इस दुर्दशा से निकालने का काम सर सैयद अहमद खान ने किया। वह 1868 में इंग्लैंड गये जहाँ से वह नये विचार ले कर लौटे और भारत में आकर उन्होंने मुस्लिम समाज के प्रचार के लिए 'तहजीबुल अखलाक' नाम की पत्रिका प्रकाशित की। सर सैयद अहमद जानते थे कि बिना अंग्रेजी पढ़े मुसलमानों का भविष्य अंधकारमय था।

सर सैयद अहमद ने ही सन् 1875 में अलीगढ़ में मोहम्मडन एंग्लो ओरियंटल स्कूल की स्थापना की जिसने आगे चलकर अलीगढ़ मुस्लिम यूनिवर्सिटी का रूप लिया। हैदराबाद में उस्मानिया विश्वविद्यालय, पेशावर में इस्लामिया कालेज की स्थापना की।

सर सैयद अहमद ने हिन्दू मुसलमानों की एकता पर भी काफी जोर दिया। वह उन्हें एक कौम कहा करते थे। हिन्दुस्तान को वह एक दुल्हन के रूप में देखते थे जिसकी दो आँखों के रूप में हिन्दू मुसलमान को देखा करते थे। उनके इस अथक प्रयास से ही मुसलमान हिन्दुओं के करीब आ गये और राष्ट्रीय विचारधारा से जुड़ गये।

साहित्यिक चेतना

हिन्दी में भारतेन्दु हरिश्चंद्र ने अपनी कविताओं और नाटकों के माध्यम से भारत की दुर्दशा पर अपने विचार रखे। एक जगह तो उन्होंने स्पष्ट लिखा, ''भीतर-भीतर सब रस चूसे, बाहर से तन मन धन चूसे, जाहिर बातन में अति तेज, क्यों सखि सज्जन, नहीं अंग्रेज!''

'भारत दुर्दशा नाटक में उन्होंने लिखा–

रोवहु सब मिलके आवहु भारत भाई।
हा-हा भारत दुर्दशा देखी न जाई।

हिन्दी के साथ-साथ उर्दू शायरों ने भी आजादी के लिए अपनी कलम उठाई थी। इन में प्रमुख स्थान मुहम्मद हुसैन आज़ाद और ख़्वाजा अल्ताफ़ हुसैन हाली का है।

शायर आज़ाद ने लिखा है–

ए आफ़ताबे सुबहे वतन तू किधर है आज।
तू है किधर कि कुछ नजर नहीं आता है आज
लबरेज़ जोश हुब्बे वतन सबके जाय हों
सरशारे जोक शोक दिले ख़ास-ओ आम हो।

हाली ने लिखा है–

ए वतन ए गिरे बहिशते बरी
क्या हुआ तेरे वा आसमानो जमीं।

हिन्दी और उर्दू के अलावा बंगला और मराठी में भी राष्ट्रीय चेतना की भावना जागृत हुई। मराठी में चिपलूणकर, बंगला में बंकिम चंद्र, तमिल में सुब्रमण्यम भारती, गुजराती में नर्मद नाम के विद्वानों ने देश प्रेम पर अनेक ग्रंथों की रचना की। जिससे आम जनता में स्वतंत्रता की चेतना जगी रही और अधिक उत्कंठित होती रही।

भारतीय समाचार पत्र

ईस्ट इंडिया कम्पनी ने काफी समय तक तो भारत में समाचार पत्रों के प्रकाशन पर रोक लगा दी थी। पर 1780 में जेम्स हिकी नामक एक अंग्रेज को अखबार निकालने की अनुमति मिल गयी थी। उसके बाद सन 1785 में मद्रास से मद्रास केरियर और 1789 में बम्बई गजट नाम का समाचार पत्र निकला। सर चार्ल्स मैटकाफ ने 1835 में लार्ड मैकाले के सहयोग के कारण लाइसेंस सम्बन्धी नियम समाप्त कर दिये। जिससे अंग्रेजी अखबारों की संख्या बढ़ने लगी। टाइम्स ऑफ इंडिया, स्टेट्स मैन, पायनियर, दि सिविल एंड मिलेट्री गजट, हिन्दू, अमृत बाजार पत्रिका, लीडर सारे देश मे पढ़ी लिखी जनता के बीच पहुँच रहे थे।

अठारह सौ सत्तावन के स्वाधीनता आंदोलन के परिणामों को देखते हुए ब्रिटिश सरकार ने सन् 1876 के अप्रैल माह में वायसराय के पद पर लिटन को भेजा। लिटन घोर प्रतिक्रियावादी थे। उन्होंने आते ही कुछ ऐसी घटनाओं को अंजाम दिया जो उनके खिलाफ चली गयीं।

इसमें प्रमुख है–

(1) दिल्ली दरबार जनवरी 1877
(2) वर्नाक्युलर प्रेस एक्ट 1878

(3) आर्म्स एक्ट 1879

(4) अफगान युद्ध 1878–79

दिल्ली दरबार–जनवरी 1877 में लिटन ने एक बड़े पैमाने पर दिल्ली दरबार का आयोजन किया जिसमें लाखों रुपया खर्च किया गया। ऐसे समय भारत में अनेकों बीमारियाँ फैली हुई थीं और अकाल पड़ रहा था।

वर्नाक्युलर प्रेस एक्ट–लिटन ने अपनी स्वेच्छाचारिता का निशाना भारतीय अखबारों को बनाया। 14 अप्रैल को वर्नाक्युलर प्रेस एक्ट लागू कर भारतीय अखबारों पर सरकारी सेंसर कानून लागू हो गया। जिसका सारे देश में बुरी तरह से विरोध हुआ। इसे वापिस लेने के लिए अंग्रेज सरकार के सामने विरोध प्रदर्शन हुए। जिसके परिणाम स्वरूप उक्त कानून वापिस लिया गया।

आर्म्स एक्ट–इस कानून के तहत भारतीयों को अपने पास साधारण हथियार रखना मना था जबकि फिरंगियों को अपने पास हथियार रखने की छूट थी।

अफगान युद्ध–20 नवम्बर 1878 को लिटन सरकार ने अफगानिस्तान पर अपनी उपनिवेशिक भूख के कारण आक्रमण कर दिया। इस आक्रमण का सारा खर्च भारतीय नागरिकों से कर वसूल कर निकाला गया। इस युद्ध में भारतीय जनता की हमदर्दी अफगानों के साथ थी।

इसी प्रकार भारतीय सेना को साइप्रस में तुर्की सेना के खिलाफ लड़ने भेजा गया। जबकि भारत का जनमत तुर्की के साथ था।

लिटन की इन बेतुकी नीतियों के कारण 'इंडियन मिरर' ने 27 सितम्बर 1882 को लिखा–वायसराय यदि और अधिक समय तक रहे तो भारत कोई उथल-पुथल देखने से बचा नहीं रह जायेगा।

ए.ओ.ह्यूम ने कहा है–लार्ड लिटन के कारनामों ने भारत को क्रांतिकारी विस्फोट के कगार पर लाकर खड़ा कर दिया है। लिटन की गलत नीतियों और पुलिस दमन ने भारत में क्रांति की वही चिंगारी सुलगा दी थी जो लार्ड डलहौजी ने 1856 में सुलगाई थी।

1860 के आस-पास भारत में जन्म ले रही राष्ट्रीय भावना को अनेक अंग्रेज वरिष्ठ अधिकारियों ने भी महसूस किया था। 20 करोड़ भारतीय नागरिक अंग्रेजों के मुकाबले खड़े हो रहे थे। जो पूरी तरह से पढ़े लिखे सुलझे नागरिक थे।

राष्ट्रीय आंदोलन की यह भावना सन् 1880 तक पूरी तरह से पूरी मजबूती के साथ छा रही थी। ब्रिटिश सरकार के अत्याचारों से उनकी आँखें खुल चुकी थीं। उन्हें यह पता चल चुका था कि अंग्रेजों को अपने देश से निकालने के लिए उन्हें एक बहुत कड़ा संघर्ष करना पड़ेगा।

कांग्रेस का जन्म

हिन्दुस्तान को स्वतंत्र कराने की इच्छा तो सभी देशवासियों के मन में थी पर इस कार्य को कैसे संपन्न किया जाये यह कोई समझ नहीं पा रहा था। 1857 के सशस्त्र विद्रोह का परिणाम सब देख ही चुके थे। इसलिए अंग्रेजों के खिलाफ मात्र हथियार उठा कर ही जीता नहीं जा सकता है। यह बात पढ़े-लिखे भारतवासी समझ चुके थे।

दूसरी ओर अंग्रेज भी अब समझ रहे थे कि सारे हिन्दुस्तानी अब पहले की भांति अनपढ़ नहीं रह गये थे। शिक्षा के प्रसार का भरपूर लाभ उठाकर अब प्रबुद्धता में भारतवासी अंग्रेजों के बराबर आ गये थे इसलिए उनके साथ अब कुछ उदारवादी रवैया अपनाना चाहिए।

एलेन आक्टेवियन ह्यूम नामक एक विद्वान और उदारवादी विचारधारा के वरिष्ठ अधिकारी थे। जो उस समय के अवध और अन्य उत्तर भारतीय रियासतों में कलेक्टर और अन्य वरिष्ठ प्रशासनिक पदों पर रहे थे। सन् 1857 के विद्रोह के समय वह इटावा के कलेक्टर थे।

सन् 1870 में वह इंग्लैंड में स्थित भारत मंत्रालय के सचिव रहे। उन्होंने कुछ उदारवादी नीतियां ब्रिटिश प्रधानमंत्री के समक्ष रखीं जिनका कड़ा विरोध किया गया। 1879 तक वह अपने पद पर काम करते रहे। 1882 में वह कई जगह काम करते हुए पद मुक्त हो गये।

ए.ओ. ह्यूम ने इंग्लैंड में ही कई जगह भारतीयों की शोचनीय दशा पर भाषण दिए। कई संगठनों से भारत के लिए कुछ करने की अपील की। जब वहाँ उन्हें कुछ होता दिखलाई नहीं पड़ा तो नवम्बर 1885 में ए.ओ.ह्यूम भारत वापिस लौट आये।

उस समय तक पूना में बुरी तरह से हैजा फैला हुआ था। उन्होंने पहले भारतीयों के कल्याण के लिए एक संगठन खड़ा करने के लिए पूना के प्रबुद्ध नागरिकों की एक सभा आयोजित की जो हैजे के कारण सम्पन्न न हो सकी। 27 दिसम्बर 1885 को उन्होंने सारे भारत से प्रतिनिधियों को बम्बई पहुँचने का निमंत्रण दिया। 28 दिसम्बर 1885 को दिन में 12 बजे गोकुल दास संस्कृत कालेज के सभा कक्ष में ए.ओ. ह्यूम ने इंडियन नेशनल कांग्रेस को जन्म दिया जिसकी अध्यक्षता उमेश चंद्र बनर्जी ने की। इस संस्था में उस समय भारत के सारे हिस्सों के प्रतिनिधि मौजूद थे बल्कि सारे वर्गों के लोग तक उपस्थित थे। इन में वकील, व्यापारी, जमींदार, साहूकार, डॉक्टर, अध्यापक, धर्मगुरु अखबारों के मालिक मौजूद थे। हिन्दू, मुसलमान, ईसाई तक मौजूद थे। म्यूनिसिपिल कमेटी के मेम्बर, लोकल बोर्डों के अध्यक्ष प्रतिनिधि सब मौजूद थे। इससे ज्यादा संख्या की कल्पना करना कठिन था।

कांग्रेस की आरंभिक योजनाओं और प्रस्तावों से यह बात स्पष्ट हो गयी कि इसका उद्देश्य भारत

के किसी भी एक या दो वर्गों की उन्नति न होकर सारे देश की उन्नति है। इस संस्था ने जनता के लिए न केवल राजनीतिक अधिकारों की मांग की बल्कि आर्थिक और सामाजिक न्याय की भी मांग की। बाद में महात्मा गांधी ने सैकिण्ड राउंड टेबिल कांफ्रेंस के दौरान फेडरल स्ट्रकेयर कमेटी के समय कांग्रेस के बारे में कहा, ''कांग्रेस भारत का सबसे पुराना राष्ट्रीय संगठन है। यह अपने नाम के अनुरूप ही राष्ट्रीय है। यह किसी विशिष्ट समुदाय का संगठन नहीं है। यह सारे भारतीयों को प्रतिनिधित्व करने वाला संगठन है। कांग्रेस में शुरू से ही पारसी, एंग्लो इंडियन, ईसाई, हिन्दू, मुसलमान, सिख आदि समुदाय सम्मिलित रहे हैं।

कांग्रेस की स्थापना का स्वागत अंग्रेजों ने भी किया जिसमें ग्लेडस्टोन जैसे उदारवादी नेता थे। इसके अलावा केर हार्डी, ही फोर्ड नाईट, मेकस्टन वेन, स्पूर चार्ल्स राईट, लार्ड एडलरवी, डी.एस. व्हाईट, एच.मोरगन, ब्राउन जार्ज, वाईट, जान एडम आदि प्रमुख थे।

कांग्रेस की लोकप्रियता की बढ़िया मिसाल उसकी सदस्य संख्या भी थी। जिससे ब्रिटिश सरकार उसका विरोध भी करने लगी थी। लार्ड डफरिन ने कांग्रेस की कई मांगों को पूरी तरह से अवैधानिक ठहराया और कांग्रेस को एक देशद्रोही संस्था के रूप में स्वीकार किया जो चंद पढ़े-लिखे भारतीयों की संस्था है।

उत्तर पश्चिमी प्रांत के गवर्नर सर आकलेण्ड ने इस आंदोलन के लिए जिम्मेदार लोगों को अपरिपक्व ठहराया व कहा कि कांग्रेस द्वारा भारतीय जनता के प्रतिनिधित्व करने का दावा पूरी तरह बकवास है।

सन् 1890 में बंगाल सरकार ने अपने सचिवों को और विभागाध्यक्षों को यह आदेश दिया कि, ''भारत सरकार के आदेशानुसार सरकारी अधिकारियों का कांग्रेस की सभा में दर्शक के रूप में भी जाना उचित नहीं है।'' 25 जून 1891 को सरकार ने देशी रियासतों में समाचार पत्रों के प्रकाशन को प्रतिबंधित कर दिया था।

कांग्रेस ब्रिटिश सत्ता के लिए धीरे-धीरे एक चुनौती बनती जा रही थी। इस संस्था को देश के हिन्दू और मुसलमानों का समर्थन प्राप्त था। अंग्रेजों को भारतीय जनता का इस तरह से संगठित होना सहन नहीं हो रहा था। उन्होंने कांग्रेस संगठन को तोड़ने के लिए कुचक्र रचा जिसमें मुसलमानों को कांग्रेस से अलग करने की योजना थी।

माउंटस्टर्ट एलिफ स्टोन ने फूट डालो और राज करों की नीति अपनाने की सलाह दी। जिसके अनुसार कांग्रेस से मुसलमानों को पृथक करने का कुचक्र चलाया, क्योंकि ब्रिटिश सरकार को हिन्दुओं और मुसलमानों का एक जुट होना खतरे से खाली नहीं लग रहा था। इसलिए अंग्रेजों और मुसलमानों की मित्रता पर जोर दिया जाने लगा। विलियम हंटर ने बंगाल में ब्रिटिश सरकार द्वारा मुसलमानों के दमन की, उनके अधिकारों, मान-सम्मान, उद्योगों के विनाश की, उनकी शिक्षा की, आर्थिक सुविधाओं की कमी की कड़ी आलोचना की। उसने कहा, ''ब्रिटिश शासन द्वारा किए गये अन्यायों की जो अनवरत भावना मुसलमानों के मन में बैठ गयी है, उसका कोई ठोस उपाय किया जाना चाहिए। यदि मुसलमानों को शांत एवं संतुष्ट रखा जाये तो वह ब्रिटिश सत्ता के सुदृढ़ स्तंभ होंगे।''

इन नीतियों के अनुरूप ही अंग्रेजों ने अलीगढ़ में एंग्लो ओरियंटल कालेज की स्थापना में सरकारी सहायता दी। सन् 1889 में ओरियंटल कालेज के प्रिंसिपल बैक ने सर सैयद अहमद को यह समझाया कि मुसलमानों द्वारा हिन्दुओं की सहायता करने से ज्यादा लाभदायक, फिरंगियों की सहायता है। सैयद अहमद को भी यह बात बहुत अच्छी तरह से समझ आ गयी थी। उन्होंने कांग्रेस की स्थापना के ठीक एक वर्ष बाद मुसलमानों की एक संस्था बनाई जो मोहम्डन एजुकेशन कांग्रेस के नाम से जानी गयी।

सर सैयद ने सन् 1890 में मुसलमानों को चेतावनी देते हुए कहा कि कांग्रेस जब किसी प्रकार की प्रतिनिधि सरकार की मांग करती है तो उसका सीधा मतलब हिन्दुओं के लिए सरकार की मांग होती है। इस देश में सिर्फ हिन्दुओं का ही राज्य होगा। मुसलमान यहाँ कभी राज्य नहीं कर पायेंगे।

सर सैयद ने ही राजा शिव प्रसाद (बनारस) के साथ मिलकर यूनाइटेट पेट्रियाटिक एसोसियेशन बनाई थी। जिसके उद्देश्य थेः

(1) इंग्लैंड की जनता और सरकार के सामने यह बात लाना कि भारत के सभी राजा और संप्रदाय कांग्रेस के साथ नहीं हैं।

(2) इंग्लैंड की जनता व सरकार को ऐसे लोगों के विचारों से अवगत कराना जो कांग्रेस के सख्त खिलाफ थे।

(3) भारत में शांति एवं व्यवस्था बनाये रखना तथा ब्रिटिश सरकार को मजबूती देना व जनता को कांग्रेस से अलग रखना। 1889 में जब ब्रेडले ने ब्रिटिश संसद में भारत में लोकतांत्रिक व्यवस्था सम्बन्धी प्रस्ताव पेश किया तो बेक ने मुसलमानों की ओर से इस प्रस्ताव क़ा सख्त विरोध किया। उसका कहना था कि भारत में लोकतंत्र कभी सफल नहीं होगा।

1893 में बेक ने ही, 'मोहम्डन एंग्लो इंडियन डिफेंस एसोसिएशन' की स्थापना की। जिसके उद्देश्य थे–

(1) मुसलमानों में स्वतंत्रता की चेतना को जागृत न होने देना।

(2) अंग्रेजों और भारत सरकार के समक्ष मुसलमानों के विचार रखना व उनके अधिकारों की रक्षा करना।

(3) जनता में खासकर मुसलमानों में अंग्रेजों के प्रति भक्ति भावना पैदा करना और ब्रिटिश शासन को मजबूती प्रदान करना।

बेक और सर सैयद अहमद के पुत्र सैयद महमूद इस संस्था के सचिव बने। इस संस्था ने भारतीय समाज में सांप्रदायिकता के बीज बो दिये। मुसलमान यह समझने लगे कि उनकी भलाई कांग्रेस से दूर रहने में है, कांग्रेस के साथ रहने में नहीं है। मुसलमानों में साम्प्रदायिकता के बीज बोने में बेक ने प्रमुख भूमिका निभाई थी। मुसलमान बड़ी ही शक्की तबीयत के थे। उन्होंने काफी समय तक बेक को एक ब्रिटिश गुप्तचर समझा था। पर अपनी निष्ठा और सतत प्रयासों के बाद वह अपने उद्देश्यों में सफल सिद्ध हुआ।

मुसलमानों को राष्ट्रीय आंदोलन से अलग करने और इस तरह आंदोलन को कमजोर करने के

लिए सन् 1906 की 30 दिसम्बर को आल इंडिया मुस्लिम लीग की स्थापना हुई। इस संस्था के तीन उद्देश्य थे:

(1) भारत के मुसलमानों के अंदर अंग्रेजों के प्रति वफादारी की भावना में बढ़ोतरी करना।

(2) भारत के मुसलमानों के राजनीतिक, सामाजिक अधिकारों की रक्षा।

(3) भारत के मुसलमानों की रक्षा करना।

नवाब बकरुल मुलक ने अलीगढ़ और ढाका में मुस्लिम लीग के सभापति पद से बोलते हुए स्पष्टतया स्वीकार किया, ''अगर भारत से ब्रिटिश सरकार चली गयी तो यहाँ हिन्दू राज कायम हो जायेगा। तब हमारी जमीन, जायदाद, इज्जत, जान पर हमेशा खतरा मंडराया करेगा। अगर मुसलमान अंग्रेजों का साथ देंगे तो उनकी हुकूमत हमेशा बनी रहेगी और हम सुरक्षित रहेंगे। इस कारण हमें हिन्दुओं के स्वतन्त्रता संघर्ष की नकल नहीं करनी चाहिए।''

मुस्लिम लीग की स्थापना व मुस्लिम सांप्रदायिकता को जिस तरह से अंग्रेजों ने बढ़ावा दिया था। उससे यह बात पूरी तरह स्पष्ट हो जाती है, कि मुसलमानों को राष्ट्रीय आंदोलन से हटा कर राष्ट्रीय आंदोलन और मुसलमानों को पूरी तरह से नष्ट करना ही अंग्रेजों का उद्देश्य था।

रेमसे मैकडोनाल्ड ने इस सम्बंध में यह स्वीकार किया कि, ''मुसलमानों को अंग्रेज अधिकारियों ने शिमला और लंदन में कुचक्र रचकर हिन्दुओं से अलग कर दिया है।''

इस तरह से अंग्रेज सरकार ने मुस्लिम लीग के माध्यम से भारतीय मुसलमानों को देश की राष्ट्रीय धारा से पूरी तरह से अलग कर दिया था।

□□□

बंग-भंग

कांग्रेस के प्रारंभिक वर्षों तक उसके नेताओं में अंग्रेज ज्यादा संख्या में थे। भारतीयों में भी ज्यादातर संख्या पढ़े-लिखे भारतीयों की थी। ए.ओ. ह्यूम के अलावा, सर विलयम वेडरबर्न, सर हैनरी काटन प्रमुख थे। ए.ओ. ह्यूम तो कांग्रेस के जन्मदाता थे। कई वर्षो तक वह कांग्रेस के प्रधान सचिव रहे। सर विलयम वेडरबर्न सन् 1889 और 1910 में कांग्रेस के अध्यक्ष रहे। सर हैनरी काटन ने 1904 में बम्बई में कांग्रेस का अध्यक्ष पद सम्भाला। उन्होंने ही सबसे पहले भारत के संयुक्त राज्य की बात उठाई थी।

भारतीय नेताओं में दादा भाई नौरोजी नव जागरण के पितामह थे। कुछ समय तक अध्यापन करने के अलावा वह बड़ौदा राज के दीवान भी रह चुके थे। उन्होंने तीस संस्थाओं को जन्म दिया। तीन बार वह कांग्रेस के अध्यक्ष बने सन् 1886, 1891, 1906 में इसके बाद वह ब्रिटिश संसद के सदस्य चुने गये। जहाँ उन्होंने भारत में लगाये जा रहे करों को हटाने और स्वशासन की मांग की। लार्ड सेल्स व्ररी उनकी मांगों से भड़क गये। 30 जून 1917 को उनका निधन हो गया। अपने जन्म से लेकर बीस वर्ष तक कांग्रेस पूरी तरह आंदोलन के पक्ष में थी, क्रांति के सख्त खिलाफ थी। अंग्रेजों की न्यायप्रियता पर उन्हें अगाध विश्वास था। सुरेंद्र नाथ बनर्जी जैसे नेताओं का कहना था कि "ब्रिटिश राज में हमारी पुकार अवश्य सुनी जायेगी।" सन् 1906 तक कांग्रेस ने दृढ़ता से कभी स्वराज की मांग नहीं की। सुरेंद्र नाथ बनर्जी आइ.सी.एस. में चुने गये थे पर वह कुछ समय ही सरकारी नौकरी कर पाये। उन्हें बर्खास्त कर दिया गया। वे अध्यापन के अलावा राजनीति में सक्रिय रूप से भाग लेते रहे। कई अखबारों के संपादक रहे। दो बार कांग्रेस अध्यक्ष बने। उनका सिद्धांत था ब्रिटिश साम्राज्य के प्रति श्रद्धा रखकर काम करना। अंग्रेजी सभ्यता उन्हें सबसे बड़ा वरदान लगी। पर राजनीतिक स्थिति कुछ समय बाद उनके हाथ से निकल गयीं, उन्हें अंग्रेजों का मुसाहिब कहा जाने लगा। सन् 1921 में उन्हें बंगाल में मंत्री पद और सर की उपाधि मिली। कांग्रेस से उनका संबंध पूरी तरह से समाप्त हो गया। पर सन् 1923 में एक अंग्रेज जज की आलोचना करने के कारण जेल जाना पड़ा। अंग्रेजों के प्रति उनकी निष्ठा भी उनके काम नहीं आई। बंगाल के बंटवारे के बाद देश में छिड़े आंदोलन में वह प्रमुख नेता बन गये। सन् 1925 में उनकी मृत्यु हो गयी।

गोपाल कृष्ण गोखले महाराष्ट्र के प्रमुख नेता थे। रत्नागिरि कस्बे में उनका जन्म हुआ था। बचपन

में पिता की मृत्यु हो जाने से उन्हें बड़ा ही कष्टमय जीवन बिताना पड़ा। एक समय भूखे रह कर लैम्प पोस्टों की रोशनी में पढ़कर उन्होंने उच्च शिक्षा प्राप्त की। बाद में पूना के फर्गुसन कालेज में अध्यापक हो गये और प्रधानाचार्य के पद तक पहुँचे। अपने वेतन के 79 रुपये लेकर वह गरीबों में बांट देते। पूना में गोखले न्यायमूर्ति रानाडे के सम्पर्क में आये। रानाडे ने उनकी प्रतिभा से प्रभावित होकर उन्हें पूना की सार्वजनिक सभा का मंत्री बना दिया। 33 वर्ष की अवस्था में गोखले की बम्बई की लेजीसलेटिव सभा के सदस्य और इंपीरियल लेजिसलेटिव सभा के सदस्य बने।

कांग्रेस में गोखले, तिलक के साथ 1889 में आये थे। उन्होंने ही नमक कर का सबसे पहले विरोध किया। जिस समय गांधी जी दक्षिण अफ्रीका में थे गोखले ने उनकी पूरी सहायता की। उन्होंने ही सर्वेंट्स ऑफ इंडिया संस्था की स्थापना की। अपना वेतन संपत्ति सब कुछ इस संस्था को गोखले ने दे दिया था। सन् 1905 में वह कांग्रेस के अध्यक्ष बने।

इस समय ही कांग्रेस में नरम दल और गरम दल नाम के दो दल हो गये थे। इनमें नरम दल के नेता गोखले थे। महात्मा गांधी तक ने गोखले को अपना राजनीतिक गुरु स्वीकार किया था। फरवरी 1916 में गोखले की मृत्यु हो गयी।

गरम दल के प्रमुख नेता बाल गंगाधर तिलक थे जो अपनी लोकप्रियता के कारण लोकमान्य कहे जाने लगे थे। तिलक को पूरी तरह से भारतीय संस्कृति का ज्ञान था। उन्होंने जनता को पूरी तरह से जागृत करने का निश्चय किया। उन्होंने महाराष्ट्र में 'गणपति पूजा' और 'शिवाजी उत्सव' की शुरुआत की जिसमें देश भक्ति को जगाने वाले कार्यक्रम होते थे। गणपति स्त्रोत गाया जाता—हाय! गुलामी में रहकर तुम्हें लज्जा नहीं आती। इससे तो मरना अच्छा। हिन्दुस्तान में अंग्रेजों का राज कैसा। बैठे-बैठे स्वतंत्रता नहीं मिलती आजादी के लिए शिवाजी की तरह तलवार और ढाल लेकर निकल पड़ो।

लोकमान्य तिलक ने कभी भी हिंसा का समर्थन नहीं किया था। पर अन्याय सहना उन्हें पसंद नहीं था। 22 जून 1897 को देश में महारानी विक्टोरिया के राजतिलक का समारोह मनाया जा रहा था। प्लेग कमिश्नर रैड पर गोलियों की बौछार कर दी गयी। रैड तो वहीं समाप्त हो गये, पर उनके हत्यारे गायब हो गये। अंग्रेजों ने रैड पर हुये हमले को अपनी प्रतिष्ठा से जोड़ लिया। चारों ओर हत्यारे की खोज होने लगी। शहर पर डेढ़ लाख का जुर्माना कर दिया गया। बाद में हत्यारे के रूप में चाफेकर बंधुओं को फांसी पर लटका दिया गया, और लोकमान्य तिलक पर राजद्रोह का मुकदमा चलाया गया। उन्हें साधारण कैदियों के साथ रखा गया। अनेक अंग्रेजों ने इसका विरोध किया तो लोकप्रिय नेता लोकमान्य तिलक को छोड़ा गया।

इतने पर भी अंग्रेज सरकार ने बस नहीं की। आंदोलन का समर्थन करने वाले अखबारों को जब्त कर लिया गया। इन सब बातों से अंग्रेज शासन के प्रति भारतीय जनता में रहा सहा आदर भी समाप्त हो गया।

सन् 1893 में दक्षिण अफ्रीका में एवीनिशिया पर इटली ने हमला किया जिसमें उसे मुंह की खानी पड़ी। 1904 मे रूस पर जापान ने हमला कर यह साबित कर दिया कि बड़ी शक्तियों को

हराना कठिन नहीं है।

रूस, तुर्की, मिश्र और फारस की आजादी ने भी भारत की जनता में आजादी के प्रति निष्ठा जगाई। भारतीय जनता अपनी गुलामी से मुक्ति पाने के रास्ते खोजने लगी। आजादी की भावना भारत के जन-जन में जाग रही थी।

इसी समय लार्ड कर्जन ने भारत में नये वायसराय का पद सम्भाला। अकाल, भुखमरी, हैजा, प्लेग, भूकंप ने जनता को पहले ही तोड़ दिया था। रही बची कसर लार्ड कर्जन ने बंगाल का विभाजन कर निकाल दी।

लार्ड कर्जन ने बंगाल के दो टुकड़े कर पूर्वी जिले ढाका राजशाही, चटगाँव को मिलाकर आसाम के साथ मिलाकर एक नया प्रांत बनाया। जिसका नाम पूर्वी बंगाल था। शेष भाग को उड़ीसा के साथ मिला कर पश्चिमी बंगाल नाम का प्रांत बनाया गया।

लार्ड कर्जन का कहना था ऐसा शासन प्रबंध को ध्यान में रखकर किया गया था। पर सच्चाई यह थी कि सरकार जनता की उभरती हुई राष्ट्रीय भावनाओं को पूरी तरह से कुचलना चाहती थी। हिन्दू और मुसलमानों की एकता को भंग करना चाहती थी। अधिकारियों ने इस बात का प्रचार किया कि बंगाल का बंटवारा हो जाने के बाद पूर्वी बंगाल में मुसलमानों का बहुमत हो जायेगा। इससे पूर्व कम संख्या में होने के कारण उन्हें पूरी सुविधाएं नहीं मिल रही थीं। इस तरह हिन्दू और मुसलमानों को एक दूसरे के खिलाफ भड़काना जारी रखा ताकि भारतीयों में एकता कायम न रह सके।

कांग्रेस अंग्रेजों की इस नीति को समझ रही थी। इस समय तक कांग्रेस नरम और गरम दल में विभाजित हो चुकी थी। इन दोनों दलों ने बंग भंग का पूरा विरोध किया। रवींद्र नाथ ठाकुर ने 16 अक्तूबर 1905 को आपस में राखी बांध कर एकता दिवस के रूप में मनाने का निश्चय किया। सारे देश में चूल्हा न जलाने का निश्चय किया गया। 16 अक्तूबर को पूरे बंगाल में शोक दिवस के रूप में मनाया गया। सारे देशवासी बंदे मातरम् गाते सड़कों पर निकल आये। उपवास रखे गये। एक सभा आयोजित हुई जिस में एक लाख लोग शामिल हुए।

सरकार यह सब देखकर बौखला उठी गोरखा फौज ने सर फलर के आदेश पर रक्तपात के आदेश दिए साथ ही वंदेमातरम् गाने पर प्रतिबंध लगा दिया गया। इसके बावजूद वंदेमातरम् गाना बंद नहीं किया गया।

इस आंदोलन के नेता तिलक को गिरफ्तार कर बर्मा भेज दिया गया। बंगाल के नौ प्रसिद्ध नेताओं को देश निकाला दिया गया। आंदोलन करने वालों पर तरह-तरह के अत्याचार किये गये।

❑❑❑

होमरूल लीग

बंगाल के विभाजन के बाद से बंगाल में क्रांतिकारी आंदोलनों की नींव पड़ी। इटली की प्रेरणा से गुप्त क्रांतिकारी आंदोलनों की शुरूआत होने लगी। पूरे बंगाल में अखाड़े खुलने लगे। जहां राजनीति की शिक्षा भी सशस्त्र शिक्षा के साथ दी जाने लगी। बंगाल के, 'युगांतर', वंदेमातरम् 'संध्या' नामक पत्र जनता में क्रांतिकारी आंदोलन की चिंगारी भड़का रहे थे।

अरविंद घोष, भूपेंद्र नाथ दत्त आदि हिंसात्मक क्रांति का जयघोष कर रहे थे। भूपेंद्र नाथ दत्त, विपिन चंद्र पाल व अरविंद घोष को सीधे जेल में भेज दिया गया। सभाओं पर रोक लगा दी गई। कई लड़कों को बेंतों से पीटा गया। पर इस सबके बावजूद भी क्रांतिकारी आंदोलन कम होने की बजाय और बढ़ गया। सरकार के अत्याचारों से तंग आये नवयुवक मरने-मारने पर उतर आये। अंग्रेजों का सामना हथियारों से करने का निश्चय किया गया।

अंग्रेज अधिकारियों पर प्रफुल्लनाथ और खुदीराम बोस ने 30 अप्रैल 1908 को आक्रमण किया। दुर्भाग्य से अंग्रेज तो बच गया पर अन्य माँ-बेटियां मारी गयीं। खुदीराम बोस ने एक अदालत में मुकदमा सुन रहे अंग्रेज पर बम फेंका। 16 वर्ष के किशोर खुदीराम को फांसी की सजा सुनाई गयी पर इन सबसे क्रांतिकारियों का जोश कम नहीं हुआ।

कलकत्ता के मानिक तल्ला मोहल्ले में एक बम कारखाने का पता लगा। जिसमें 34 लोग गिरफ्तार हुए जिन पर अलीपुर षडयंत्र केस नाम से मुकदमा चलाया गया।

क्रांतिकारी आंदोलन बंगाल बिहार से चलता हुआ पंजाब तक जा पहुंचा जहाँ लाला लाजपत राय और सरदार अजीत सिंह जैसे नेता मौजूद थे। पंजाब के गाँव-गाँव में ''हट जा फिरंगियां हट जा दुरंगिया'' और ''आठ नौ गौरा, लड़े छोरा जाट दा'' के लोकगीत गूंजने लगे।

उन्हीं दिनों पंजाब में गूंजा—

''पगड़ी सम्हाल ओए जट्टा ! पगड़ी सम्हाल ओए
ऐना फिरंगिया ने लूटा तेरा माल ओए।
माझे दे ज़ोर नाल, मालवे दे शोर नाल, कदी नइयों हारना।
निरी गल्लां नाल कुछ नई बणदा
उठो इलाज करो वतन दां
बाजियां लुटी जांदा देख बंगाल ओए।''

महाराष्ट्र में तिलक केसरी के माध्यम से आग उगल रहे थे। गणेश दामोदर सावरकर क्रांतिकारी

कवितायें लिख रहे थे। जिस कारण उन्हें काले पानी की सजा हुई। छह महीने के बाद इस मजिस्ट्रेट को भी गोली मार दी गयी जिसने सावरकर को काले पानी की सजा दी थी। वायसराय लार्ड मिंटो पर हमला हुआ। यह आंदोलन भारत से इंग्लैंड तक जा पहुँचा। श्याम कृष्ण वर्मा ने इंडिया होम रूल सोसायटी की स्थापना इंग्लैंड में की। सावरकर भी इस संस्था में शामिल होने इंग्लैंड चले गये। जहाँ से गुप्त रूप से वह हथियार भेजने लगे। सर विलयम कर्जन वाइली को मदनलाल धींगड़ा ने गोली मार दी।

प्रसिद्ध क्रांतिकारी लाला हरदयाल ने अमेरिका में क्रांतिकारी दल का संगठन किया। वहाँ से वह स्विटजरलैण्ड चले गये। बंगाल में कनाई लाल ने धूम मचा दी। अंग्रेजों का एक काफी बड़ा वर्ग भारतवासियों को आजाद करने के पक्ष में था, पर क्रांतिकारी आंदोलन पूरी तरह से सफल न हो सका। इसका सबसे बड़ा कारण यही था कि यह आंदोलन पूरी तरह से संगठित नहीं था।

कांग्रेस में सन् 1906 के आसपास गरम दल काफी लोकप्रिय होता जा रहा था। सरकारी अधिकारियों और संस्थाओं की पूरी तरह से बहिष्कार की मांग की जाने लगी। लाला लाजपत राय ने कांग्रेस के सभापति पद को सम्भालने की मांग ठुकरा दी। नरम दल वालों ने रासबिहारी बोस को सभापति घोषित किया तो उन पर जूते फेंके गये। दोनों दलों का एक साथ बैठना तक असंभव हो गया। कांग्रेस पर नरम दल का अधिकार हो गया। 1909 में महामना मदन मोहन मालवीय कांग्रेस के अध्यक्ष बनाये गये। तभी मिंटो सुधार योजनाएं सामने आईं। जो कि हिन्दू-मुसलमानों में फूट डालने की सोची समझी योजना थी। मार्ले मिंटो सुधार योजना चुनाव सिद्धांत की योजनाएं थी। सदस्यों की संख्या भी बढ़ा दी गयी थी। लेकिन फिर भी धारा सभा में चुने गये सदस्यों का बहुमत नहीं स्वीकार किया गया। मुसलमानों के लिए अलग निर्वाचन का सिद्धांत स्वीकार किया गया था। जो हिन्दू सात हजार रुपये माल गुजारी देते थे वह चुनाव में भाग लेने का अधिकारी थे। मुसलमानों को यह अधिकार मात्र 750 रुपये माल गुजारी पर मिलता था।

सन् 1910 में लार्ड हार्डिंग भारत में वायसराय बन कर आया। उस समय यूरोप की हालत बहुत खराब थी। विश्वयुद्ध के बादल सिर पर मंडरा रहे थे। ब्रिटिश सरकार अब ऐसी नीति अपनाना चाहती थी। जिससे भारतीय जनता का सहयोग मिल सके। इसी कारण लार्ड हार्डिंग ने दिल्ली दरबार करने की घोषणा की। इस दरबार में स्वयं सम्राट जार्ज पंचम और रानी मेरी के पधारने की घोषणा की गयी।

इस दिल्ली दरबार में कई ऐतिहासिक निर्णय लिए गये। उनमें सम्राट के राजतिलक के नाम पर बंगाल में हुए विभाजन को पूरी तरह से समाप्त करना था। दूसरी योजना देश की राजधानी कलकत्ते से हटा कर दिल्ली लाना था। इन घोषणाओं से काफी भारतीय प्रसन्न हो गये। कांग्रेस के 26वें अधिवेशन में भी इन सरकारी घोषणाओं पर प्रसन्नता व्यक्त की गयी। लार्ड हार्डिंग पर इन्हीं दिनों बम फेंका गया।

कांग्रेस के नेताओं ने लोगों को चेतावनी दी कि वह धीरे-धीरे स्वतंत्रता आंदोलन जारी रखें। आंदोलन में तेजी लायें नहीं तो जनता कायर बन जायेगी।

1 अगस्त 1914 से विश्त युद्ध प्रारंभ हो गया था। भारत उस समय भी ब्रिटिश राजसत्ता के अधीन था। इस कारण वह बिना किसी सहमति के इस विश्वयुद्ध में सम्मिलित हो गया था। भारतीय जनता युद्ध में भाग लेकर भारत में प्रजातंत्र के सपने देख रही थी। लोक मान्य तिलक को छोड़ दिया गया था। अन्य नेता भी छोड़ दिए गये थे जो इधर-उधर छिपे हुए थे वह भी सामने आ गये थे। संयुक्त राज्य अमरीका सहित सभी मित्र राष्ट्र भारत को स्वतंत्र कराने का समर्थन कर रहे थे।

लोकमान्य तिलक ने यह महसूस किया कि कांग्रेस निष्क्रिय होती जा रही थी। 1909 का भारत सरकार अधिनियम बेकार ही साबित हुआ था। मुस्लिम लीग के नेतृत्व में मुसलमान मजबूत हो गये थे। उनका मत था कि के दोनों गुट यदि एक हो जायें तो मुस्लिमों का लगाव कांग्रेस की ओर हो सकता था।

1914 के कांग्रेस अधिवेशन में एनीबेसेंट ने कांग्रेस के संविधान में कुछ संशोधन रखे ताकि गरम दल वाले भी कांग्रेस में फिर आ जायें। फरवरी 1916 के बम्बई अधिवेशन में कांग्रेस के दरवाजे गरम दल वालों के लिए पुनः खुल गये। कांग्रेस के लखनऊ अधिवेशन में 1916 में दोनो दल पुनः एक हो गए थे।

1916 में ही कांग्रेस और मुस्लिम लीग में एक समझौता हुआ जो 'लखनऊ पैक्ट' के नाम से मशहूर हुआ। मुस्लिम लीग के अध्यक्ष मुहम्मद अली जिन्ना थे। जो पुराने कांग्रेसी थे। लखनऊ में लीग और कांग्रेस में यह समझौता हुआ कि दोनों दल भारत में स्वशासित अधिराज्यों (डोमेनियन स्टेट्स) चाहते हैं। इस समझौते के पीछे लोकमान्य तिलक का बहुत बड़ा हाथ था। इस बात को जिन्ना ने स्वयं स्वीकार किया था। सन् 1916 का वर्ष भारत की स्वतंत्रता के इतिहास में एक महत्वपूर्ण वर्ष के रूप में माना जाने लगा। इस वर्ष नरम और गरम दल कांग्रेस में एक हुए थे दूसरे मुस्लिम लीग कांग्रेस के साथ आ गयी थी।

लखनऊ पैक्ट में कांग्रेस की तरह मुस्लिम लीग ने भी भारत में उत्तरदायित्व पूर्ण शासन की मांग की थी। अल्पसंख्यकों के लिए अलग चुनाव प्रणाली की बात कांग्रेस ने स्वीकार कर ली थी। जिसके अनुसार प्रांतीय कांऊसिल में मुसलमानों का प्रतिनिधित्व पंजाब में 50 प्रतिशत, संयुक्त प्रांत में 30 प्रतिशत, बंगाल में 40 प्रतिशत, बिहार में 25 प्रतिशत, मद्रास में 26 प्रतिशत स्वीकार की थी। कुछ विद्वानों ने मुसलमानों को इतनी ज्यादा प्रतिनिधित्व देने की बात के आधार पर ही पाकिस्तान के जन्म की बात स्वीकार की है।

तिलक ने कांग्रेस अधिवेशन और होम रूल के सदस्यों के सामने कहा, "दोस्तों, कुछ लोगों ने कहा है कि हम हिन्दू अपने मुसलमान भाईयों के सामने कुछ अधिक झुक गये हैं। हमें संगठित होकर तीसरी ताकत से लड़ना है। मुसलमानों को इतनी रियायतें देना जरूरी है। हम उनके सहयोग के बिना ब्रिटिश शासन से नहीं लड़ सकते हैं।" इस बात को स्वीकार करते हुए तिलक ने कहा, "अंग्रेजों के साथ संघर्ष में मुसलमानों को अपनी पूरी ताकत लगानी पड़ेगी तभी हमें अपना राज हासिल होगा। हम अपने घर में अपना राज कायम करेंगे यह हमारा कर्तव्य है।

तिलक बहुत ही चतुर राजनीतिज्ञ थे उन्होंने यह देखा था कि ब्रिटिश शासक हिन्दुस्तान में

हिन्दुओं के राज का आतंक दिखलाकर मुसलमानों को भड़का रहे थे। ताकि वह स्वतंत्रता आंदोलन से दूर ही रहें। मुसलमानों के मन से इन आशंकाओं को निकालने के लिए ही लखनऊ पैक्ट किया गया था। इस पैक्ट से ब्रिटिश सरकार के समर्थकों को बहुत धक्का पहुँचा था।

होमरूल लीग

दिसम्बर 1916 में लोकमान्य बाल गंगाधर तिलक ने अपने राष्ट्र भक्त साथियों से विचार विमर्श किया। गोखले और फिरोजशाह मेहता की मृत्यु हो चुकी थी। अंग्रेजों को स्वराज शब्द से बड़ी चिढ़ हो चुकी थी। इस कारण तिलक ने स्वराज के स्थान पर होमरूल शब्द का प्रयोग किया। 28 अप्रैल 1916 को होमरूल लीग की स्थापना पूना में हुई।

होमरूल लीग आंदोलन शांतिपूर्ण ढंग से किया जाने वाला एक पूरी तरह से वैधानिक आंदोलन था। यह आंदोलन कोई याचना नहीं थी। यह उनका जन्म सिद्ध अधिकार था।

तिलक ने सारे देश में दौरा किया और स्वराज के बारे में पूरी तरह से जनमत तैयार किया था। उन्होंने बड़े स्पष्ट शब्दों में कहा आज हम केवल एक ही चीज चाहते हैं वह है स्वराज। इसके मिलते ही सारी वस्तुएं मिल जायेंगी ब्रिटिश शासक बार-बार कहते थे, भारतीय स्वराज पाने के काबिल नहीं हैं।

तिलक का कहना था कि, हम शासन के काबिल क्यों नहीं हैं, भारतीय शासन करने के पूरी तरह से योग्य हैं उन्हें काम करने का पूरा मौका मिलना चाहिए।

इसी बीच एनीबेसेंट नाम की एक अंग्रेज महिला ने भी होमरूल लीग की स्थापना कर डाली। श्रीमती एनीबेसेंट नाम की इस अंग्रेज महिला को भारत से बहुत ज्यादा प्रेम था। भारतीय जनता को शिक्षित करने के लिए उन्होंने बहुत से काम किये थे। जो शैक्षणिक, धार्मिक, राजनीतिक, सामाजिक कार्यों के रूप में किए गये थे। उन्होंने 2 जनवरी 1914 को 'कामन वील' नाम से एक साप्ताहिक समाचार पत्र निकाला। इस समाचार पत्र के माध्यम से स्वतन्त्रता की अधिकारिक तौर पर मांग की गयी।

श्रीमती एनीबेसेंट ने 14 जुलाई 1916 को 'न्यू इंडिया' नाम से दैनिक समाचार पत्र निकाला जिसके माध्यम से उन्होंने कहा, ''थोड़े-थोड़े सुधार के स्थान पर हमें अपनी ताकत स्वशासन अथवा होमरूल प्राप्त कराने में लगानी चाहिए और स्वयं सुधार लाना चाहिए।''

1917 में कलकत्ता के कांग्रेस अधिवेशन की अध्यक्षता श्रीमती एनीबेसेंट ने की थी जिसमें उन्होंने स्वतन्त्रता की पूरी तरह से मांग की। स्वतन्त्रता के लिए मरने तक का आह्वान किया था।

इस तरह स्वतंन्त्रता आंदोलन में होमरूल लीग की स्थापना भी अपना एक अलग स्थान रखती है। इस लीग ने भारत की सोई हुई जनता और लोगों में नये उत्साह का संचार किया। इस आंदोलन के प्रभाव से भारतीय जनता को एक नया जीवन मिला। इस आंदोलन ने यह बतला दिया कि कांग्रेस अपने उद्देश्यों की प्राप्ति के लिए भीख माँगने की अपेक्षा अधिकार का मार्ग अपनाया। कांग्रेस का नेतृत्व ऐसे लोगों के हाथ में होना चाहिए जो अपनी सारी जिंदगी देश की सेवा में लगा सकें यदि

होम रूल आंदोलन नहीं होता तो 20 अगस्त 1917 को मांटेग्यू घोषणा नहीं होती और 1919 का अधिनियम लम्बे समय तक आगे टल जाता।

होमरूल आंदोलन का दमन

भारत में चल रहे होमरूल आंदोलन से ब्रिटिश अधिकारियों को बहुत चिंता हो रही थी। सन् 1917 तक यह आंदोलन अपनी चरम सीमा पर पहुँच गया था। इस आंदोलन को दबाने के लिए ब्रिटिश शासन ने भारत सुरक्षा अधिनियम और प्रेस एक्ट का सहारा लिया।

जुलाई 1916 में तिलक पर राजद्रोह का आरोप लगाकर उन्हें एक साल के लिए दस–दस हजार की दो जमानतें व 20 हजार का निजी मुचलका प्रस्तुत करने को कहा गया व उनके पंजाब व दिल्ली में प्रवेश पर रोक लगा दी गयी।

एनीबेसेंट पर भी प्रतिबंध लगाये गये उनकी प्रेस और 'कामनवील' व 'न्यू इंडिया' साप्ताहिक पूरी तरह से जब्त कर लिए गये। 14 जनवरी 1917 को श्रीमती एनीबेसेंट और उनके सहयोगियों, बी.एस. अरुण्डेल व वी.पी. वाडिया को गिरफ्तार कर लिया गया। सारे देश में इसका विरोध हुआ।

मोहम्मद अली जिन्ना, जैसे नेता जो होमरूल से अलग थे इसमें शामिल हो गये। कई लोगों ने अपनी सरकारी उपाधियां लौटा दीं। ब्रिटिश सरकार ने 20 दिसम्बर 1917 को श्रीमती एनीबेसेंट को रिहा कर दिया। 1917 में उन्हें कांग्रेस का सभापति चुना गया जो कि ब्रिटिश सरकार की दमनकारी नीति पर एक करारा तमाचा था।

□□□

रॉलेट एक्ट

सन् 1918 में प्रथम विश्वयुद्ध समाप्त हो गया, जिसमें अंग्रेज और उनके मित्र राष्ट्र विजयी हुए। भारत को आशा थी कि अंग्रेज उनको स्वराज्य दे देंगे। भारतवासियों ने इस युद्ध में अपना खून बहाया था। अपना धन लगाया था पर अंग्रेजों ने स्वराज्य देना तो दूर की बात और धन कमाने के लिए लोगों पर और नये कर लगा दिए।

लड़ाई से परेशान लोगों के लिए ये नये कर एक बहुत बड़ा अत्याचार था। बाजार में आज जरूरत की चीजें कपड़ा, खाना नहीं मिल रहा था। अंग्रेज महायुद्ध के दौरान क्रांतिकारियों द्वारा किये गये काम से नाराज थे। इसलिए गिन-गिन कर बदले ले रहे थे।

इसी समय महात्मा गांधी दक्षिण अफ्रीका से अहिंसा और सत्याग्रह का अमोघ अस्त्र लेकर भारत आये थे। उन्होंने साबरमती के दर्शन करने के बाद बिहार के चम्पारन क्षेत्र में नीलहे साहबों के अत्याचारों से तंग गरीब किसानों के साथ लड़ने के लिए चम्पारन में प्रवेश किया। अंग्रेजों ने महात्मा गांधी को चम्पारन छोड़ने के आदेश दिए जिन्हें उन्होंने नहीं माना। जिस पर गांधी जी को 18 अप्रैल 1917 को गिरफ्तार कर मुकदमा चलाया गया।

अंग्रेज गांधी जी के दक्षिण अफ्रीका आंदोलन से पूरी तरह से परिचित थें इस कारण उन्हें दंडित कर जन आंदोलनों को बढ़ावा देना नहीं चाहते थे। इस कारण उन्होंने गांधी जी को तुरंत ही रिहा कर दिया। जिससे किसानों के बीच एक नया जोश जागृत हो गया था। अंग्रेजो ने किसानों के खिलाफ चल रहे कानूनों को समाप्त कर नये कानून बनाये जो कि किसानों के हित में थे।

तभी चेम्सफोर्ड सरकार ने रॉलेट एक्ट पास कर दिया । जिसके अंतर्गत राजद्रोहात्मक कानून को युद्ध के अंतर्गत होने वाले कानून की भाँति उपयोग में ला कर बिना मुकदमा चलाये किसी को भी कैद करना। नजर बंद रखना, उसकी जमानत लेने या उसकी गतिविधियों पर रोक लगाने का अधिकार ब्रिटिश शासन ने अपने पास रखा। इंग्लैंड हाई कोर्ट रॉलेट ने राजभक्तों और क्रांतिकारियों को ब्रिटिश सरकार के लिए बहुत गंभीर खतरा मान कर ये कानून बनाया था।

सारे देश में इस दमनकारी कानून का विरोध किया जाने लगा। गांधी जी के कहने पर 30 मार्च 1919 को सारे देश में रॉलेट एक्ट के विरोध में आम हड़ताल रखी गयीं उपवास रखे गये और शांतिपूर्ण प्रदर्शन किये गये। दिल्ली में इस जुलूस का नेतृत्व स्वामी श्रद्धानंद ने किया था जिन्हें कुछ गोरों ने हत्या की धमकी दी। जिससे झगड़ा भड़क गया ओर गोली चल गयी जिससे 5 व्यक्ति मारे गये और बीस घायल हुये।

9 अप्रैल रामनवमी को अमृतसर में हिन्दू और मुसलमानों ने एक शांतिपूर्ण जुलूस निकाला जिसका नेतृत्व डा. सत्यपाल व डा. किचलू ने किया। हिन्दू मुसलमानों की एकता से अंग्रेज बौखला गये। उन्होंने उन्हें गिरफ्तार कर अमृतसर से निष्कासित कर दिया।

पंजाब की इस बिगड़ी स्थिति में जब महात्मा गांधी ने अमृतसर जाकर स्थिति को सुधारना चाहा तो अंग्रेजो ने उन्हें नई दिल्ली से पहले पलवल में ही गिरफ्तार कर बम्बई भेज दिया। जिससे मद्रास, बम्बई, कलकत्ता में जबरदस्त हड़तालें हुईं।

पंजाब में जहाँ क्रांतिकारी आंदोलन ज्यादा तीव्र था, वहाँ हिंसा भड़कने लगीं सत्याग्रह का नाम भूलकर जनता अंग्रेजों की गोलियों का जवाब गोलियों से देने लगी। अंग्रेज पंजाब की जनता के इस जवाब से बौखला गये। सबसे ज्यादा बहादुर कौम यही थी। सबसे ज्यादा वीर यहीं से फौज में भरती हुए थे। उसे डर महसूस हुआ कि कहीं यहां के लोग बराबरी के अधिकार न मांगने लगें। इस कारण पंजाब के सारे नेताओं को गिरफ्तार कर लिया गया।

जनता का जोश सरकार की इस नीति से और भड़क गया। बड़ी-बड़ी सभायें आयोजित होने लगीं। पंजाब में सरकार ने और भी कड़ाई की तो कई जगह लोग बेकाबू हो गये। अंग्रेजों के साथ जनता बदला लेने के लिए उतावली हो गयीं सरकारी संपत्ति का नाश किया जाने लगा जिस पर गर्वनर ओडायर ने पंजाब में मार्शल-ला लगा दिया।

जलियांवाला बाग काण्ड

मार्शल-ला लगा कर अंग्रेज सरकार ने पंजाब में लोगों पर तरह-तरह के अत्याचार किये। घरों के पानी के नल काट दिए गये बिजली की लाईनें काट दी गयीं। पुरुषों को नंगा करके मारा-पीटा गया। नगरवासियों को शहर छोड़ कर जाने तक की इजाजत नहीं दी गई।

13 अप्रैल सन् 1919 को बैसाखी की छुट्टी का दिन था। अमृतसर के जलियांवाला बाग में सरकार की नीतियों और डाक्टर किचलू और डाक्टर सत्यपाल की गिरफ्तारी के विरोध में प्रदर्शन के लिए एक सभा का आयोजन किया गया था। इस सभा को विफल करने के लिए सरकार ने अमृतसर शहर को जनरल डायर के कब्जे में छोड़ दिया। जिसने शहर में जलूस निकाले जाने के खिलाफ आदेश दिया और चार से ज्यादा आदमियों के इक्ट्ठे होने पर उन्हें गैर कानूनी रूप से सभा करने के आरोप में दंडित किया जाने की घोषणा की।

जलियांवाला बाग के नाम से मशहूर इस छोटे से मैदान के चारों ओर मकान बने हुए थे। जिसमें एक ओर कुंआ व एक पुरानी समाधि थी। कुल तीन पेड़ वहाँ मौजूद थे। इस जगह जाने का मात्र एक ही रास्ता था। जिस पर एक फौजी ट्रक खड़ा हो सकता था घरों के बीच बहुत तंग गलियां थीं। जिनसे एक आदमी ही बड़ी मुश्किल से आ-जा सकता था।

सभा में लगभग बीस हजार स्त्री पुरुष बच्चे बूढ़े इकट्ठे हुए थे। सभा में लाला हंसराज भाषण दे रहे थे और हजारों लोग बड़े ही ध्यानपूर्वक भाषण सुन रहे थे। अचानक 5 बजे जनरल डायर अपने

साथ एक सौ सिपाहियों और दो बख्तर बंद गाड़ियों के साथ आया। उसने आते ही सिपाहियों को बारूद समाप्त होने तक फायर करने के आदेश दिए। सैनिकों ने बिना किसी प्रकार की चेतावनी दिए गोलियां चलाना शुरू किया और तब तक गोलियां बरसाते रहे जब तक उनकी गोलियां समाप्त नहीं हुई। प्राण बचाने के लिए लोग इधर-उधर भागे पर ऐसे में कौन बच सकता था। 380 व्यक्ति मारे गये और 1500 घायल हो गये। कुल मिलाकर 1600 गोलियां चलाई गयी थीं।

इस काण्ड के एक प्रत्यक्षदर्शी के अनुसार लाशों में बड़ी संख्या बूढ़ो और बच्चों की थी। फाटक या उसके पास लाशें ही लाशें पड़ी थीं। सिर और आँखों तक में गोलियां लगी हुई बड़ी ही भयानक स्थिति थी। लोग अपने प्राण बचाने के लिए भागे जा रहे थे। जो घायलावस्था में निकल भागे थे वह भी अपने प्राण नहीं बचा पाये थे। रास्ते में ही मर गये थे।

पंजाब सरकार ने उस समय वहाँ पर प्रेस सेंसरशिप लगा दीं ताकि समाचार बाहर न जा सके। उसके बाद तो सारे पंजाब में गोरे सिपाही लोगों पर खुले आम अत्याचार करने लगे। महात्मा गांधी जब पंजाब आये तो उन्हें पंजाब में प्रवेश की अनुमति नहीं दी गयी। उन्हें सीधे अहमदाबाद भेज दिया गया। पर जलियांवाला बाग काण्ड की दास्तान छिपी नहीं रह सकी। इस विषय पर अनेक विद्वानों ने खोजबीन का काम किया जो आज भी जारी है।

कई विद्वानों ने 1969 में जलियांवाला काण्ड के विषय में जानकारी दी कि इस काण्ड की योजना 8 अप्रैल 1919 को ही पंजाब के राजभवन में बन चुकी थी। इस काण्ड के पीछे पंजाब के लेफ्टीनेंट ओडायर थे। उनके साथ पंजाब सरकार के सभी अफसर और सैनिक अधिकारी थे। इस काण्ड द्वारा पंजाब के लोगों पर अपना आतंक फैलाना ही उनका उद्देश्य था।

खिलाफत आंदोलन

जिस समय हिन्दुस्तान में जलियां वाला काण्ड हुआ था। उस समय ब्रिटिश सरकार तुर्की पर अपना कब्जा कर उसे बांट रही थी।

तुर्की प्रथम विश्व युद्ध के समय सुन्नी मुसलमानों का एक बहुत बड़ा मुल्क था। महायुद्ध में तुर्की की पराजय के बाद ब्रिटेन और फ्रांस ने इसे आधा बांट लिया। जिससे दुनिया के सारे मुसलमानों में रोष फैल गया जिसमें हिन्दुस्तान के मुसलमान भी शामिल थे। सन् 1918 में भारत में भी खिलाफत कमेटी बनाई गयी और राष्ट्रीय आंदोलन के अनेक मुस्लिम नेता, मौलाना अबुल कलाम आजाद, मौलाना शौकत अली, डॉक्टर अंसारी, हकीम अजमल खान, मौलाना मौहम्मद अली खिलाफत आंदोलन के प्रमुख नेता बन गये। अंग्रेज-अफगान युद्ध ने मुसलमानों को और भी अंग्रेज विरोधी बना दिया था। इन परिस्थितियों ने गांधी जी को मुस्लिम हिन्दू एकता स्थापित करने का अवसर प्रदान किया। गांधी जी इस बात को अच्छी तरह से समझते थे कि भारत के स्वतंत्रता आंदोलन में मुसलमानों के सहयोग की बहुत आवश्यकता थी। इसलिए उन्होंने हिन्दुओं से भी खिलाफत आंदोलन में पूरी तरह से सहयोग करने का आग्रह किया। नवम्बर 1919 में गांधी जी के नेतृत्व में दिल्ली में एक

अखिल भारतीय खिलाफत आंदोलन का आयोजन हुआ। जिसमें यह प्रस्ताव पास हुआ कि अंग्रेज सरकार तुर्की सुलतान को दिए हुए सारे वचन पूरे करे और जब तक ऐसा नहीं होता सरकार के साथ देशवासी कोई सहयोग नहीं करेंगे।

भारतीय जनता का यह संगठित आंदोलन धीरे-धीरे विद्रोह का रूप ले रहा था। भारत क्रांति के कगार पर आ खड़ा हुआ था। इस समय सारे देश की निगाहें एक ही व्यक्ति की ओर लगी हुई थीं वह व्यक्ति था, महात्मा गांधी। सारे देश ने सर्वसम्मति से उन्हें अपना नेता मान लिया था। गांधी जी उस समय ब्रिटिश सरकार के कट्टर विरोधी बन चुके थे। पर उनका रास्ता सत्य का था, न्याय का था। उस समय तक लोकमान्य तिलक की मृत्यु हो चुकी थी। तब 1920 के कांग्रेस अधिवेशन में भारतीय क्षितिज पर उभरे नेता महात्मा गांधी थे। 20 मार्च 1920 को गांधी जी के असहयोग आंदोलन के प्रस्ताव को अंतिम रूप दे दिया गया। एक घोषणा पत्र द्वारा असहयोग की निम्नलिखित घोषणायें की गयीं।

(1) सरकार द्वारा दी गयी उपाधियों तथा सरकारी पदों को त्याग दिया जाये और म्यूनिसिपल बोर्डों तथा अन्य स्थानीय संस्थाओं में मनोनीत लोग इस्तीफा दे दें।

(2) सरकारी दरबारों, स्वागत समारोहों तथा सरकारी अफसरों द्वारा किये गये या उनके सम्मान में दिये गये अन्य सरकारी अर्द्धसरकारी समारोहों का बहिष्कार।

(3) सरकार से सहायता प्राप्त सरकार नियंत्रित स्कूलों कॉलेजों से छात्रों का निष्कासन और सभी प्रांतों में राष्ट्रीय स्कूल कालेजों की स्थापना।

(4) फौजी, क्लर्की तथा मजदूरी करने वालों का सरकारी सेवा से इनकार।

(5) नई काउंसिल के लिए खड़े हुये उम्मीदवार अपने नाम वापिस ले लें और जो उम्मीदवार कांग्रेस की उपेक्षा करें उन्हें कोई वोट न दे।

(6) इस देश में आने वाले विदेशी माल का पूरी तरह से बहिष्कार हो।

इस अहिंसक असहयोग की शुरूआत सरकारी पदवी के त्यागने से हुई। इसके बाद विधान मण्डलों, अदालतों, स्कूल-कॉलेजों के बहिष्कार की कार्यवाही हुई। सरकारी करों को न देने का काम सबसे अंत में था। जनसाधारण ने चरखा चलाना, कपड़ा बुनना प्रारंभ कर दिया था। सरकारी उपाधियां और खिताब लौटाये जाने लगे। सरकारी कॉलेज का बहिष्कार और राष्ट्रीय शिक्षण संस्थायें खोली जाने लगीं। काशी विद्यापीठ, गुजरात विद्यापीठ, तिलक महाराष्ट्र विद्यापीठ, अलीगढ़ विद्यापीठ, बिहार विद्यापीठ की स्थापना हुई। कई लोगों ने वकालत छोड़ कर आंदोलन का रास्ता अपनाया। ऐसे लोगों में पंडित मोतीलाल नेहरू, जवाहरलाल नेहरू, भक्त चित्तरंजन दास, राजगोपालाचारी, आसफ अली और डॉ० राजेंद्र प्रसाद प्रमुख थे। आंदोलन की तीव्रता देखकर महात्मा गांधी ने घोषणा कर दी कि 31 दिसम्बर तक पूर्ण स्वराज्य हमें प्राप्त हो जायेगा।

विदेशी कपड़े के बहिष्कार से तो अंग्रेजों की रीढ़ की हड्डी ही टूट गई। इंग्लैंड के कारखानों से विदेशी वस्त्र बन कर आते थे जो बिना बिके रह गये। स्त्री बच्चे विदेशी कपड़ों की होली जला रहे थे।

सभी देश भक्तों ने खादी के वस्त्र पहनने प्रारंभ कर दिये थे। इनमें गांधी जी स्वयं भी थे। इस आंदोलन के समय गांधी जी ने 5 मांगें और कीं। जिनके पूरे होते ही स्वराज्य दूर नहीं था। ये मांगे थीं–

(1) स्वराज्य कोष के लिए एक करोड़ रुपये का दान।
(2) कांग्रेस में एक करोड़ सदस्यों की भरती।
(3) बीस लाख चरखों की पूरे देश में स्थापना।
(4) छुआछूत की समाप्ति।

गांधी जी के इन आंदोलनों से बौखलाई हुई अंग्रेज सरकार ने अत्याचारों का नया दौर प्रारंभ कर दिया। 8 फरवरी 1922 को वायसराय इर्विन ने महारानी को तार दिया, "शहरों में असहयोग आंदोलन का बहुत असर पड़ा है। संयुक्त प्रदेश, उड़ीसा, बिहार, बंगाल में किसानों पर असर पड़ा है। अकाली आंदोलन पंजाब के शहरों से गाँव की ओर बढ़ गया है। सारे देश के मुसलमान सरकार से सख्त नाराज हैं। परिस्थिति बहुत गंभीर है। इस पर महात्मा गांधी ने तीन मांगे और प्रस्तुत कर दी हैं।

(1) सारे कैदियों की रिहाई।
(2) प्रेस की आजादी।
(3) सरकार असहयोग आंदोलन के अहिंसात्मक कार्यों में कोई हस्तक्षेप न करे।

इन मांगों को यदि सात दिनों में स्वीकार नहीं किया गया तो गांधी जी सविनय अवज्ञा आंदोलन चलाने वाले थे। जनता से सरकारी कर न चुकाने के लिए कहने वाले थे। सरकार ने इस आंदोलन पर जरा भी तरजीह नहीं दी। अब महात्मा गांधी के पास एक ही उपाय था वह था आंदोलन जिससे अपना रास्ता चुना जा सकता था।

चौरी चौरा काण्ड

महात्मा गांधी के असहयोग आंदोलन के समय ही गोरखपुर के पास चौरी चौरा नामक स्थान पर कांग्रेस के जुलूस निकाले जाने के समय एक घटना हो गयी जिसमें भीड़ ने बेकाबू होकर चौरी चौरा की पुलिस चौकी को आग लगा दी। जिसमें 21 सिपाही और थानेदार जल कर मर गये। मद्रास और बम्बई में भी हिंसक घटनायें हो चुकी थी। गांधी जी इस तरह की घटनाओं से बहुत दुखी हुये। उन्हें यह महसूस हुआ कि भारत अभी अहिंसात्मक आंदोलन के लिए तैयार नहीं है। इसलिए उन्होंने 22 फरवरी 1922 को आंदोलन स्थगित करने की घोषणा कर दी। सरकार ने जनता का उत्साह समाप्त करने के लिए 13 मार्च 1923 को महात्मा गांधी को गिरफ्तार कर लिया। उन पर राजद्रोह का मुकदमा चला कर छह साल की कैद की सजा सुनाई गयी। इस तरह भारतीय जनता द्वारा 1918 से 1922 तक का राष्ट्रीय आंदोलन एक तरह से असफल रहा।

स्वराज दल

1922 का वर्ष कांग्रेस के संकट का वर्ष साबित हुआ। आंदोलन के असमय समाप्त हो जाने से कांग्रेस की इज्जत मिट्टी में मिल गयी थी। 1921 में जहाँ कांग्रेस की सदस्य संख्या एक करोड़ तक थी। वह अब घट कर लाखों तक जा पहुँची थी। लोगों की आस्था कांग्रेस से टूट गयी थी। भावी कार्यक्रम के बारे में कांग्रेस के नेताओं में तीव्र मतभेद था।

देशबंधु चितरंजनदास और पंडित मोतीलाल नेहरू ने मांग की असेंबली और काउंसिलों के चुनाव बहिष्कार की नीति त्यागकर इस लड़ाई को विधान मण्डलों के अंदर जा कर लड़ा जाये। इस बात पर कांग्रेस के अंदर तीव्र मतभेद थे।

दिसम्बर 1922 के गया अधिवेशन में कांग्रेस के काउंसिल में प्रवेश का मुद्दा प्रमुख विचार बन कर सामने आया। इस अधिवेशन के अध्यक्ष देशबंधु चितरंजन दास थे। जिन्होंने काउंसिल में प्रवेश की जोरदार वकालत की। उन्होंने कहा, इन काउंसिलों का सफल बायकाट यही है कि या तो उन्हें पूरी तरह से सुधारा जाये ताकि वे स्वराज्य के काबिल बन सकें या उन्हें पूरी तरह से समाप्त होने दिया जाये।

काउंसिल में प्रवेश के प्रश्न पर मोतीलाल और आयंगर चितरंजन के साथ थे। राजगोपालाचारी, डॉ. राजेन्द्र प्रसाद, सरदार पटेल इसके विपक्ष में थे। काउंसिल में प्रवेश का यह प्रस्ताव 890 और 1740 के वोटों से गिर गया।

पर ये नेता इसके बावजूद नहीं माने और मार्च 1923 में इलाहाबाद में अपने समर्थकों का सम्मेलन बुला कर स्वराज दल की घोषणा कर दी। यह पार्टी भी कांग्रेस पार्टी का ही एक अंग थी पर इसका गठन मात्र काउंसिल और असेंबली के चुनावों को देखकर किया गया था। कांग्रेस पार्टी के अंदर इस नये दल के गठन से पूरी तरह से रोष फैल गया था। दोनों ही दलों के नेता अपने-अपने दलों का प्रचार जोर-शोर से कर रहे थे। पर इस समय स्वराज दल के समर्थक ही हावी थे।

सन् 1923 में दिल्ली में कांग्रेस का अधिवेशन बुलाया गया। जिसमें काउंसिल में प्रवेश का प्रस्ताव बड़ी ही आसानी से पारित हो गया।

सन् 1923 में विधान मण्डलों के चुनाव हुए। स्वराजियों ने अपने उम्मीदवार खड़े किये और इस चुनाव में उन्हें काफी सफलता मिली। भारतीय विधान सभा की 48 सीटों पर उनका कब्जा हो गया और मध्यभारत में तो उन्हें पूर्ण बहुमत प्राप्त हो गया।

बंगाल विधानसभा में उसे पूर्ण बहुमत नहीं मिला पर वह सबसे बड़ा दल बनकर उभरा। अन्य प्रांतों में भी उन्हें पर्याप्त सीटें मिली। स्वराजियों की कम सफलता का सबसे बड़ा कारण यही था कि वे कांग्रेस के नहीं स्वराज पार्टी के उम्मीदवार थे। कांग्रेस ने उन्हें चुनाव लड़ने की अनुमति दी थी, उनका कोई कार्यक्रम स्वीकार नहीं किया था।

महात्मा गांधी बीमारी के कारण 5 जनवरी 1924 को छोड़ दिये गये थे और बम्बई में स्थित

जुहू समुद्र तट पर आराम कर रहे थे। मोतीलाल नेहरू और जवाहरलाल नेहरू स्वराजियों की ओर से उनसे सहमति मांगने गये पर गांधी जी ने सहमति देने से स्पष्ट इनकार कर दिया।

1924 जून में अखिल भारतीय कांग्रेस समिति ने अपने आप को केवल रचनात्मक कार्यों की ओर लगाने का निश्चय किया। गांधी जी ने स्वराज दल को कार्रवाई की जो पूर्ण छूट दी थी उससे भारत अपने पूर्ण उत्तरदायी सरकार और स्वतन्त्र औपनिवेशिक स्वरूप की ओर नहीं पहुँच सका। रही-सही कसर 1926 के चुनाव में स्वराजियों के चुनाव में बुरी तरह से हार जाने से हो गयी।

कांग्रेस के गौहाटी अधिवेशन में भारत के हित के अनेक प्रस्ताव बहुमत से पास हो गये जिनमें बिना स्वतन्त्रता पाये सरकार को सहयोग न देने के प्रस्ताव पारित हुए। इसके साथ ही स्वराज पार्टी का अपने आप अंत हो गया।

❑❑❑

स्वतंत्रता आंदोलन और हिन्दू मुस्लिम एकता

सन् 1922 में महात्मा गांधी की गिरफ्तारी के बाद कांग्रेस का राष्ट्रीय आंदोलन लगभग सात वर्ष तक ढीला सा हो गया। पर हमारे देश के क्रांतिकारी संगठन इस दौरान चुप नहीं बैठे थे। वह अपने उद्देश्यों की पूर्ति के लिए हिंसात्मक आंदोलन के जरिये अंग्रेजों को इस देश से मार भगाने को तत्पर थे। इन सबका उद्देश्य तो वही था जो सारे देश का था बस रास्ता भिन्न था।

उन दिनों हिन्दुस्तान रिपब्लिक संगठन सारे संयुक्त प्रांत में सक्रिय संस्था थी, जिसके कार्यों और उद्देश्य से प्रभावित होकर अन्य दल उसमें शामिल होने लगे थे। इस संस्था का उद्देश्य मजदूर व किसानों के लिए ऐसा राज्य कायम करना था। जहाँ कोई छोटा बड़ा न हो और सभी को चुनाव में बालिग मताधिकार प्राप्त हो। योगेश चंद्र चटर्जी एसोशिएशन के संगठन को शक्तिशाली बनाने के लिए संयुक्त प्रांत पधारे। जहाँ राम प्रसाद बिस्मिल से उनकी भेंट हुई जो स्वयं क्रांतिकारी दल के संचालक थे।

सन् 1924 को इस संस्था के सदस्यों ने शस्त्रों के लिए धन संग्रह की योजना बनाई। जिसमें रायबरेली, पीलीभीत और प्रतापगढ़ में डाके डाले गये। पर इन डाकों से जब ज्यादा धन नहीं मिला तो अशफाक उल्ला खान ने डाक के थैले लूटने को योजना बनाई। जो रेलवे स्टेशनों पर टिकट बिक्री से होने वाली आमदनी थी। इस योजना के तहत काकोरी रेलवे स्टेशन के पास रेलगाड़ी की जंजीर खींचकर खजाना लूटने की योजना थी।

इस योजना में दस व्यक्ति शामिल थे राम प्रसाद बिस्मिल, राजेन्द्र नाथ लाहिड़ी, अशफाक उल्ला खां, मुकुंदी लाल, मनमथ नाथ गुप्त, शचींद्र नाथ सान्याल, चंद्रशेखर आजाद, मुरारीलाल शर्मा, बनवारी लाल, राम दुलारे त्रिवेदी।

9 अगस्त सन् 1929 को 8 डाउन गाड़ी पर सरकारी खजाने के अलावा एक और सरकारी खजाना था। गोरी पलटन इस गाड़ी में सवार थी। अशफाक उल्ला खान के मना करने पर भी योजना निरस्त न की गयी।

दल दो टुकड़ों में विभक्त था। एक में शचींद्र सान्याल, अशफाक और राजेन्द्र लाहिड़ी थे। जो द्वितीय श्रेणी के कम्पार्टमेंट में थे। बाकी सात अन्य क्रांतिकारी थे जो रामप्रसाद बिस्मिल के नेतृत्व में

तीसरी श्रेणी में थे। इन लोगों के पास चार नई माउजर पिस्तौलें थीं।

सूर्यास्त होते ही काकोरी स्टेशन के समीप गाड़ी की जंजीर खींचकर सारा सरकारी खजाना लूट लिया गया। रुपये और पैसे लेकर ये दल लखनऊ भाग गया।

25 सितम्बर 1929 को कई शहरों से लगभग 40 आदमी गिरफ्तार किये गये। चंद्रशेखर आजाद ही इस गिरफ्तारी से बच गये।

श्री एनुद्दीन नामक मजिस्ट्रेट के समक्ष काकोरी काण्ड के नाम से मशहूर यह मुकदमा चला जिसमें सरकार की ओर से पं. जगत नारायण वकील और अपराधियों की ओर से पंडित गोविंद बल्लभ पंत और मोहन लाल सक्सेना ने पैरवी की थी। डेढ़ साल तक मुकदमा चलने के बाद 6 अप्रैल 1927 में निम्न को सजायें हुईः

रामप्रसाद बिस्मिल, राजेन्द्र लाहिड़ी, रोशनसिंह, अशफाक उल्ला को मृत्यु दंड। शचींद्र सान्याल को काला पानी। मन्मथ नाथ गुप्त को 14 साल का दण्ड, योगेन्द्र नाथ चटर्जी को दस-दस साल की कैद गोविंद चरणकर, राजकुमार सिन्हा, मुकुंदी लाल, रामकृष्ण सभी को दस साल की सजा मिली।

इसके अलावा सुरेंद्र भट्टाचार्य, विष्णुशरण दुबलिस, राम दुलारे त्रिवेदी, भूपेंद्र नाथ सान्याल, बनवारी लाल, प्रेम कृष्ण खन्ना, प्रणवेश चटर्जी और राम नाथ पांडेय को सात-सात साल की सजा मिली। महात्मा गांधी इस काण्ड से बहुत दुखी हुए पर बंगाल और पंजाब में सशक्त विद्रोह फैल रहा था। अंग्रेज मुसलमानों को अलग भड़का रहे थे। चारों ओर हिंसा फैल रही थी। गांधी जी के जेल के छूटने के बाद जगह-जगह हिन्दू-मुस्लिम दंगे भड़क रहे थे। जिनके आगे उनका अहिंसा का अमोघ अस्त्र काम न आ सका था। हिन्दू और मुसलमानों में बरसों से बुनियादी मतभेद थे जो दोनों संप्रदायों में आपसी मतभेद और दूरियां बढ़ाये हुए थे। रही सही कसर अंग्रेजों ने और जिन्ना ने पूरी कर दी जो सन् 1920 के नागपुर कांग्रेस अधिवेशन से असंतुष्ट होकर राष्ट्रीय नेता बनने के स्थान पर पूरे तौर से मुसलमानों के नेता बन गये थे।

दिसंबर 1926 के गौहाटी कांग्रेस अधिवेशन में हिन्दू-मुसलमानों को अपने आपसी मतभेद और तनाव को बातचीत के जरिये कम करने के लिए एक प्रस्ताव पारित कर दिया गया। कांग्रेस अध्यक्ष आयंगर ने स्वयं हिन्दू और मुसलमान नेताओं से बातचीत की। लाला लाजपत राय और महामना मदन मोहन मालवीय ने संयुक्त निर्वाचन क्षेत्रों का सुझाव दिया। जिन्ना इस बात को जानते थे कि बिना हिन्दू-मुस्लिम एकता के देश को स्वतन्त्रता और उपनिवेशी सरकार से मुक्ति नहीं मिलेगी। इसलिए उन्होंने इस सुझाव को तुरंत स्वीकार कर लिया। 20 मार्च 1927 को मुस्लिम नेताओं ने दिल्ली में बैठक कर ये मांगे रखीं।

(1) सिंध को पृथक राज्य बनाया जाये।

(2) उत्तर पश्चिम प्रांत और बलूचिस्तान को अलग राज्य का दर्जा दिया जाये।

(3) पंजाब और बंगाल में मुस्लिम प्रतिनिधित्व उनकी आबादी के अनुसार ही हो।

(4) केंद्रीय विधान मण्डल में उनका प्रतिनिधित्व कुल तिहाई भाग से कम न हो।

कांग्रेस कार्य समिति ने देश की एकता के नाम पर इन प्रस्तावों को तुरंत स्वीकार कर लिया।

जिससे ऐसा महसूस होने लगा कि हिन्दू-मुस्लिम एकता अब ठोस आधार प्राप्त करने लगी है। मगर 1927 के पंजाब, संयुक्त प्रांत, बिहार के सांप्रादायिक दंगों ने इस विश्वास को धूल में मिला दिया।

अप्रैल 1926 में लार्ड इरविन भारत के नये वायसराय बन कर आये। उन्होंने आते ही सांप्रदायिकता पर दु:ख प्रकट किया। लार्ड इरविन स्वभाव से ही कोमल स्वभाव के और प्रगतिशील विचारधारा के थे। भारत में चल रही सांप्रदायिकता और छुआछूत ने भी लार्ड इरविन को बहुत प्रभावित किया था।

29 अगस्त 1927 को लार्ड इरविन ने केंद्रीय विधान सभा में भाषण करते हुए दोनों संप्रदाय के लोगों से परस्पर वैमनस्य के व्यवहार से छुटकारा पाने का आदेश दिया। वायसराय की अपील पर मौलाना शौकत अली ने 25–26 सितम्बर को शिमला में एक सभा बुलाई जिसमें मसजिदों के सामने गाने बजाने, गाय की बलि पर रोक लगाने के प्रश्न पर आपस में ही मतभेद रह गये। जिससे यह सम्मेलन पूरी तरह से असफल हो गया।

कांग्रेस अध्यक्ष के सद्प्रयासों से हिन्दू और मुसलमानों में एकता हो गयी। इस बीच महात्मा गांधी ने 21 दिन का उपवास सांप्रदायिकता के प्रश्न पर मौलाना मुहम्मद अली के घर पर रह कर किया।

साइमन कमीशन

नवम्बर 1927 को लार्ड इरविन अपना दौरा रद्द कर दिया। 5 नवम्बर 1927 को उन्होंने साइमन कमीशन की घोषणा की। इस कमीशन में इंग्लैंड की तीनों राजनीतिक पार्टियों, कंजरवेटिव, लिबरल और लेबर के प्रतिनिधि थे। भारत का एक भी प्रतिनिधि मौजूद नहीं था। इस कमीशन का उद्देश्य भारत की तत्कालीन सरकार के कार्यो की जांच, शिक्षा की वृद्धि, प्रतिनिधित्व संस्थाओं का विकास कितना हुआ है इसकी जांच करना था। जांच के बाद इस कमीशन को यह रिपोर्ट ब्रिटिश सरकार को देनी थी कि उत्तरदायी सरकार का सिद्धांत लागू करना कहाँ तक उचित होगा। जाँच के बाद यह कमीशन यह भी बतलाने वाला था कि प्रांतीय विधान मण्डलों में दूसरा सदन होना चाहिए या नहीं।

साईमन कमीशन के आगमन से यह बात सिद्ध हो गयी थी कि ब्रिटिश सरकार भारत को स्वतन्त्रता देने का कतई इच्छुक नहीं थी। वह भारत को कोई भी बड़ा अधिकार देना नहीं चाहती थी। वह अभी भी अपना औपनिवेशिक शासन कायम रखना चाहती थी।

साइमन कमीशन का सारे देश में तीव्र विरोध किया जाने लगा। जगह-जगह हड़तालें होने लगीं, विरोध में सभायें होने लगीं।

3 फरवरी सन् 1928 को साइमन कमीशन के लंदन से बम्बई आते ही आम हड़ताल से उनका स्वागत हुआ। साइमन कमीशन वापिस जाओ के नारों से आकाश गूंजने लगा। 3 फरवरी को पूरे देश में हड़ताल और विरोध सभायें हो रही थीं। मद्रास में पुलिस ने गोली चला दी जिससे तीन व्यक्ति शहीद हो गये। कलकत्ता में भी गोली चली।

ब्रिटिश शासकों ने बम्बई के माहौल को देखकर साइमन कमीशन को तुरंत बम्बई से दिल्ली

रवाना कर दिया। जहाँ काले झण्डों से इस कमीशन का स्वागत किया गया। अमृतसर में साइमन कमीशन के आगमन का विरोध करने वाले जुलूस पर लाठी चार्ज हुआ। जिसमें लाला लाजपत राय घायल होकर गिर पड़े। बाद में वे शहीद हो गये।

केंद्रीय विधान मण्डल में भी सर साइमन का स्वागत करने से साफ इनकार कर दिया गया। केंद्रीय विधान मण्डल में कांग्रेस का यह प्रस्ताव भी स्वीकार कर लिया गया। जिसमें साइमन कमीशन से कोई सम्बन्ध न रखने की बात कही गयी थी। इस प्रस्ताव के पक्ष में 68 और विपक्ष में 62 वोट पड़े थे।

साइमन कमीशन का लखनऊ में जवाहर लाल नेहरू, गोविंद बल्लभ पंत ने तीव्र विरोध किया जबकि अवध के ताल्लुकेदारों ने सर साइमन के सम्मान में भोज दिया था। पुलिस के लाखों प्रयासों से 'साइमन कमीशन भारत से जाओ' के नारों से युक्त हजारों गुब्बारे और पतंगें आकाश पर छा गयी। पटना के 50,000 लोगों ने साइमन कमीशन के विरुद्ध नारेबाजी की। कलकत्ता में भी कमीशन का स्वागत 'इंकलाब जिंदाबाद', 'गणतंत्र कायम करो' के नारों से हुआ। कलकत्ता का यह विरोध प्रदर्शन काफी हद तक सफल सिद्ध हुआ। इन प्रदर्शनों में कांग्रेस के साथ मजदूर, किसान व नौजवान थे। 31 मार्च 1928 को साइमन कमीशन वापिस चला गया।

देश के सौभाग्य से महात्मा गांधी 21 दिन के उपवास के बाद जीवित बच गये थे। उन्होंने सारे देश का दौरा किया और जगह-जगह अछूतोद्धार और चरखे का प्रचार किया।

इन्हीं दिनों साइमन कमीशन के विरोध प्रदर्शन के दौरान सांडर्स के लाठी चार्ज से घायल लाला लाजपत राय की मृत्यु का बदला सरदार भगत सिंह ने सांडर्स को गोली मार कर लिया।

सन् 1928 के बाद से क्रांतिकारियों की गतिविधियां इन दो ढाई सालों से मद्धम गति से चल रही थीं। सन् 21 के असहयोग आंदोलन के बाद चंद्रशेखर आजाद इन गतिविधियों के नेता बन गये थे। काकोरी काण्ड के बाद से वह लापता हो चुके थे। सांडर्स का वध कर भगत सिंह भी उनके साथ आ मिले। इन दोनों ने पंजाब की जनता पर हो रहे अत्याचार के विरोध के जवाब में अंग्रेजों को एक ऐसा सबक सिखलाने का निश्चय किया कि जिससे अंग्रेजों के होश ठिकाने आ जायें।

भगत सिंह और बटुकेश्वर दत्त ने 8 अप्रैल 1929 को दिल्ली के असेंबली हाल में पहले तो बम फेंके। फिर बंदूकों से गोलियां दागीं और परचे फेंके। इस शोर से कोई मरा तो नहीं पर सारे असेंबली हाल में तहलका मच गया। दोनों को पुलिस ने गिरफ्तार कर लिया। सारे देश में सनसनी फैल गयी। लाहौर और सहारनपुर में बमों के कारखाने पकड़े गये। कई आदमी गिरफ्तार हुए। कई गुप्त संगठन पुलिस की जानकारी में आये। लाहौर षड्यंत्र नाम से इस धरपकड़ में गिरफ्तार लोगों पर मुकदमा चलाया जाने लगा।

कांग्रेस के अंदर नौजवान वर्ग भी क्रांति के मार्ग पर अग्रसर हो रहा था। पंडित जवाहरलाल नेहरू और सुभाषचंद्र बोस यूरोप में काफी समय बिता कर लौटे थे। रूस की जनता ने जारशाही का नाश कर दिया था। किसानों व मजदूरों का भेद समाप्त कर उनका शासन कायम हो गया था। गरीबों और अमीरों का भेद मिट गया था। देश का नौजवान तबका सुभाषचंद्र बोस और जवाहरलाल नेहरू की ओर आकर्षित हो गया था।

नेहरू रिपोर्ट

कांग्रेस द्वारा फरवरी 1928 में एक सर्वदलीय सम्मेलन बुलाया गया। जिसमें सभी पार्टियों ने घोषणा की कि वे ब्रिटिश सरकार से तभी समझौता वार्ता चलायेंगे। जब उन्हें डोमेनियन स्टेट देने का वायदा किया जायेगा।

फरवरी-मार्च इन दोनों महीनों में इस सम्मेलन की कुल 25 बैठकें हुईं। सर्वदलीय सम्मेलन का तीसरा दौर 19 मई 1928 को डॉ. अंसारी की अध्यक्षता में हुआ। जिसमें मोतीलाल नेहरू की अध्यक्षता में एक कमेटी नियुक्त की गयी। इस कमेटी को 1 जुलाई 1928 से पूर्व संविधान के सिद्धांतों का मसौदा तैयार करने का काम सौंपा गया था। इस मसौदे को देश के सभी संगठनों के पास भेजे जाने का निर्णय किया गया। सर्वदलीय सभा के समक्ष 'नेहरू रिपोर्ट' जुलाई 1928 में रखी गयी। यह रिपोर्ट तीन बातों पर आधारित थी।

(1) भारत की भावी स्थिति।

(2) नागरिकों के मूल अधिकार।

(3) हिन्दू-मुस्लिम सम्बन्ध।

इस रिपोर्ट को लंदन भेज दिया गया और लखनऊ में 28 से 30 अगस्त 1928 तक सर्वदलीय सभा में विचार किया गया।

नेहरू रिपोर्ट के हिन्दू मुसलमानों के संबंधों की सिफारिशों को मुस्लिम लीग ने ठुकरा दिया और प्रस्तावित संविधान को भी पारित करने से इनकार कर दिया।

कांग्रेस का कलकत्ता अधिवेशन

साइमन कमीशन के बायकाट और महात्मा गांधी के बारदौली सत्याग्रह के कारण सारे भारत में आंदोलन का माहौल था। मज़दूर किसान पूर्ण स्वराज्य की मांग कर रहे थे। क्रांतिकारी सशस्त्र क्रांति का सहारा लेकर अंग्रेजों को भारत से निकाल बाहर करने के इच्छुक थे। नौजवान सर पर कफन बांधने लड़ने मरने को तैयार थे। कांग्रेस में पंडित जवाहर लाल नेहरू और सुभाषचंद्र बोस ने अपना एक अलग गरम दल बना लिया था। इन लोगों ने डोमिनियन स्टेट नहीं पूर्ण स्वराज्य की मांग की थी। दिसम्बर 1928 में कलकत्ते में कांग्रेस का विशेष अधिवेशन हुआ। जिसमें 20 हजार दर्शक और 6 हजार प्रतिनिधि शामिल हुए थे। इस अधिवेशन की सफलता के लिए संदेश भेजने वालों में मानवाधिकार संघ, न्यूजीलैण्ड कम्यूनिस्ट पार्टी, फारस की सोशलिस्ट पार्टी, सुनियाल सेन, श्री रोमारोला प्रमुख थे। इस अधिवेशन में 'नेहरू रिपोर्ट' पर महात्मा गांधी ने प्रस्ताव पढ़ा, "अगर सरकार 31 दिसम्बर 1930 तक इस संविधान को स्वीकार नहीं करेगी तो कांग्रेस अहिंसक आंदोलन फिर से प्रारंभ कर देगी, देशवासियों से अपील की जायेगी कि सरकार के कर नहीं दिये जायें न ही

कोई मदद की जाये। वायसराय को नेहरू रिपोर्ट दे दी जाये वो जो भी चाहे कार्यवाही करें।''

जिन्ना के चौदह सूत्र

'नेहरू रिपोर्ट' पर भारतीय मुसलमानों में मिली-जुली प्रतिक्रिया हुई थी। मौलाना आजाद, डॉ. अंसारी, टी.ए. शेरवानी ने जहाँ इसका स्वागत किया था, वहीं सर मोहम्मद शफी, जिन्ना, आगा खां इस प्रस्ताव के सख्त खिलाफ थे। जिन्ना मुसलमानों के सशक्त गुट का नेतृत्व कर रहे थे। जिन्होंने महात्मा गांधी जी के असहयोग आंदोलन से मतभेदों के कारण कांग्रेस छोड़ दी थी। फिर भी उनका हिन्दू-मुस्लिम एकता पर विश्वास था, और वह यह मानकर चलते थे, कि भारत के मुसलमानों का भविष्य हिन्दुस्तान के साथ बंधा हुआ है।

31 दिसम्बर को जिन्ना ने एक मुस्लिम सम्मेलन दिल्ली में बुलाया जिसमें आगा खां को अध्यक्ष बनाया गया। इस सभा में आशंका व्यक्त की गयी कि हिन्दू अपने बहुमत के बल पर मुसलमानों पर हावी होना चाहते हैं। जबकि जिन्ना का यह मानना था कि हमें हिन्दू और मुसलमानों का भेद निकाल देना चाहिए। उन्हें मिलाकर ही हम अपने सामूहिक लक्ष्य को प्राप्त कर सकते हैं। हिन्दू और मुसलमानों की एकता के बिना भारत की उन्नति नहीं हो सकती है। न ही हमें अपने लक्ष्य स्वतंत्रता की प्राप्ति हो सकती है। यह सम्मेलन किसी समझौते पर पहुँचे बिना मई 1929 में मिलने का आह्वान कर समाप्त हो गया।

कलकत्ता अधिवेशन के बाद जिन्ना ने मुसलमानों की मांग का एक 14 सूत्रीय घोषणा पत्र जारी किया। जिन्हें इतिहास में जिन्ना के 14 सूत्र के नाम से जाना जाता है।

(1) भारत का संविधान संघीय हो, बाकी बचे अधिकार प्रांतों को सौंपे जायें।
(2) सभी प्रांतों को समान रूप से स्वायत्त शासन का अधिकार हो।
(3) केंद्रीय विधान मण्डलों में एक तिहाई मुसलमानों को प्रतिनिधित्व मिले।
(4) हर प्रांत के विधान मण्डल में अल्प संख्यकों को पर्याप्त प्रतिनिधित्व मिले।
(5) सभी जातियों को प्रतिनिधित्व पृथक निर्वाचन के आधार पर मिले।
(6) प्रांतीय सीमायें तय करते समय स्थिति यथावत रहे।
(7) सभी धर्मों को अपने रीति-रिवाजों, मान्यताओं तथा शिक्षा की पूर्ण स्वतंत्रता की गारंटी दी जाये।
(8) विधानसभा में यदि किसी विधेयक को एक जाति के लोग न मानें तो उसे पास न किया जाये।
(9) सिंध को बम्बई प्रेसीडेंसी से अलग कर दिया जाये।
(10) उत्तर पश्चिमी प्रांत और ब्लूचिस्तान में अन्य प्रांतों के समान सुधार किये जायें। इन प्रांतों के साथ कोई भेदभाव न हो।
(11) सरकारी नौकरी में योग्यता के आधार पर मुसलमानों को उचित प्रतिनिधित्व।
(12) मुस्लिम संस्कृति, भाषा, धर्म शिक्षा की गारंटी।
(13) केंद्रीय तथा प्रांतीय विधान मण्डलों में एक-तिहाई मंत्री मुसलमान हों।

(14) संघीय राज्यों से बिना अनुमति लिए केंद्रीय विधान मण्डल संविधान परिवर्तन न हो।

मार्च 1929 में इन सूत्रों को मुस्लिम लीग के दिल्ली अधिवेशन में रखा गया। जिसकी अध्यक्षता जिन्ना ने की थी। उन्होंने विभिन्न गुटों से अपनी रंजिश दूर कर भारत सरकार से संविधान निर्माण की अपील की मांग की।

पर इस अधिवेशन के बाद से ही मुस्लिम लीग का नाता कांग्रेस से पूरी तरह से टूट गया था। मुसलमान नेता अपने लिए अलग राज्य की मांग करने लगे थे।

जहाँ जिन्ना एक ओर मुसलमानों को जगा रहे थे वहीं इकबाल ने शोषित और दलित जनता को समग्र क्रांति का रास्ता दिखलाना प्रारंभ किया था।

उठो मेरी दुनिया के गरीबों को जगा दो।
खाना ओ, अमरा के दरों दीवार हिला दो।
जिस खेत से दहकां को मयस्सर नहीं रोटी।
उस खेत के हर गोशये गंदुम को जला दो।

पश्चिम की गुलामी पसंद के लोगों से उन्होंने कहा—

यूरोप की गुलामी से है रजामंद तू
मुझको तो गिला तुझसे है यूरोप से नहीं।

इकबाल ने ही हिन्दू-मुस्लिम एकता पर कहा है—

सारे जहाँ से अच्छा हिंदोस्तां हमारा।
हम बुलबुले हैं इसकी ये गुलिस्तां हमारा।
मजहब नहीं सिखाता आपस में बैर रखना
हिन्दी हैं हम, वतन है हिंदोस्तां हमारा।

पर यही इकबाल अचानक हिन्दुस्तान से विमुख होकर मुस्लिम संप्रदाय और पाकिस्तान के प्रबल समर्थक बन गये। वह राष्ट्रवाद की परिभाषा बदलने पर उतर आये। उनका कहना था कि भारतीय राष्ट्रीयता का अर्थ हिन्दुओं की राजनीतिक प्रभुता होगी। एक कट्टर मुसलमान के रूप में इकबाल को हिन्दुओं का शासन स्वीकार नहीं था। दूसरे इकबाल यह महसूस कर रहे थे कि राष्ट्रवाद की भावना विभिन्न मुसलमानों के राष्ट्रों में अलग-अलग जन्म लेगी जिसका प्रभाव इस्लाम की एकता पर पड़ेगा।

इकबाल साहित्यकार से राजनीतिज्ञ हो गये थे। उन्होंने 28 दिसम्बर 1929 को इलाहाबाद में मुस्लिम लीग के अध्यक्ष पद से संविधान को हीमोजीनिमक भारत की धारणा पर आधारित करना अथवा ब्रिटिश प्रजातांत्रिक भावनाओं द्वारा निर्देशित सिद्धांतों को भारत में लागू करने का अर्थ उसे बुद्धिमता पूर्ण ढंग से गृह युद्ध के लिए तैयार करना होगा।

इकबाल के भाव परिवर्तन पर आनंद नारायण मुल्ला कहते हैं—

हिन्दू होने पर नाज जिसे कल तक, हिजाजी बन बैठा।
अपनी महफिल का रिंद पुराना आज नमाजी बन बैठा।

पूर्ण स्वराज की मांग

दिसम्बर 1929 में कांग्रेस का अधिवेशन लाहौर में हुआ था। इसकी अध्यक्षता महात्मा गांधी करने वाले थे। मगर देश की मौजूदा हालत को देखकर महात्मा गांधी ने कांग्रेस अध्यक्ष पद का भार जवाहरलाल नेहरू को सौंप दिया।

अध्यक्ष पद से बोलते हुए नेहरू ने कहा, ''आज हमारा सिर्फ एक लक्ष्य है—स्वाधीनता। हमारे लिए स्वाधीनता का अर्थ है ब्रिटिश साम्राज्यवाद से पूर्ण स्वतंत्रता।''

कांग्रेस के इस अधिवेशन की मुख्य मांग पूर्ण स्वतंत्रता की मांग ही थी। इस में कहा गया था 'कांग्रेस संविधान की धारा 1 का अर्थ पूर्ण स्वराज होगा। सभी कांग्रेसी पूर्ण स्वतंत्रता पर ध्यान देंगे। कांग्रेस जनों को प्रत्यक्ष या अप्रत्यक्ष रूप से किसी भी चुनाव में हिस्सा न लेने की हिदायत दीं गयी थी। यदि कोई किसी पद पर था तो उसे इस्तीफा देने को कहा गया था।

इस प्रस्ताव को पारित कर 31 दिसम्बर 1929 की रात को बारह बजे स्वतंत्रता का झण्डा फहरा दिया गया।

कांग्रेस कार्य समिति की 2 जनवरी 1930 की बैठक में काउंसिल के बायकाट का प्रस्ताव अमल में लाया गया। जिसमें मतदाताओं से चुनाव के भाग न लेने की अपील की गयी और काउंसिल के 27 सदस्यों का त्यागपत्र दे दिया गया। 26 जनवरी 1930 को स्वतन्त्रता दिवस मनाने की भी घोषणा की गयी। उसी दिन से पूर्ण स्वराज्य की घोषणा कर दी गयी।

मोतीलाल नेहरू जैसे नेता ने अपनी अंतिम इच्छा यह कहकर प्रकट की कि मेरे प्राण निकलें तो स्वराज के बाद ही निकलें। दुर्भाग्य से उनकी अंतिम इच्छा पूरी नहीं हो पाई।

जहाँ एक ओर हमारा देश बलिदान और उत्साह के आवेग में बह रहा था, वहीं दूसरी ओर सारा विश्व बड़े ही कठिन आर्थिक संकट से गुजर रहा था। भारत की गरीब जनता भूखों मर रही थी। किसानों और मजदूरों को रोटी और कपड़ा तक नसीब नहीं हो रहा था।

भारत के 3600 कि.मी. फैले समुद्र तट पर नमक अपने आप बन जाता था। चाँदनी रात के दिनों में समुद्र में ज्वार आता था जो पूर्णिमा के दिन अपनी पूरी ऊँचाई पर जा पहुँचता, समुद्र के आसपास यह पानी इकट्ठा हो जाता। कृष्ण पक्ष के आते ही जब यह पानी हट जाता तो अपने आप नमक बन जाता। इस नमक को कोई भी भारतवासी उठा सकता था पर अंग्रेज सरकार ने इस नमक को उठा लेना जुर्म बना दिया।

इंग्लैंड के जहाजों से जो नमक हिन्दुस्तान आता उसे ही खरीदना आवश्यक हो गया। जो लोग समुद्र के पास एकत्रित नमक को साफ करके खाने लायक बनाते उसे गैर कानूनी घोषित कर दिया गया।

16 फरवरी को साबरमती आश्रम में एक सभा हुई जिसमें कांग्रेस ने महात्मा गांधी को अपनी इच्छानुसार आंदोलन चलाने की अनुमति दे दी।

उसी समय नमक कानून बना था। 27 फरवरी को गांधी जी ने नमक आंदोलन शुरू करने की घोषणा कर दी। सूरत जिले में दांडी समुद्रतट का स्थान इस आंदोलन के लिए चुना गया।

गांधी जी 79 सत्याग्रहियों के साथ 12 मार्च 1930 को दांडी रवाना हो गये। साबरमती से लेकर अहमदाबाद और समुद्रतट तक नर-नारियों की भीड़ लग गयी जो इस कानून को तोड़ने के लिए गांधी जी के साथ थी। हर स्थान पर गांधी जी की अगवानी की जाती, उनकी आरती उतारी जाती, फूल चढ़ाये जाते। लोग उनके पीछे-पीछे चलने लगते। जगह-जगह गांधी जी भाषण देते, लोगों का दुःख दर्द सुनते, उनसे बातचीत करते। पच्चीस दिन की इस यात्रा का अंत 5 अप्रैल 1930 को दांडी पहुँचकर ही हुआ। इस समय तक सारे देश में जागृति आ चुकी थी।

6 अप्रैल 1930 को सत्याग्रह दिवस था। उस दिन गांधी जी ने सुबह उठकर सबसे पहले प्रार्थना की फिर उनकी सारी टोली ने समुद्र में स्नान किया। फिर समुद्र में जमा पानी एक बर्तन में इकट्ठा कर उसे गरम कर महात्मा गांधी ने नमक बनाया जो आधा तोला था। उस नमक को महात्मा गांधी ने उसी समय नीलाम कर दिया जो अहमदाबाद के एक साहूकार ने 528 रुपये में खरीद डाला।

सारे देश में महात्मा गांधी की आज्ञा के अनुसार नमक कानून तोड़कर सत्याग्रह किया गया। हजारों की संख्या में गिरफ्तारियां हुई पर महात्मा गांधी को गिरफ्तार नहीं किया गया।

गुजरात में धरासाणा नाम का एक सरकारी नमक गोदाम था जिसे महात्मा गांधी ने लूटने का एलान किया। इस गोदाम को लूटने से पूर्व ही महात्मा गांधी को गिरफ्तार कर लिया गया।

इस आंदोलन के पूर्व ही महात्मा गांधी जी ने लार्ड इरविन को 2 मार्च 1930 को एक पत्र लिखा था, "हिंसा का दल अपने उद्देश्य में कामयाब हो रहा है और अपना प्रभाव डाल रहा है पर मेरा और इसका उद्देश्य एक होते हुए भी, मेरा विश्वास तो आज भी यही है विशुद्ध अहिंसा से ही ब्रिटिश हिंसा को जीता जा सकता है।"

लार्ड इरविन ने महात्मा गांधी को तुरंत इस पत्र का उत्तर दिया था, उनके ऐसा करने पर कानून एवं व्यवस्था की स्थिति बिगड़ जायेगी।

पर महात्मा गांधी ने इरविन का आदेश न मान कर नमक कानून तोड़ा था। उन्होंने 8 अप्रैल 1930 को जेल से एक पत्र लिखकर कहा, "हमारा मार्ग निर्धारित हो चुका है । प्रत्येक गाँव में अवैध नमक लाया जाये या बनाया जाये। शराब की दुकानों पर, अफीमों के अड्डों पर, विदेशी कपड़ों की दुकानों पर माँ-बहनें धरना दें। नौजवान और वृद्ध घर-घर चरखा कातें। विदेशी कपड़ा जला दें।

हिन्दुओं को छुआछूत छोड़ देनी चाहिए। हिन्दू, मुसलमानों, सिखों और पारसियों को एकता कायम रखनी चाहिए। विद्यार्थी सरकारी स्कूल-कालेज छोड़ दें। सरकारी कर्मचारी अपनी नौकरियां छोड़ दें व लोगों की सेवा में जुट जायें। तभी स्वराज हासिल होगा।

देश की जनता ने महात्मा गांधी की आज्ञा का तुरंत ही पालन किया। कलकत्ता, पटना, पेशावर, रांची, दिल्ली सभी भागों में सार्वजनिक सभायें हुई। सैकड़ों लोगों ने सरकारी नौकरियां छोड़ दीं। कई नेताओं ने विधान सभा की सदस्यता छोड़ दी। नमक कानून तो टूटा ही साथ ही शराब की दुकानों का बहिष्कार होने लगा। किसानों ने भूमि कर और ऋण चुकाने से साफ इनकार कर दिया। जून 1930

तक पूरी तरह से विद्रोह की स्थिति उत्पन्न हो गयी। कई स्थानों पर तो सरकार का आदेश चलना भी बंद हो गया।

मुस्लिम लीग की भूमिका

मुस्लिम लीग तो पहले ही कांग्रेस का साथ छोड़ चुकी थी। जिन्ना राष्ट्रवादी से पूरी तरह संप्रदायवादी हो गये थे। इकबाल जैसे शायर और अनेक मुसलमान नेता उनके साथ हो गये थे। नमक आंदोलन के समय जिन्ना और मुस्लिम लीग ने उनका साथ न देने की घोषणा कर दी थी क्योंकि उनकी समझ में यह आंदोलन भारत की स्वतंत्रता का नहीं बल्कि हिन्दूवाद का आंदोलन था। खान अब्दुल गफ्फार खान, मौलाना आजाद जैसे मुसलमान उस समय तक और आखिरी दम तक महात्मा गांधी के साथ रहे थे।

सरकार ने महात्मा गांधी के इस आंदोलन को कुचलने के लिए हजारों आंदोलनकारियों को गिरफ्तार कर लिया। सुभाष चंद्र बोस को एक साल का दंड दिया गया था। 16 अप्रैल को जवाहर लाल नेहरू को गिरफ्तार किया गया। 5 मई को गांधी जी भी गिरफ्तार किये गये। 6 मई को सारे देश में हड़ताल हो गयी।

27 जून 1930 को इलाहाबाद में मोतीलाल नेहरू की अध्यक्षता में कांग्रेस कार्य समिति की बैठक हुई जिसमें गांधी जी की नीतियां जारी रखी जाने का प्रस्ताव पारित हुआ पर सरकार ने धारा 144 और भारतीय दंड संहिता लागू कर दी।

❑❑❑

गांधी-इरविन समझौता

अंग्रेजों का दमन चक्र पूरे देश में चल रहा था। हजारों लोग जेलों में बंद थे पर सत्याग्रहियों के उत्साह में कमी नहीं आई थी। गुजरात के अलावा मध्य भारत, संयुक्त प्रांत और बंगाल, बिहार की औरतें परदा प्रथा को छोड़कर राष्ट्रीय धारा से जुड़ गयी थीं। गिरफ्तारी के बाद भी नारी समाज के उत्साह में कोई कमी नहीं आई थी। जिससे ब्रिटिश शासन की नीवें हिलने लगी थीं। ब्रिटिश सरकार अपनी पूरी क्रूरता से मैदान में उतर आयी थी। हजारो सालों के इतिहास में इस क्रूरता और दमन का उदाहरण नहीं मिलता। मजे की बात यह है कि इस समय ब्रिटेन में लेबर पार्टी का शासन था जो कि अपने आपको प्रजातंत्र और समाजवाद का कट्टर समर्थक कहती थी। उसके कार्यों से उसकी असलियत संसार के सामने आ गयी थी। वह सरकार साम्राज्यवाद का मुखौटा धारण किये इंग्लैंड के पूंजीपतियों की सरकार थी। जिसके कार्यों से इंसानियत का सिर झुक गया था।

लार्ड इरविन की समझ में जरूर यह बात अच्छी तरह से आ गयी थी कि अब भारत के लोगों की स्वतंत्रता की इच्छा का दमन ज्यादा दिन तक नहीं किया जा सकता है। कलकत्ता में प्रेस के सामने वायसराय ने यह स्वीकार किया कि, ''सविनय अवज्ञा आंदोलन की हम चाहें जितनी भी आलोचना कर डालें, पर मुझे विश्वास है कि भारत के लोगों में जो राष्ट्रीयता की भावना है, इस समय उसका मूल्यांकन न करना हमारी भूल होगी। सरकार द्वारा कठोर कार्रवाई करने से इसका कोई इलाज संभव नहीं होगा।''

फर्स्ट राउंड टेबिल कांफ्रेंस

अमानवीय दमन के बावजूद जनांदोलन की उग्रता समाप्त नहीं हुई थी। जिससे अंग्रेज शासक घबरा गये। उन्होंने एक-एक कर सभी नेताओं को जेल से रिहा कर दिया। लार्ड इरविन ने इन नेताओं से कई मुलाकातें कीं।

इसके बाद लार्ड इरविन ने देश-विदेश की परिस्थिति को मद्दे नजर रखकर 12 नवम्बर 1930 को लंदन में फर्स्ट राउंड कांफ्रेंस बुलाई जिसमें भारतीय नेताओं को आमंत्रित किया गया।

इस समय तक देश में फैले हुए तनावपूर्ण वातावरण में कोई कमी नहीं आई थी। लंदन की 'डेली हैराल्ड' के स्टाफ रिर्पोटर जार्ज स्लोकम ने पंडित मोतीलाल नेहरू से भेंट कर इस दिशा में कोई शांतिपूर्ण हल खोजने का प्रयास किया। वायसराय लार्ड इरविन ने जार्ज स्लोकम के इन प्रयत्नों की सराहना की। सप्रू व जयकर आदि ने गांधी जी, सरदार पटेल, जवाहरलाल नेहरू, सरोजनी नायडू

से यरवदा जेल में मिलने का प्रयत्न किया। मगर इस प्रयास का कोई लाभ नहीं हुआ।

इस बीच 18 अगस्त 1930 को कांग्रेसी नेताओं ने घोषणा की कि जब तक अंग्रेज भारत में जनता के प्रति उत्तरदायित्वपूर्ण राष्ट्रीय सरकार की स्थापना नहीं करेंगे, हम लंदन कांफ्रेंस में भाग नहीं लेंगे।

अंग्रेज सरकार को यह मांग उचित प्रतीत नहीं हुई फिर भी उसने राउंड कांफ्रेंस बुलाई। जो 12 नवम्बर 1930 को लंदन के सेंट जेम्स पैलेस में प्रारंभ हुई जिसमें इंडियन लिबरल फैडरेशन, मुस्लिम लीग, हिन्दू महासभा, भारतीय राजाओं महाराजाओं के प्रतिनिधि, दलित वर्ग और ब्रिटिश राजनीतिक दलों के प्रतिनिधि मौजूद थे। पर इस कांफ्रेंस में कांग्रेस के मौजूद न होने के कारण कोई ठोस निर्णय नहीं लिया जा सका।

ब्रिटिश प्रधानमंत्री रमंजे मैक डोनाल्ड ने राउंड टेबिल के समापन भाषण में कहा, ''जनमत के इन प्रतिनिधियों का सहयोग प्राप्त करने के उपाय किये जाने चाहिए। जो इस सम्मेलन में नहीं आये। अगर भारतीय जनता ब्रिटिश हित रक्षा संबंधी प्रावधानों और संधिकरण के प्रति सहमत होगी तो केंद्र में उत्तरदायी सरकार प्रदान कर दी जायेगी।''

इस सम्मेलन के बाद 26 जनवरी 1931 को कांग्रेस के अन्य नेताओं सहित गांधी जी को रिहा कर दिया गया।

गांधी-इरविन समझौता

सभी नेताओं को रिहा किए जाने के बाद बी.एस. शास्त्री, जयकर और तेजबहादुर सप्रु ने महात्मा गांधी जी को वायसराय से मिलने और सरकारी बातचीत से विवाद को दूर करने हेतु बातचीत के लिए राजी कर लिया।

महात्मा गांधी और लार्ड इरविन के बीच 15 दिन तक लम्बी बातचीत चली। जिसके बाद 4 मार्च 1931 को दोनों के बीच एक समझौता हुआ जिसके तहत सारा आंदोलन बंद कर दिया गया। इतिहास में यह समझौता ''गांधी-इरविन पैक्ट'' या ''दिल्ली पैक्ट'' के नाम से मशहूर हुआ है ।

महात्मा गांधी और लार्ड इरविन के बीच हुए समझौते की पुष्टि के लिए कांग्रेस का अधिवेशन 26 मार्च से 29 मार्च को कराची में सरदार वल्लभ भाई पटेल की अध्यक्षता में सम्पन्न हुआ। जिसमें इस समझौते की पुष्टि कर दी गयी। गांधी इरविन पैक्ट का फल यह हुआ कि 18 दिन बाद ही सुखदेव और सरदार भगत सिंह को फाँसी दे दी गयी। इसके बावजूद कांग्रेस ने गांधी जी को सैकिंड राउंड कांफ्रेंस में अपना प्रतिनिधि बनाया। कराची में कांग्रेस के सम्मेलन के समय ही वहीं पर किसान मजदूर पार्टी और आल इंडिया यूथ लीग ने अपने सम्मेलन बुलाये जिसमें सुभाषचंद्र बोस ने एक प्रस्ताव पारित कर आजादी के लिए क्रांति युद्ध की घोषणा कर दी। उन्होंने गांधी इरविन समझौते की निंदा की और कहा कि गोलमेज समझौता साम्राज्यवादियों को लड़ाने और भारतीयों में आपसी फूट पैदा कर लाभ प्राप्त करने की नीति के अतिरिक्त और कुछ नहीं है।

हिन्दू-मुस्लिम एकता का प्रयास

गांधी जी का हमेशा यही प्रयास रहता था कि किसी तरह से हिन्दू-मुसलमानों में एकता बनी रहे। कराची में हुए कांग्रेस अधिवेशन के समय बनारस और कानपुर में सांप्रदायिक दंगे भड़क उठे थे। उन्हें रोकने और मुसलमानों को संतुष्ट करने के लिए गांधी जी ने प्रयास भी किया और उनके नेताओं से मुलाकात भी की पर मुसलमान नेताओं ने उलटे कांग्रेस को जिन्ना के 14 सूत्रों को अपनाने का आग्रह किया। गांधी जी इन बातों से बहुत ज्यादा निराश हो गये। पृथक मुस्लिम निर्वाचन क्षेत्र की बात उन्होंने स्वीकार कर ली। मगर डा. शेरवानी और अंसारी, सुभाषचंद्र बोस के विरोध के कारण महात्मा गांधी स्वयं पीछे हट गये। दोनों संप्रदायों के बीच वैमनस्य की दीवार और मजबूत हो गयी जिसका नतीजा आगे पाकिस्तान बनकर दिखा।

सैकिण्ड राउंड टेबिल कांफ्रेंस

ब्रिटिश सरकार के अत्याचार अपनी जगह कायम थे और इन अत्याचारों को देखते हुए महात्मा गांधी जी ने गोल मेज कांफ्रेंस में भाग लेने से साफ इनकार कर दिया। परंतु बाद में कई नेताओं के समझाने पर गांधी जी राजी हो गये और 28 अगस्त 1931 को राजपूताना जहाज से राउंड टेबिल कांफ्रेंस में भाग लेने गये। इस जहाज में उद्योगपति घनश्याम दास बिड़ला और एक विद्वान मेहेर बाबा भी थे जो कि एक पारसी संत थे। ब्रिटिश साम्राज्यवादियों ने इस कांफ्रेंस में चुन-चुन कर अपने पक्ष के लोगों को भी आमंत्रित किया था। इसमें मुस्लिम लीग, हिन्दू महासभा, ईसाई, अछूतों, लिबरल, सिखों, व्यापार संघों और राजाओं व नवाबों के प्रतिनिधि भी थे। गांधी जी 12 सितम्बर को लंदन पहुंच गये थे।

गांधी जी ने 23 सितम्बर 1931 को हाउस आफ कामन्स में दिए गये अपने भाषण में स्पष्ट रूप से कहा, ''मैं कई बार पहले भी कह चुका हूँ कि हम पूर्ण स्वराज्य से कम पर संतुष्ट नहीं होंगे। हम अंग्रेजों के साथ बराबरी का दरजा चाहते हैं इससे कम की बात हमें स्वीकार नहीं है।'' इससे पिछली कांफ्रेंस में जिस व्यवस्था का जिक्र गया था डोमेनियन स्टेट ''विदेश नीति'' और सेना जो भी आप रखना चाहते हैं। आर्थिक नीति से आप संरक्षण चाहते हैं। फिर भी आप जो कुछ छोड़ देंगे उसका मूल्य क्या होगा, आप भारत में मौजूद सेना को भारत की रक्षा करने के बजाय भारत की पराधीनता के लिए रखना चाहते हैं। हम अंग्रेजों को भारत से निकालना नहीं चाहते हैं बल्कि ये चाहते हैं कि अंग्रेज हमारे मालिक बनने के स्थान पर नौकर बन कर रहें।''

उद्योगपति घनश्याम दास बिड़ला ने कहा, ''कोई भी सरकार किसी देश पर बिना उसकी मर्जी के शासन नहीं कर सकती। अगर शांति कायम करनी है तो या तो आप हमारी मर्जी से शासन करें, या आप हमें अपना शासन कायम करने दें। इस तरह हम और आप बराबरी के साझेदार और दोस्त

हो सकते हैं। मैं अपने मुल्क के नौजवानों को अच्छी तरह समझता हूँ। उनकी भावनाओं को जानता हूँ। ब्रिटिश सरकार को सारी परिस्थिति समझ कर समझौता कर लेना चाहिए।

महात्मा गांधी किसी तरह से इस समझौते को सम्पन्न करना चाहते थे। ताकि देश में फैली अराजकता को समाप्त किया जा सके। उन्होंने अंग्रेजों से इस संबंध में अपील की। इस सम्मेलन में अल्प संख्यकों के प्रतिनिधित्व पर भी कई गंभीर मतभेद सामने आये। मुस्लिम लीग मुसलमानों के लिए अलग राज्य की मांग कर रही थी। अछूतों ने भी विधान मण्डलों में अलग प्रतिनिधित्व की मांग की ताकि उन्हें न्याय मिल सके उनके नेता भीमराव अम्बेडकर थे।

महात्मा गांधी ने इस कांफ्रेंस के दौरान सांप्रदायिक एकता के प्रश्न पर बहुत प्रयास किये। ब्रिटिश सरकार सांप्रदायिकता को जानबूझ कर बहुत हवा दे रहे थे। उन्होंने यही बना कर घोषणा कर दी कि भारतीय प्रतिनिधि आपस में ही समझौता करने में असमर्थ हैं। अतः अल्प संख्यकों की समस्या को ब्रिटिश सरकार पहले कानून बना कर हल करेगी। ब्रिटिश सरकार का कोई भी प्रस्ताव मानने लायक नहीं था। इस कारण अक्तूबर 1931 को महात्मा गांधी ने स्वीकार किया कि कांग्रेस को प्रतिनिधि होने के नाते वह विभिन्न गुटों के साथ साम्प्रदायिकता के प्रश्न पर किसी हल पर पहुचने में असफल सिद्ध हुए हैं। 28 दिसम्बर 1931 को गांधी जी सैकिंड राउंड कांफ्रेंस से असफल होकर भारत वापिस लौट आये।

सविनय अवज्ञा आंदोलन की दोबारा शुरुआत

महात्मा गांधी जी दिसम्बर 1931 में इंग्लैंड से भारत खाली हाथ लौटे थे। ब्रिटिश सरकार ने अपना दमन चक्र फिर शुरू कर दिया था। कांग्रेस कार्यकारिणी के महासचिव पंडित जवाहरलाल नेहरू और खान अब्दुल गफ्फार खान को गिरफ्तार कर लिया गया था। कई अन्य नेता भी जेलों में बंद थे।

बंगाल, उत्तर पश्चिमी प्रांत और संयुक्त प्रांत में अध्यादेश लागू कर दिया गया था। महात्मा गांधी ने हिन्दुस्तान पहुँच कर वायसराय को इन कार्यवाहियों के विरोध में तार दिए। पर वायसराय इरविन ने सरकार की कार्यवाही को पूरी तरह से उचित ठहराया। 4 जनवरी 1932 को ब्रिटिश शासकों ने चार नये अध्यादेश जारी रखकर दमन चक्र में तेजी लाकर अन्य नेताओं को गिरफ्तार कर डाला। सभी कांग्रेसी संगठनों को पूरी तरह से गैर कानूनी ठहरा दिया गया। समाचार पत्र और उनकी इमारतों को जब्त कर लिया गया। इस दमन के जवाब में महात्मा गांधी ने अपना सविनय अवज्ञा आंदोलन शुरू कर दिया। ब्रिटिश सरकार भी कम नहीं थी उसने अपनी पूरी शक्ति लगा दी। सवा लाख लोगों को गिरफ्तार कर जेलों में ठूंस दिया गया।

8 मई 1933 को महात्मा गांधी ने 21 दिन का अनशन प्रारम्भ कर दिया जो गांधी जी ने अपने

साथियों के हृदय परिवर्तन के लिए किया था। महात्मा गांधी ने इस अनशन के बाद सविनय अवज्ञा आंदोलन वापिस ले लिया। गांधी जी और वायसराय में फिर मुलाकात सम्पन्न नहीं हो सकी क्योंकि वायसरास आंदोलन को पहले पूरी तौर से वापिस लेने की मांग कर रहे थे। यह आंदोलन 19 मई 1933 तक पूरे ढाई साल तक चलता रहा। कांग्रेस ने जुलाई 1933 में सविनय अवज्ञा आंदोलन को स्थगित कर उसकी जगह पर व्यक्तिगत अवज्ञा आंदोलन जारी रखने का फैसला कर लिया। साथ ही कांग्रेस के सारे संगठन और संग्राम समितियां भंग कर दी गयीं।

जनता के घटते उत्साह को देखते हुए गांधी जी ने अप्रैल 1934 में आंदोलन की असफलता पर एक बयान देकर कहा, ''जनता ने उनके सत्याग्रह के संदेश को पूरी तरह से समझा नहीं है।'' इसी बीच कांग्रेस के सभी नेता रिहा कर दिये गये।

18–19 मई 1934 को पटना में कांग्रेस की बैठक में यह आंदोलन समाप्त कर चुनाव लड़ने की घोषणा की गयी। सविनय अवज्ञा आंदोलन ने यह तो साबित कर दिया था कि भारतीय जनता स्वतंत्रता की कितनी इच्छुक थी और इस आंदोलन में भारतीय महिलाओं में पुरुषों से कम उत्साह नहीं है।

थर्ड राउंड टेबिल कांफ्रेंस

तीसरी राउंड टेबिल कांफ्रेंस 17 नवम्बर से 24 दिसम्बर 1932 में लंदन में आयोजित हुई। उस में भारत से कांग्रेस का कोई प्रतिनिधि शामिल नहीं हुआ।

सम्मेलन की समाप्ति पर भारत सचिव ने भारत के प्रस्तावित संविधान की रूप रेखा रखी। जिसके अनुसार–

(1) एक केंद्रीय विधान मण्डल में ब्रिटिश भारत के स्थानों में से साढ़े तैंतीस प्रतिशत स्थान मुसलमानों को प्राप्त होंगे।

(2) सिंध और उड़ीसा दो नये प्रांत बनेंगे।

(3) आबादी और संख्या के हिसाब से आधी देशी रियासतों को भारतीय संघ में मिल जाने पर संघीय व्यवस्था लागू कर दी जायेगी।

मार्च 1933 में ब्रिटिश सरकार ने एक श्वेत पत्र प्रकाशित किया जिसमें नये संविधान की रूप रेखा प्रस्तुत की गयीं नये भारत सचिव सेमुअल होर ने हाउस ऑफ कामन्स में स्पष्ट करते हुए कहा, ''श्वेतपत्र की योजना भारत को स्वतंत्रता देने की योजना नहीं है, यह तो भारत में संवैधानिक प्रगति लाने का एक कदम है।''

भारत की हालत की जरा सी भी परवाह न करके ब्रिटिश सरकार ने संयुक्त समिति की सिफारिश के आधार पर एक विधेयक तैयार किया जो 22 जनवरी 1936 को ही पारित होकर 24 जनवरी को संसद में कुछ और संशोधन के साथ पारित हो कर सम्राज्ञी विक्टोरिया की सहमति के लिए पहुँच गया। 2 अगस्त को यह 1936 के भारत अधिनियम के रूप में जारी हो गया।

1936 का भारत अधिनियम

1857 के विद्रोह के बाद ब्रिटिश सरकार ने यह महसूस कर लिया था कि भारत पर अपना शासन चलाना आसान नहीं होगा। इस कारण कम्पनी का शासन समाप्त कर महारानी विक्टोरिया का शासन कायम किया। भारत में सुधार के नाम पर नये-नये तरीकों से दमन चक्र को जारी रखा गया। इस तरह ब्रिटिश शासकों ने दो तरफा वार जारी रखा। एक तरह कानूनी सुधारों के द्वारा भारतीयों को कुछ अधिकार देना और दूसरी से दमन का नया अधिकार बनाकर छीन लेना।

अंग्रेजों ने कभी भी कोई वास्तविक अधिकार भारतीय जनता को नहीं दिया। 1936 का अधिनियम भी इसी श्रृंखला का एक कदम था। इस अधिनियम में कहा गया था कि भविष्य में ब्रिटिश राज और भारत के बीच नये सम्बन्ध होंगे। सारे अधिकार सारी संवैधानिक क्षमता महामहिम ब्रिटिश राज के अधीन होगी।

1936 का यह भारत अधिनियम भी इसी क्रम का एक और कदम था। इस अधिनियम में 451 धारायें और 16 सूचियां शामिल थीं। अधिनियम के अंतर्गत भारतीयों को प्रांतों के स्वशासन देना, केंद्रीय क्षेत्र में उत्तरदायी शासन देना व अखिल भारतीय संघ प्रदान करने की व्यवस्था करना था।

अधिनियम 1936 की मुख्य धारायें इस प्रकार थीं:—

(1) प्रातों को स्वायत्तता दिया जाना।
(2) प्रांतों की विधान परिषद में परिवर्तन।
(3) केंद्र में उत्तरदायी शासन की स्थापना।
(4) संघीय न्यायालय की स्थापना।
(5) सांप्रदायिक चुनाव पद्धति का विस्तार।
(6) अल्प संख्यकों को संरक्षण प्रदान करना।
(7) एक अखिल भारतीय संघ की केंद्र में स्थापना।
(8) केंद्रीय और प्रांतीय सरकारों के मध्य शक्ति का विभाजन।
(9) भारत परिषद को समाप्त करना।
(10) ब्रिटिश संसद की प्रभुता की स्थापना।

इस अधिनियम की भारत के सभी नेताओं ने कटु आलोचना की। मुहम्मद अली जिन्ना ने अपने विचार प्रकट करते हुए कहा, "नया संविधान एक नुकसान देह कदम है जो रुढ़िवादी और प्रतिक्रियावादी है और पूरी तरह से स्वीकार करने लायक नहीं है।"

मदन मोहन मालवीय ने इसे अलोकतांत्रिक और खोखला कहा। पंडित नेहरू ने इसे गुलामी का चार्टर कहा। इस संविधान के पास होते ही देश में सांप्रदायिक तत्वों का बोलबाला हो गया। ऐसे में अर्ध-फासिस्ट हिन्दू संगठनों का जन्म हुआ। राष्ट्रीय स्वयं सेवक संघ और हिन्दू महासभा की स्थापना हुई।

फरवरी 1938 में हिन्दू महासभा ने कम्यूनल एवार्ड विरोधी दिवस मनाया। जिसके कारण हिन्दू-मुसलमानों में कई जगहों पर खूनी टकराव हुआ। हिन्दुस्तान के संप्रदायवादियों ने यह स्पष्ट रूप से घोषित कर दिया कि हिन्दुस्तान सिर्फ हिन्दुओं का है।

इसके जवाब में मुसलमान भी पूरी तरह से सक्रिय हो गये। नतीजा यह हुआ कि पूरा भारत एक घिनौने सांप्रदायिक वातावरण का शिकार हो गया।

सन् 1936 के अप्रैल माह में नये वायसराय लार्ड लिनलिथ जो भारत के नये वायसराय बने, जिन पर ब्रिटिश साम्राज्यवादियों द्वारा पारित नये 1936 अधिनियम को लागू करने का भार सौंपा गया था।

विजयी कांग्रेस

1936 के लागू संविधान के अनुसार प्रांतीय और केंद्रीय विधान मंडलों में सन् 1937 में आम चुनाव हुए। दिसम्बर 1936 की फैजपुर में कांग्रेस अधिवेशन में कहा गया कि 1936 अधिनियम को स्वीकार करना स्वतंत्रता आंदोलन के साथ विश्वासघात होगा। इसे ठुकराना ही उचित कदम होगा। हम उसी संविधान को स्वीकार करते हैं जो स्वयं हमने बनाया है। जो हमारे राष्ट्र की स्वाधीनता और हमारी अपनी आवश्यकता के अनुरूप है जिससे हमारे देश का पूरा विकास होगा।

इस वातावरण में फरवरी 1937 में देश के 11 प्रांतों की विधान सभाओं के लिए कुल 1585 स्थानों के लिए चुनाव हुए जिनमें कांग्रेस ने 716 स्थान प्राप्त किये। कांग्रेस को मद्रास, बम्बई, बिहार, संयुक्त प्रांत, मध्य प्रांत और उड़ीसा में बहुमत मिला। उत्तर पश्चिमी सीमा प्रांत, बंगाल असम में वह सबसे बड़ी पार्टी थी। पंजाब और सिंध में कांग्रेस काफी पिछड़ गयी। ग्यारह प्रांतों में मुसलमानों की 482 सीटें थीं जिनमें मुस्लिम लीग को 108 सीटें मिलीं।

मंत्रिमंडल निर्माण

चुनाव जीतने के बाद कांग्रेस के पास मंत्रिमंडल बनाने का प्रश्न आ खड़ा हुआ। कांग्रेस महासमिति की बैठक में सरकार बनाने के प्रश्न पर बहस हुई जिसके बाद महासमिति ने उन प्रांतों में मंत्रिमंडल निर्माण की अनुमति दे दी। पर इस मामले में कांग्रेस की संतुष्टि तब ही होगी जब तक उसे इस बात का पूरा विश्वास न हो जाये कि गवर्नर अपना हस्तक्षेप नहीं करेगा व न ही मंत्रियों की सलाह को संवैधानिक मामलों में ठुकरायेंगे।

पर ब्रिटिश सरकार इस तरह का कोई आश्वासन देने को तैयार नहीं थी। उन्होंने अप्रैल 1937 से नया संविधान लागू कर दिया जिसका सारे देश में हड़तालों और जुलूसों द्वारा विरोध प्रकट किया गया। सारे कारोबार अस्त-व्यस्त हो गये। मजदूर-किसान सड़कों पर आ गये। कल कारखाने बंद हो गये।

ऐसी स्थिति में ब्रिटिश सरकार भौचक्की रह गयीं उसके सामने कांग्रेस की मांग मानने के अलावा कोई रास्ता शेष नहीं बचा था। 22 जून 1937 को वायसराय लार्ड लिनलिथगो ने शिमला में यह स्पष्ट कर दिया कि गवर्नर मंत्रिमंडल की नीतियों में कोई हस्तक्षेप नहीं करेंगे। प्रांतों के दैनिक प्रशासन में कोई बाधा नहीं डालेंगे व अपने विशेष अधिकारों का एक तरफा प्रयोग नहीं करेंगे। अल्प संख्यकों की स्थिति तथा सेना की स्थिति सहित मंत्रिमंडल के कार्यक्षेत्र के सभी विषयों में गवर्नर अपने मंत्रियों के प्रति न होकर विधानमंडल के प्रति होगा।

वायसराय की घोषणा पर विश्वास कर गांधी जी ने मंत्रिमंडल के निर्माण की अनुमति दे दी। जुलाई 1937 तक सात प्रांतों में कांग्रेस के मंत्रिमंडल बन गये और अनेक जगह की संयुक्त सरकारों में भी कांग्रेस की भागीदारी रही। पर प्रांतों में बनी ये सभी सरकारें दो साल में ही समाप्त हो गयीं। केंद्रीय सरकार के साथ अपने मतभेदों के कारण नवम्बर 1939 में कांग्रेस मंत्रिमंडल ने पूरी तरह से सरकार से किनारा कर लिया।

संघ योजना और कांग्रेस

कांग्रेस ने ब्रिटिश सरकार द्वारा प्रस्तावित संघ योजना का पूरी तरह से विरोध किया था। फरवरी 1938 में हरिपुरा कांग्रेस अधिवेशन में भी कांग्रेस ने अपनी ओर से एक बार फिर स्पष्ट किया कि, "कांग्रेस इस योजना की पूरी तरह से निंदा करती है और इसको रोकने के लिए स्थानीय संस्थाओं और कांग्रेस समितियों का आह्वान करती है। अगर हमारी इच्छा के विरुद्ध इस योजना को हम पर लादा गया तो हमारे सामने संघर्ष का ही एकमात्र रास्ता होगा। इस विषय में कौन सी नीति अपनाई जाये इस को तय करने का अधिकार कांग्रेस महामंत्री को होगा।

1939 के आसपास विश्व का घटना चक्र एक और विश्व युद्ध की ओर मुड़ गया था। त्रिपुरा कांग्रेस में मार्च 1939 में एक प्रस्ताव पारित कर फासिस्ट देशों की सहायता करने और प्रजातांत्रिक देशों का नाश करने के लिए ब्रिटिश शासकों की कड़ी आलोचना की गयी। ब्रिटिश शासन से भारत ने अपने आपको अलग कर लिया था।

अगस्त 1939 में भी कांग्रेस कार्य समिति ने त्रिपुरा अधिवेशन के अपने निर्णयों को दोहराया था। तानाशाही और साम्राज्यवादी शक्तियों की कड़ी आलोचना की। प्रजातंत्र समर्थक देशों के प्रति अपनी सहानुभूति प्रकट कर। चेकोस्लोवाकिया और स्पेन के प्रति ब्रिटिश सरकार के व्यवहार की कड़ी निंदा की व इसे प्रजातंत्र के खिलाफ विश्वासघात ठहराया। इस नीति के विरोध में कांग्रेसी सदस्यों को विधान मण्डलों से वाकआउट करने का आदेश दिया।

यूरोप में युद्ध छिड़ जाने पर भारत को भी वायसराय ने युद्धरत देश घोषित कर दिया। युद्ध के प्रति कांग्रेस का पक्ष निश्चित करने के लिए 8 से 14 सितम्बर 1939 को वर्धा में कांग्रेस कार्य समिति की बैठक बुलाई गयी जिसमें सुभाषचंद्र बोस को विशेष रूप से आमंत्रित किया गया।

14 सितम्बर को कांग्रेस कार्य समिति ने प्रस्ताव पारित करके वायसराय द्वारा की गयी कार्यवाही

पर गहरा दुःख प्रकट किया व कहा, ''युद्ध की स्थिति को यथावत बनाये रखना है तो भारत का उससे कोई सम्बन्ध नहीं है। युद्ध का उद्देश्य अगर प्रजातंत्र के मूल्यों की स्थापना होता तो कांग्रेस उसके साथ होती।''

इस प्रस्ताव को 9 अक्तूबर 1939 को भी प्रकट किया और 16 फरवरी 1940 को लुधियाना में आयोजित ''अखिल भारतीय रियासती प्रजा परिषद्'' के अधिवेशन में पंडित जवाहर लाल नेहरू ने भारत की स्वतंत्रता और संवैधानिक आवश्यकता पर बल दिया।

पर मुस्लिम लीग जहाँ मुस्लिम बहुल राज्य की मांग कर रही थी वहीं हिन्दू महासभा संस्कृति और हिन्दू राज का सपना देख रही थी। सुभाषचंद्र बोस कांग्रेस की इस ढुलमुल नीति के सख्त खिलाफ आजाद हिन्द फौज की स्थापना का सपना देख रहे थे ताकि आजादी का अधिकार मांगा नहीं छीना जा सके।

□□□

स्वतंत्रता आंदोलन और द्वितीय महायुद्ध

प्रथम विश्व युद्ध के दौरान ब्रिटिश सरकार को राष्ट्रभक्त क्रांतिकारी संगठनों को छोड़कर सभी राजनीतिक दलों ने ब्रिटिश सरकार का पूरा-पूरा समर्थन किया था। अपनी सेवायें भी अर्पित की थीं। परंतु 1939 तक भारतीय जनता की राष्ट्रीय आंदोलन के लगातार चलते रहने के कारण काफी स्थिति बदल चुकी थी। समय और शक्ति ने 1914 और 1939 के आंदोलन में काफी अंतर ला दिया था। जहाँ मुस्लिम लीग और कांग्रेस के बीच दूरी बढ़ी थी वहीं यूरोप की स्थिति भी विश्वयुद्ध में बहुत गंभीर हो चुकी थी।

20 मार्च से 22 मार्च 1940 के बीच का कांग्रेस का महाधिवेशन मौलाना आजाद के नेतृत्व में राजगढ़ में सम्पन्न हुआ। ऐसे समय कांग्रेस के कई नेता जिनमें सुभाषचंद्र बोस प्रमुख थे। कांग्रेस के ऊपर ब्रिटिश शासकों से मिलने के आरोप लगा रहे थे। इस स्थिति की गंभीरता को इस बात से समझा जा सकता है। जिसमें सुभाषचंद्र बोस द्वारा अलग से कांग्रेस के अधिवेशन की आयोजन की मांग थी।

कांग्रेस ने एक प्रस्ताव पारित कर अपनी स्थिति स्पष्ट की कि ''भारतीय जनता पूर्ण स्वाधीनता से कम को स्वीकार नहीं करेगी। भारतीय जनता अपना संविधान खुद तैयार कर सकती है। 1940 के जून के आसपास विश्वयुद्ध की हालत बहुत नाजुक हो चुकी थी। नाजी फौजें बड़ी तेजी के साथ यूरोप के अंदर जा घुसी थीं। उन्होंने हालैण्ड, फ्रांस, बेलजियम, नार्वे और डेनमार्क को रौंद डाला। अब ब्रिटेन की बारी थी। फ्रांस द्वारा आत्म समपर्ण के बाद ब्रिटिश प्रधानमंत्री विंस्टन चर्चिल ने हाऊस आफ कामंस में भाषण देते हुए कहा, ''फ्रांस का युद्ध समाप्त हो गया था। अब ब्रिटेन की बारी आने वाली है। आइए हम प्रण करें और इसे अपना कर्त्तव्य मान लें कि ब्रिटिश कामनवेल्थ और ब्रिटिश साम्राज्य एक हजार साल तक युद्ध कर सकता है।''

ऐसी परिस्थिति में भारत के नेता यह महसूस कर रहे थे कि ब्रिटिश साम्राज्यवादियों से समझौता करने का अब सबसे अच्छा समय था। इस कारण कांग्रेस महासमिति ने पूना में जुलाई 1940 में कांग्रेस की एक बैठक बुलाई जिसमें प्रस्ताव पास किया गया कि अगर ब्रिटिश सरकार युद्ध के बाद भारत को स्वाधीनता देने का वचन दे और केंद्र में अस्थाई सरकार की स्थापना करे जिसे केंद्रीय

विधानमण्डल के निर्वाचित सदस्यों का बहुमत प्राप्त हो तो कांग्रेस इस युद्ध में ब्रिटिश सरकार का साथ देने को पूरी तरह से तैयार है।

वायसराय ने 8 अगस्त 1940 को एक बयान जारी कर कहा, ''हमें कांग्रेस की सारी शर्तें स्वीकार हैं पर ब्रिटिश सरकार, भारत के कल्याण और शांति के लिए किसी ऐसी सरकार को अपने सभी दायित्वों को सौंपने को तैयार हैं जिसे समस्त संगठनों का पूर्ण समर्थन प्राप्त हो।''

यानि एक तरफ ब्रिटिश सरकार पत्ते दर पत्ते उलट रही थी। दूसरी तरफ भारतीय जनता का असंतोष वामपंथियों का दबाव कांग्रेस पर बढ़ता जा रहा था। उन्हें अपना सम्मान बचाये रखने के लिए कुछ करना जरूरी था।

इस स्थिति को स्वीकार करते हुए मौलाना आजाद ने लिखा है, ''सवाल उठ खड़ा हुआ है कि मौजूदा हालत में कांग्रेस को क्या करना चाहिए? राजनैतिक संगठन की हैसियत से हम चुप नहीं बैठ सकते हैं जबकि सारे देश में बड़ी-बड़ी घटनायें घट रही थीं। गांधी जी पहले तो किसी प्रकार के भी आंदोलन के खिलाफ थे क्योंकि वह सिर्फ आजादी के सवाल पर हिस्सा लेना चाहते थे लेकिन इसका मतलब यह होता है कि आजादी मिलते ही भारत को भी इस विश्वयुद्ध में शामिल होना था। लेकिन कांग्रेस को इस संकट से गांधी जी ने यह कहकर निकाला था कि, ''औरतों और मर्दों को भारत को युद्ध में घसीटने के प्रस्ताव पर सख्त विरोध करना चाहिए और गिरफ्तारी देनी चाहिए।''

कांग्रेस का सत्याग्रह

17 अक्तूबर 1940 को महात्मा गांधी जी के शिष्य आचार्य बिनोवा भावे ने पवनार आश्रम वर्धा से महात्मा गांधी का आदेश स्वीकार कर सत्याग्रह प्रारंभ कर दिया। इस सत्याग्रह के तीन मूल उद्देश्य थे।

(1) क्योंकि कांग्रेस द्वारा राष्ट्रीय सरकार सम्बन्धी मांग ब्रिटिश सरकार ने पूरी तरह से अस्वीकार कर दी थी।

(2) युद्धों के खिलाफ बोलने पर रोक लगा दी थी।

(3) ब्रिटिश सरकार यह मानने को तैयार नहीं थी कि भारत अपनी मर्जी से द्वितीय विश्वयुद्ध में सम्मिलित नहीं था।

सबसे पहले सत्याग्रही आचार्य बिनोवा भावे और जवाहरलाल नेहरू थे। जो सत्याग्रह के पहले दौर में गिरफ्तार हो गये। इस तरह कांग्रेस के अनेक नेता गिरफ्तार कर लिए गये। 1940 में लगभग 600 सत्याग्रही जेलों में जा पहुँचे। 17 दिसम्बर 1940 को महात्मा गांधी ने इस सत्याग्रह को समाप्त कर दिया।

5 जनवरी 1941 से महात्मा गांधी ने पुनः सत्याग्रह शुरू कर दिया। महीने के अंत तक 2260 सत्याग्रही जेल गये और धीरे-धीरे 20,000 से ज्यादा सत्याग्रही जेलों में बंद हो चुके थे।

मुस्लिम लीग ने 23 फरवरी 1941 को कांग्रेस के इस सत्याग्रह आंदोलन को ब्रिटिश सरकार

पर अपनी मांगों के समर्थन में डाला जाने वाला अनैतिक आंदोलन कहा और वायसराय को यह भी चेतावनी दी कि अगर सरकार ने कांग्रेस की मांगे स्वीकार कर लीं तो मुस्लिम लीग अपनी पूरी ताकत से इस बात का विरोध करेगी।

सरकार का दमन चक्र सत्याग्रह के पीछे चल रहा था मुस्लिम लीग इस आंदोलन के सख्त खिलाफ थी ही। जनवरी 1941 में 700 व्यक्तियों को बिना मुकदमा चलाये जेल भेज दिया गया था। 6448 लोगों को विभिन्न अभियोगों में सजायें दी गयीं थीं। 16664 व्यक्तियों को निर्वासित अथवा नजर बंद कर दिया गया था। इनमें गरम दल के नेता सुभाषचंद्र बोस प्रमुख थे। इस तरह एक तरफ जहाँ कांग्रेस और मुस्लिम नेताओं के मध्य आपसी विवाद थे वहीं दूसरी ओर सरकारी दबाव जारी थे। कांग्रेस की समझौतावादी नीति पूरी तरह से समाप्त हो गयी थी।

मुस्लिम लीग और पाकिस्तान

मुस्लिम संप्रदाय कांग्रेस से पूरी तरह से विमुख हो चुका था। डा. इकबाल और चौधरी रहमत अली ने इस मांग को और जबरदस्त रूप से बढ़ावा दिया। इकबाल ने जहाँ पाकिस्तान के समर्थन में कौमी तराने लिखना आरंभ कर दिये थे वहीं चौधरी रहमत अली ने 'पाकिस्तानी नेशनल मूवमेंट' की स्थापना कर हिन्दू और मुसलमानों को अलग-अलग राष्ट्रों की आवश्यकताओं का नारा बुलंद किया। डॉ. इकबाल, चौधरी रहमत अली, नवाब लियाकत अली खान, कायदे आजम मुहम्मद अली जिन्ना ने यह स्थापित कर दिया था कि हिन्दू और मुसलमानों में शांति तभी हो सकती थी जब उन्हें दो अलग-अलग देशों में विभाजित कर दिया जाये।

पाकिस्तान नेशनल मूवमेंट की ओर से 1933 में एक घोषणापत्र जारी हुआ था जिसके अनुसार—

(1) भारत एक महाद्वीप है देश नहीं।

(2) भारत का नाम दीनिया होना चाहिए इंडिया नहीं।

(3) भारत में बंगिस्तान (बंगाल) उस्मानिस्तान (हैदराबाद) म्युनिस्तान (राजस्थान) आदि सूबों को मिलाकर सबका एक संघ पाकिस्तान के नाम से बनाया जाना चाहिए।

(4) भारत दो राष्ट्र हैं हिन्दुस्तान और पाकिस्तान।

उस समय तो मुस्लिम लीग ने ही इस घोषणा पत्र का सबसे ज्यादा तीव्र विरोध किया था और इसे एक काल्पनिक सपने तक की संज्ञा दी थी और अव्यवहारिक कहकर ठुकरा दिया था।

पर अब मुस्लिम लीग का दृष्टिकोण पूरी तरह से बदल गया था। अप्रैल 1936 में चौधरी रहमत अली ने लखनऊ में मुसलमानों के लिए अलग राष्ट्र की मांग की। 3 सितम्बर 1939 को दूसरे महायुद्ध के प्रारंभ होते ही भारत की स्वतंत्रता के साथ-साथ पाकिस्तान की स्थापना की मांग भी मुसलमानों द्वारा की जाने लगी। मुस्लिम लीग ने देश भर के मुसलमानों को 22 दिसम्बर 1939 को मुक्ति दिवस मनाने का आदेश दिया। जिसका अर्थ यह था कि कांग्रेस शासन का अंत हो गया है और

मुसलमानों को पाकिस्तान के रूप में एक नया जीवन दर्शन प्राप्त हुआ है।

गांधी जी ने जिन्ना से ऐसा न करने की कई अपीलें कीं। लेकिन जिन्ना पर कांग्रेस की और महात्मा गांधी की अपील का कोई असर नहीं पड़ा। देशभर में पाकिसतान के समर्थन में सभायें हुई प्रस्ताव पास हुये और पृथक-पृथक राज बनाने की कसमें खाई गयीं।

मुस्लिम लीग ने मार्च 1940 में लाहौर में अपना एक अधिवेशन बुलाकर सर्वसम्मति से यह प्रस्ताव पारित किया कि, ''मुस्लिम लीग का यह पक्का इरादा है कि कोई भी कानूनी योजना इस देश में तब तक सफल नहीं होगी जब तक मुसलमानों को इसके लिए राजी नहीं किया जा सकता है और जब तक इन योजनाओं को इन बुनियादी सिद्धांतों पर तैयार नहीं किया जाता है कि भौगोलिक दृष्टि से मिले हुए प्रांतों और अंचलों को मिलाकर एक अलग देश बना दिया जाये। जहाँ मुस्लिम बहुल आबादी बहु संख्या में हो। इसको एक स्वतंत्र संप्रभुताबद्ध राष्ट्र के रूप में घोषित किया जाये।''

ये प्रस्ताव भी डॉ. इकबाल के 1930 में इस्लाम के नाम पर आयोजित इलाहाबाद मुस्लिम लीग के सम्मेलन के बाद जारी हुआ था। जो पृथक मुस्लिम राज्य की पहली रूपरेखा थी। लंदन की ''टाइम एंड टाइड'' पत्रिका में भी जिन्ना ने लिखा ''भारत में दो राष्ट्र हैं जिन्हें एक मातृभूमि के प्रशासन में भागीदार होना चाहिए।'' लेकिन इस लेख के प्रकाशन के तीन महीने बाद जिन्ना ने ही पृथक राज्य की मांग की थी।

पाकिस्तान की मांग आखिर क्यों?

पाकिस्तान की मांग क्यों की जा रही थी, इस बात पर गहराई से विचार करने पर निम्न कारण सामने आते हैं:—

(1) मुस्लिम लीग की स्थापना विदेशी शासकों के प्रोत्साहन पर हुई थी और इसके पीछे अंग्रेजों की सोची समझी एक चाल थी।

(2) अंग्रेज सरकार कांग्रेस के बढ़ते हुए प्रभाव से काफी परेशान थी। वह इस प्रभाव को पूरी तरह से समाप्त कर देना चाहते थे। वे नहीं चाहते थे कि हिन्दुओं और मुसलमानों में एकता स्थापित हो। अतः उन्होंने मुसलमानों को एक अलग राष्ट्र के रूप में संगठित होने के लिए प्रोत्साहित किया। अंग्रेजों को यह अच्छी तरह से पता था कि उन्हें तो हिन्दुस्तान छोड़ना ही है इसलिए उन्होंने जानबूझ कर हिन्दुस्तान के विभाजन की बात पैदा कर दी ताकि भारत कमजोर हो जाये।

(3) बीसवीं सदी में भारतीय मुसलमानों में यह भय व्याप्त हो गया था कि हिन्दू शासित भारत में इस्लाम को खतरा है। इस भय को अंग्रेजों ने ही फैलाया था। ताकि अलग राष्ट्र की स्थापना हो सके।

(4) मुस्लिम सांप्रदायिकता के जवाब में हिन्दू महासभा और आर्य समाज जैसी कट्टर हिन्दू संस्थायें कायम हुई थी। जिन्होंने हिन्दू शुद्धिकरण के अनेक संकीर्ण सोच के कार्यक्रम प्रारंभ किए थे। जिससे मुसलमानों को हिन्दुस्तान में रहने में खतरा महसूस होने लगा था। हिन्दू महासभा ने तो हिन्दू

राष्ट्र का नारा लगा दिया था। जिससे मुसलमानों में सांप्रदायिकता की भावना और बलवती हो गयी व उन्होंने अपने लिए पृथक राष्ट्र की मांग की।

(5) कांग्रेस के नेताओं का अपना प्रभाव बढ़ गया था। जिन्ना का प्रभाव उनके सामने दब रहा था। जिन्ना ने अपने प्रभाव को बढ़ाने के लिए ही पृथक राष्ट्र की मांग रखी।

(6) कांग्रेस की नीतियों के सामने मुस्लिम संप्रदाय का प्रभाव घट रहा था। जिसके कारण मुसलमानों को अपना अस्तित्व डूबता सा लग रहा था। इस कारण ही मुसलमानों का झुकाव मुस्लिम लीग की और बढ़ता गया और पाकिस्तान की मांग का भी एक यही महत्वपूर्ण कारण था।

(7) दूसरे महायुद्ध के समय कांग्रेस द्वारा राष्ट्रीय आंदोलन का प्रभाव काफी तेज हो गया था। मुस्लिम लीग ने भी इस आंदोलन के समानांतर पाकिस्तान बनाने का आंदोलन चला दिया ताकि भारत की आजादी के साथ उसे भी पृथक राज्य मिल सके।

मुस्लिम सांप्रदायिकता को हवा देकर सन् 1939—40 तक मुस्लिम लीग एक बहुत बड़ी पार्टी के रूप में सामने आ चुकी थी। लीग के साथ जमीदारों, राजा रजवाड़ों का एक ऐसा तबका साथ आ चुका था जो भारत की स्वतंत्रता के अंग्रेजों से ज्यादा कट्टर दुश्मन थे। इन्होंने स्वतंत्रता प्राप्ति में ज्यादा से ज्यादा रोड़े अटकाने का काम किया था। इसी नीति के तहत इन सांप्रदायिकतावादियों ने एक राष्ट्र की मांग की जो कि भारत के साथ-साथ देशभक्त मुसलमानों के लिए भी गद्दारी का रास्ता था। जिस समय हिन्दुस्तान की इंकलाबी पार्टियां स्वतंत्रता की मांग कर रहे थे वहीं ये लोग पृथक राष्ट्र की मांग का नारा बुलंद कर रहे थे। ऐसे समय हम हिन्दू महासभा की भी भूमिका को भूले नहीं हैं।

विश्वयुद्ध का अंत

फ्रांस पर विजय प्राप्त कर लेने के बाद जर्मनी ने ब्रिटिश टापुओं पर बमबारी प्रारंभ कर दी थी। ब्रिटिश प्रधानमंत्री विंस्टन चर्चिल ने अमरीकी राष्ट्रपति रूजवेल्ट की सरकार से आर्थिक सहायता मांगी। अमेरिकी कांग्रेस ने 11 मार्च 1941 को ब्रिटेन को आर्थिक व सैनिक सहायता देने का विधेयक पारित कर दिया जिससे इंग्लैंड को तत्काल सैनिक और आर्थिक सहायता मिलने लगी। जिससे इंग्लैंड पराजय के मुँह में जाने से बच गया।

जर्मनी ने बलकान प्रायद्वीप पर हमला करके क्रीट के टापू पर अपना अधिकार जमा लिया जिससे उसे भूमध्य सागर पर हमला करने का एक बहुत अच्छा नौसैनिक अड्डा मिल गया। जिससे ब्रिटिश जल बेड़े पर आसानी से हमला किया जा सकता था। इसके साथ ही युद्ध मध्य पूर्व-पश्चिम एशिया या अरब जगत में फैल गया।

22 जून 1941 को हिटलर ने रूस के साथ 23 अगस्त 1939 की संधि तोड़ते हुए रूस पर आक्रमण कर दिया। हिटलर की 190 डिवीजन की सशस्त्र सेना रूस पर बुरी तरह टूट पड़ी और रूस के 2000 मील के मोर्चे पर घुसपैठ कर ली। नाजी सेनाओं ने रूस के कई स्थानों पर शानदार सफलता अर्जित की। तब जाकर लंदन व अमरीका को इस युद्ध की गंभीरता का पता लगा।

युद्ध के इस परिवर्तन को भारतीय राष्ट्रीय आंदोलन के नेता बड़ी ही गंभीरता से देख रहे थे और महसूस कर रहे थे। पंडित जवाहरलाल नेहरू ने दिसम्बर 1941 में यह घोषणा की, "दुनिया की प्रगतिशील ताकतें अब उस गुट के साथ हैं, जिसमें रूस, अमेरिका, ब्रिटेन और चीन शामिल हैं।"

मौलाना आजाद का मानना था, "हम लोगों ने पूरी सजा नहीं काटी है क्योंकि विश्व को बर्बाद करने वाली दो घटनाओं ने ही युद्ध का चरित्र बदल दिया है। पहली घटना 1941 में जर्मनी को सोवियत रूस पर आक्रमण व दूसरी घटना जापान द्वारा पर्ल हार्बर पर हमला। 4 दिसम्बर 1941 को चर्चिल ने मौलाना आजाद, जवाहरलाल नेहरू व अन्य कांग्रेसी नेताओं को छोड़ दिया। दिसम्बर 1941 में महात्मा गांधी के विरोध के बावजूद, कांग्रेस ने ब्रिटेन के खिलाफ अपनी नीतियों में कोई भी बदलाव न लाने की घोषणा की।

क्रिप्स मिशन

भारत के राष्ट्रीय आंदोलन द्वारा स्वतंत्रता की तो मांग हो ही रही थी। अब भारत का साथ ब्रिटिश साम्राज्यवाद के मित्र राष्ट्र भी देने लगे थे। विश्व युद्ध के प्रभाव से ब्रिटिश साम्राज्यवाद टूटकर बिखर रहा था। पर विंस्टन चर्चिल अभी भी भारत को स्वतंत्रता देने के इच्छुक नहीं थे। पर 8 मार्च को रंगून पर जापान का कब्जा होने के बाद चर्चिल के विचारों में कुछ नरमी आ गयी थी। उन्होंने सभी भारतीय दलों और संप्रदाय के लोगों से सीधे बातचीत करने के लिए सर स्टेफोर्ड क्रिप्स को 11 मार्च 1940 को भारत भेजा।

सर स्टेफोर्ड क्रिप्स भारत के राजनेताओं पंडित जवाहरलाल नेहरू व महात्मा गांधी के परम मित्र थे। उनकी इस यात्रा को इतिहास में 'क्रिप्स मिशन' के रूप में याद किया जाता है।

22 मार्च को सर क्रिप्स भारत पहुँचे और उन्होंने शीघ्र ही भारत के कांग्रेस, मुस्लिम लीग, हिन्दू महासभा के नेताओं, भारतीय राजाओं, नवाबों और राष्ट्रवादी मुसलमानों से बात की। जिन्ना ने वायसराय को पत्र लिख दिया था कि अगर ब्रिटेन ने भारतीय मुसलमानों के खिलाफ कोई काम किया तो यह ब्रिटिश सरकार के हित में नहीं होगा। अन्य दलों ने क्रिप्स के सामने अपने विचार प्रकट किए। भारतीय जनता की समस्या के हल की जो योजना क्रिप्स ने तैयार की थी उसकी बातें निम्न थीं :—

(1) युद्ध की समाप्ति पर एक संविधान सभा निर्वाचित की जायेगी जो भारत के लिए नये संविधान की योजना बनायेगी। इस संविधान सभा में देशी रियासतों के प्रतिनिधि भाग लेंगे।

(2) ब्रिटिश भारत के किसी भी प्रांत या रियासत को पृथक रहने का पूरा अधिकार होगा।

(3) संविधान सभा और ब्रिटिश सरकार के मध्य अल्प संख्यकों के हित में एक समझौता होगा।

(4) भारत के नवीन संघ को औपनेवेशिक दर्जा हासिल होगा।

(5) युद्धकाल में भारत की रक्षा की जिम्मेदारी ब्रिटिश सरकार पर होगी।

(6) भारत अपनी इच्छा से राष्ट्र मण्डल से सम्बन्ध तोड़ सकेगा।

क्रिप्स से वार्तालाप चलता रहा तब तक कांग्रेस ने अपनी ओर से समझौते के हर संभव प्रयास

किये। मौलाना आजाद जो उस समय कांग्रेस अध्यक्ष के पद पर थे कहा, ''समझौते की इन मीटिंगों में मेरा यह प्रयास था कि क्रिप्स के प्रस्ताव को ऐसे रूप में पाया जाये जिसे हम सब स्वीकार कर लें। मेरी इच्छा तो यह थी कि काउंसिल मंत्रिमंडल रहे और वायसराय मुखिया के रूप में। अगर वह इस बात को स्वीकार कर लेते तो हम प्रस्ताव स्वीकार कर लेते।

क्रिप्स योजना में कोई नई बात नहीं थी। यह महज ब्रिटिश शासन का वक्त गुजारने का एक बहाना मात्र था। कांग्रेस शासक पद्धति को तुरंत बदलने की मांग कर रही थी जबकि क्रिप्स प्रस्ताव भविष्य की ओर इशारा कर रहे थे। पंडित जवाहरलाल नेहरू ने कहा है, कि ''आत्म निर्णय की मंजूरी में भी तरह-तरह की पाबंदियां और सीमायें जोड़कर हमारा भविष्य अंधकारमय बना दिया गया था।''

भारतीय जनता की उमंगें जाग उठी थीं। हर भारतीय सर पर कफन बांधे देश की आजादी के नाम पर अपने घर से बाहर आ गया था। ऐसे समय में जनता को नेतृत्वहीन छोड़ देना अकलमंदी की बात नहीं थी।

11 अप्रैल को कांग्रेस और मुस्लिम लीग दोनों ने ही क्रिप्स के प्रस्ताव को पूरी तौर से ठुकरा दिया। क्रिप्स मिशन पूरी तरह से असफल होकर हिन्दुस्तान से वापिस चला गया।

मिशन की इस असफलता का सारा दोष ब्रिटिश सरकार और इंडिया आफिस को दिया गया।

मौलाना आजाद और गांधी जी शुरू से ही इस तथाकथित मिशन के सख्त खिलाफ थे। मगर पंडित जवाहरलाल नेहरू इस योजना को सार्थक समझ रहे थें लेकिन इसको अस्वीकार करते समय सभी नेता एकमत थे। किसी नेता ने भी इसके अस्वीकार किये जाने का विरोध नहीं किया।

□□□

अगस्त क्रांति

क्रिप्स मिशन की असफलता के बाद यह महसूस होने लगा कि अंग्रेजों के एक और नाटक की परिणति हो गयी। भारत के लोगों पर एक बार फिर अंग्रेजों का एक एहसान लाद दिया गया कि भारतीय जनता को अपनी भलाई की चिंता ही नहीं है। समझौते की असफलता से भारतीय जनता और ब्रिटिश शासन के बीच दूरी और अधिक बढ़ गयी। क्रिप्स मिशन की असफलता के बाद मौलाना आजाद ने राष्ट्रीय सरकार की स्थापना की योजना रखी। उस समय वही कांग्रेस अध्यक्ष थे। वे ब्रिटिश साम्राज्यवादियों को जापान की मदद लेकर हटाने के सख्त खिलाफ थे। उनका विश्वास था कि अगर जापान ने हमारे देश की तरफ कदम भी रखा तो हमारा कर्त्तव्य उसे हर हाल में हटाना होगा।

जुलाई 1942 को कांग्रेस का अधिवेशन वर्धा में हुआ। जो 5 जुलाई से 16 जुलाई तक वर्धा में चला। इस अधिवेशन के समय महात्मा गांधी ने जोर देकर कहा, ''अब समय आ गया है जब कांग्रेस को देश की स्वतंत्रता और गुलामी की जंजीरों को तोड़ने के लिए हमें अब एक ही नारा बुलंद करना होगा वह है—'अंग्रेजों भारत छोड़ो।'

14 जुलाई को कांग्रेस कार्यसमिति में वर्धा अधिवेशन के समय इस प्रकार का प्रस्ताव पारित किया गया, जिसमें कहा, ''क्योंकि अंग्रेज भारत पर अपनी पकड़ किसी प्रकार भी ढीली नहीं करना चाहते हैं उन्हें कांग्रेस की मामूली सी मांगे भी मंजूर नहीं हैं। ब्रिटेन के खिलाफ बड़ी तेजी से नफरत और जापानी सेना की सफलता की भावना बढ़ी है।'' कार्यकारिणी इससे बहुत चिंतित है। अगर इसे रोका नहीं गया तो इसका नतीजा जापानी आक्रमण को स्वीकार करने के अलावा कुछ नहीं होगा। भारत की आजादी न केवल हमारे लिए बल्कि विश्व सुरक्षा तथा नाजीवाद, साम्यवाद, तानाशाही तथा अन्य प्रकार के साम्राज्यवाद का तथा एक देश से दूसरे देश पर आक्रमण का अंत करने के लिए जरूरी है।

कांग्रेस को यह विश्वास था कि ब्रिटिश शासक जल्दी ही वास्तविक शक्ति भारतीयों के हाथों में सौंप देंगे या ब्रिटिश सरकार अपनी गिरफ्त को और मजबूत करने के लिए कोई नया कदम नहीं उठायेगी।

इस प्रस्ताव को ही भारत छोड़ो का नया नाम दिया गया। 14 जुलाई का प्रस्ताव पास करके कांग्रेस के नेताओं ने मीरा बेन (मिस स्लेड) को वायसराय से मिलने के लिए भेजा पर वायसराय ने मीरा बेन से मिलने से साफ इनकार कर दिया और कहा गांधी जी और अन्य कांग्रेसी नेता पूरी तरह से विद्रोह की बातें कर रहे हैं। युद्ध के दौरान सरकार किसी हिंसक या अहिंसक आंदोलन को कतई

बरदाश्त नहीं करेगी।

कांग्रेस का महाधिवेशन बम्बई में अगस्त 1942 में हुआ जिस में एक प्रस्ताव पेश किया गया जो आठ अगस्त को सर्व सम्मति से पारित हो गया। मौलाना आजाद ने फिर कहा, ''कौम ऐसे मौके पर चुप होकर देखती नहीं रह सकती। जब उसकी तकदीर का फैसला होने को हो। हमने बाहरी मुल्कों से हाथ मिलाना चाहा जो सरकार को बरदाश्त नहीं हुआ। जापानी हमले को देखकर हिन्दुस्तानी कौम हमलावर का मुकाबला करने की ताकत पैदा करना चाहती है। अगर अंग्रेज चाहें तो हिन्दुस्तान छोड़ कर जा सकते हैं। जिस तरह वे बर्मा, मलाया और सिंगापुर छोड़ कर गये हैं। इस तरह अंग्रेजों को भारत छोड़ने का प्रस्ताव फिर पारित हो गया। अगस्त प्रस्ताव नाम से प्रसिद्ध इस प्रस्ताव में मुख्य बातें ये थीं:

(1) भारत में ब्रिटिश शासन समाप्त कर स्वतंत्रता प्रदान की जाये।

(2) स्वतंत्रता की प्राप्ति के बाद भारत में पनप रहा ब्रिटिश विरोधी अभियान समाप्त हो जायेगा।

(3) भारत की आजादी की घोषणा होने पर अस्थाई सरकार का गठन किया जाये। स्वतंत्र भारत उन राष्ट्रों का साथी बन जायेगा साथ ही स्वतंत्रता तथा लोकतंत्र की रक्षा के लिए होने वाले सभी संघर्षों में कांग्रेस बराबर की भागीदार रहेगी।

(4) फासिज्म के विरोध के लिए संयुक्त राष्ट्रीय मोर्चा बनाया जाए जिसमें कांग्रेस के अलावा मुस्लिम लीग और हिन्दू महासभा को भी रखा जायेगा।

(5) एक संविधान सभा की स्थापना की जाये जो सर्वसम्मति से संविधान का निर्माण करेगी। कांग्रेस की दृष्टि से यह विधान संघात्मक होगा।

(6) भारत की स्वतंत्रता की मांग न माने जाने की अवस्था में महात्मा गांधी के नेतृत्व में अहिंसात्मक आंदोलन होगा।

8 अगस्त 1942 को अगस्त क्रांति का प्रस्ताव पारित होते ही पुलिस ने 9 अगस्त का दिन चढ़ने के पूर्व ही महात्मा गांधी, पंडित नेहरू, मौलाना आजाद, सरोजिनी नायडू, आसफअली, आचार्य कृपलानी, डा. राजेंद्र प्रसाद आदि कई नेताओं को गिरफ्तार कर लिया। कांग्रेस को गैर कानूनी संस्था करार दे दिया गया।

राष्ट्रीय नेताओं की गिरफ्तारी से सारे देश मे जन आक्रोश भड़क उठा था। जनता ने साम्राज्यवादियों की इस चुनौती को चुप रह कर बरदाश्त नहीं किया। रेलवे लाईनों, टेलीफोन की तारों, थानों को आग लगा दी गयी। सरकारी सम्पति को जला दिया गया। सरकार ने भी बदले में दमन की कोई कसर नहीं उठा रखी। उसने आंदोलन को पूरी तरह से कुचल दिया। आँसू गैस छोड़ी, गोलियाँ चलाई जिससे जनता और ज्यादा भड़क गयी। जनता सड़क पर आकर अंग्रेजी पुलिस और फौज का सामना करने पर उतर आई। आंदोलन को कुचलने के लिए सरकार ने पूरी ताकत के साथ अपना दमन चक्र चलाया। इस दौरान 538 बार गोलियां चलाई गयीं, हवाई जहाजों तक से मशीनगन द्वारा गोलियां चलाई गयी।

हजारों आदमी इस गोलाबारी से मारे गये, घायल हुए व जेलों में बंद किए गये। पूरे के पूरे गाँवों

को निशाना बनाया गया। कांग्रेसियों के घर तक जला दिए गये। स्कूल कालेज पूरी तरह से बंद हो गये। लंदन में हाउस ऑफ कॉमन्स में अनुदार दल ने विंस्टन चर्चिल की सख्त आलोचना की तब चर्चिल ने स्वीकार किया कि सरकार को भारत छोड़ो आंदोलन को पूरी तरह से दबाने के लिए अपनी पूरी सख्ती बरतनी पड़ी।

1857 की भाँति 1942 का भारत छोड़ो आंदोलन अंग्रेज सरकार ने पूरी सख्ती से सैनिक और पुलिस की सहायता से कुचल डाला। इस बार भी इन सैनिकों और पुलिस वालों में भारतीय सिपाही ही थे। पर नेताओं की गिरफ्तारी के बावजूद नेताओं की दूसरी पंक्ति जयप्रकाश नारायण, अरुणा आसफ अली, राम मनोहर लोहिया जैसे नेताओं ने अगस्त क्रांति में अपनी भरपूर भूमिका निभाई।

आंदोलन के समय मुस्लिम लीग की भूमिका

यों तो भारतीय राष्ट्रवादी मुसलमानों ने अगस्त क्रांति और भारत छोड़ो आंदोलन में कांग्रेस का पूरा साथ दिया। सिंध के प्रधानमंत्री खान बहादुर अल्लाह बख्श ने ब्रिटिश सरकार के अत्याचारों के विरोध में अपनी सभी सरकारी उपाधियां लौटा दीं।

मुस्लिम लीग का प्रभाव पंजाब के मुख्यमंत्री पर सिकंदर हयात की मृत्यु के बाद बढ़ा था। लीग इस समय केंद्र में हिन्दुस्तानी सरकार के पक्ष में थी ताकि इसका लाभ उसे मिल सके। पर जब कांग्रेस ने ''अंग्रेजों भारत छोड़ो'' का नारा बुलंद किया तो लीग ने तटस्थता का रुख अपना लिया क्योंकि अगर लीग ने कांग्रेस का साथ दिया तो भारत अपनी मांगे मनवा कर ब्रिटिश शासकों से आजादी हासिल कर लेगा और पाकिस्तान का मामला फिर एक बार ठंडा पड़ जायेगा। इस सम्बन्ध में मुस्लिम लीग ने अपनी वर्किंग कमेटी की बैठक बुलाई जिसमें 20 अगस्त 1942 को एक प्रस्ताव पास कर कांग्रेस के भारत छोड़ो आंदोलन की सख्त आलोचना की गयी। मुस्लिम लीग के नेताओं का कहना था भारत छोड़ो आंदोलन कांग्रेसी नेताओं की गिरफ्तारी के बाद चल पड़ने वाला वह आंदोलन था जो मुसलमानों को भी ब्रिटिश शासकों के साथ दबाव डालने की एक महत्वपूर्ण चाल थी। लीग ने अन्य देशों से अपील की कि वे दस करोड़ मुसलमानों की रक्षा के लिए कुछ करें।

गांधी जी द्वारा अपनाया गया उपवास

इस आंदोलन के सम्बन्ध में कांग्रेस के खिलाफ ब्रिटिश सरकार द्वारा चलाई गयी नीतियों का यह परिणाम हुआ कि महात्मा गांधी अत्यंत दुःखी हो गये। उन्होंने आत्मशुद्धि के लिए 10 फरवरी 1943 से 21 दिन का उपवास रखा। इस उपवास के कारण उनकी स्थिति बहुत ही चिंताजनक हो गयी। 20 फरवरी को सर्वदलीय सभा कर गांधी जी को तुरन्त रिहा करने की मांग की गयी। पर ब्रिटिश सरकार इस पर जरा भी नहीं पिघली। महात्मा गांधी की हालत बहुत खराब थी। उनके बचने की कोई भी सम्भावना शेष नहीं थी। उनकी आत्मशक्ति ही उन्हें जीवित बचाये हुए थी।

नये वायसराय लार्ड वेवल ने 6 मई 1944 को महात्मा गांधी को रिहा कर दिया। असफल होने के बाद भी 1942 का स्वाधीनता आंदोलन संघर्ष का एक ऐसा कदम था जो ब्रिटिश शासकों को यह सोचने को मजबूर कर रहा था कि भारत को अब अधिक समय तक गुलाम नहीं रखा जा सकता है। इसलिए 1942 के भारत छोड़ो आंदोलन को असफल कहना भारी भूल होगी। इसमें कोई शक नहीं है कि यह आंदोलन पूरी तरह से कुचल दिया गया था पर 1947 में जो स्वाधीनता हमें प्राप्त हुई उसमें इस आंदोलन का एक बहुत बड़ा योगदान था। 1942 का आंदोलन 1857 की भाँति बहुत बड़ा आंदोलन था जिसमें समाज के हर वर्ग ने बढ़-चढ़ कर हिस्सा लिया था।

शिमला सम्मेलन

सन् 1949 में गवर्नर जनरल ने भारत को पूरी तरह से स्वतंत्रता देने के लिए वर्तमान राजनीतिक संगठनों की एक सभा के आयोजन की घोषणा की। कांग्रेस के सभी नेताओं को जून 1946 में रिहा कर दिया गया। 25 जून 1949 को शिमला सम्मेलन का आयोजन घोषित हुआ।

शिमला सम्मेलन 28 जून 1948 को शिमला में आरंभ हुआ। यह सम्मेलन पहले हुई राउंड टेबिल कांफ्रेंस की भाँति था जिसमें कांग्रेस, मुस्लिम लीग, पिछड़ी जातियों, और सिखों के प्रतिनिधि मौजूद थे। इसके अलावा, विधान सभा, सोशलिस्ट पार्टी, यूरोपीय ग्रुप के नेता व प्रांतीय सरकारों के मुख्यमंत्री मौजूद थे।

लार्ड वेवल ने 14 आदमियों की एक काउंसिल बनाने का प्रस्ताव रखा जिसमें 5 प्रतिनिधि कांग्रेस, 5 प्रतिनिधि लीग के और 4 नाम वेवल के होंगे। कांग्रेस ने आजाद, नेहरू, पटेल, एक पारसी और एक ईसाई के नाम का प्रस्ताव रखा। लार्ड वेवल ने एक सिख, दो पिछड़ी जातियों के प्रतिनिधि और पंजाब के मुख्यमंत्री खिजर हयात खान का नाम दिया। जिसका जिन्ना ने यह कह कर विरोध किया कि आजाद और खिजर हयात जैसे मुसलमानों का नाम रखने का अधिकार सिर्फ मुस्लिम लीग को है। लार्ड वेवल ने जिन्ना, गांधी और खिजरे हयात को बहुत समझाने का प्रयास किया पर आपसी जिद्द के कारण 14 जुलाई को सम्मेलन बिना किसी ठोस नतीजे पर पहुँचे बिना ही समाप्त घोषित हो गया। ये सम्मेलन जिन्ना के बेवजह जिद्द के कारण बिना किसी परिणाम के समाप्त हो गया। अगर जिन्ना 5 मुसलमानों का नाम दे देते तो यह समझौता सफल सिद्ध होता। पर इससे मुस्लिम लीग और उसके जिन्ना जैसे तथाकथित मुस्लिम नेता की असलियत सामने आ गयी थी।

□□□

आजाद हिन्द फौज

सुभाष चंद्र बोस हमारे देश के उन नेताओं में से थे जिन्हें महात्मा गांधी की अहिंसात्मक सत्याग्रह नीति में कतई विश्वास नहीं था। गांधी जी के सत्याग्रह की सफलता-असफलता को राउंड टेबिल कांफ्रेंस की असफलता, क्रिप्स मिशन, साइमन कमिशन, शिमला समझौते की झलकियों से समझा जा सकता है।

नेताजी सुभाष चंद्र बोस का विश्वास मनुष्य के प्रगतिवादी विकास में था। उन्होंने महात्मा गांधी और गोपाल कृष्ण गोखले की राजनीतिक आध्यात्मीकीकरण की नीति कतई पसंद नहीं थी। फिर भी उन्होंने सन् 1930 से 38 तक महात्मा गांधी के अहिंसात्मक आंदोलन में पूरा हिस्सा लिया। लेकिन बाद में द्वितीय विश्वयुद्ध के समय नेताजी सुभाष चंद्र बोस अंग्रेजी साम्राज्यवाद की दमन नीति के विरुद्ध सशस्त्र आंदोलन के कट्टर समर्थक बन गये। उन्होंने नारा दिया, ''तुम मुझे खून दो, मैं तुम्हें आजादी दूंगा।'' सुभाष चंद्र बोस ने ही कहा, ''मेरे लिए सत्य की आवश्यक प्रकृति ही प्रेम है, प्रेम इस सृष्टि का सार है तथा मानव जीवन का आवश्यक अंग है। अत्याचार को अत्याचार से ही समाप्त किया जा सकता है और हिंसा का जवाब अहिंसा नहीं प्रतिहिंसा है।''

अपने इन्हीं सिद्धांतों की वजह से सुभाषचंद्र बोस के कांग्रेस और महात्मा गांधी से तीव्र मतभेद थे। महात्मा गांधी ने उनके स्थान पर लगभग जबरदस्ती जवाहरलाल नेहरू का नाम कांग्रेस अध्यक्ष के पद पर प्रस्तावित किया था। जिसके कारण पट्टाभी सीता रमैया कांग्रेस के अध्यक्ष बन गये थे।

सन् 1942 में कांग्रेसी नेताओं के साथ सुभाषचंद्र बोस को भी उनके घर पर ही नजरबंद कर दिया था। तभी द्वितीय महायुद्ध शुरू हो गया। अचानक इस महायुद्ध के दौरान सुभाषचंद्र बोस अचानक अपने घर से गायब हो गये और उनकी आवाज एक दिन अचानक जर्मनी के रेडियो स्टेशन से गूंजने लगी। इसके बाद सुभाषचंद्र बोस कभी जर्मनी में और कभी इटली और जापान में घूम कर 'आजाद हिन्द फौज' का संगठन करने लगे। उन्होंने ही जयहिन्द का फौजी नारा दिया और स्त्री फौज खड़ी की जिसका नाम रानी झाँसी ब्रिगेड था। उन्होंने जापान से सैनिक सहायता लेकर अंग्रेजों को हिन्दुस्तान से बाहर निकालने की योजना बना ली थी।

अपनी इन्हीं भावनाओं को ठोस रूप देने के लिए नेताजी सुभाषचंद्र बोस ने 1 सितम्बर 1942 को आजाद हिन्द फौज की स्थापना कर डाली जिसके साथ उन्होंने आजाद हिन्दुस्तान की अस्थायी सरकार की स्थापना तक कर डाली।

21 अक्तूबर 1943 को सिंगापुर के केथे हाल में अस्थायी हिन्दुस्तान सरकार की स्थापना करते

हुए नेता जी सुभाषचंद्र बोस ने कहा ''इस अस्थायी सरकार का काम होगा, वह संघर्ष चलाना जो भारत की भूमि से अंग्रेजों और उनके दोस्तों को निकाल कर बाहर करे। ईश्वर के नाम से हम भारत की स्वतंत्रता के लिए अपने झण्डे तले इकट्ठे होने और आक्रमण करने के लिए भारतीय जनता का आह्वान करते हैं। हम अंग्रेजों और उनके दोस्त मुल्कों के खिलाफ जंग करने का ऐलान करते हैं। हम इस बात का आह्वान करते हैं कि इस संघर्ष को अपने धीरज, शक्ति और विश्वास के साथ तब तक चलाये रखेंगे जब तक भारत एक आजाद मुल्क नहीं बन जाता।''

आजाद हिन्द फौज ने भारत की मुक्ति के लिए सैनिक अभियान शुरू कर दिया जिसमें उसे जापान से पूरी सैनिक मदद हासिल थी। इस सम्मिलित फौज ने भारत पर कई आक्रमण किये। आजाद हिन्द फौज की बढ़ती हुई शक्ति और प्रभाव से एक बार तो अंग्रेज सरकार भी घबरा गयी। आजाद हिन्द फौज पर हमले आरम्भ कर दिए। ब्रिटिश सेना ने ये हमले 1944–45 में आरम्भ कर दिये। ब्रिटिश सेना भारत के पूर्व में अराकान पर कब्जे के बाद बर्मा पर अधिकार के लिए आगे बढ़ी। जापानी सेना पीछे हट गयी। रंगून पर आजाद हिन्द फौज का कब्जा था। मई 1946 में ब्रिटिश सेना ने रंगून पर भी कब्जा कर लिया। आजाद हिन्द फौज के सिपाही गिरफ्तार होने शुरू हो गये। सुभाषचंद्र बोस रंगून से बैंकाक और फिर वहाँ से सिंगापुर चले गये। भारत की आजादी की इच्छा सैनिक शक्ति से भी पूरी नहीं हो सकी।

18 अगस्त 1944 को नेताजी सुभाषचंद्र बोस एक जापानी फौजी हवाई जहाज से कुछ सैनिक अफसरों के साथ जापान रवाना हो गये। यह वायुयान दिन में दो बजे फारमोस हवाई अड्डे पर उतरा जहाँ सुभाषचंद्र बोस ने भोजन किया। इसके बाद यह जहाज टोकियो के लिए उड़ गया। पर उसमें अचानक आग लग गयी। सुभाषचंद्र बोस इस विमान में जलकर समाप्त हो गये या जीवित बच गये इस पर तरह-तरह की अफवाहें फैलती रहीं और आज भी फैल रही हैं।

पर सुभाषचंद्र बोस की समाप्ति के साथ आजाद हिन्द फौज की भी समाप्ति हो गयी। आजाद हिन्द फौज के सैनिक आफिसरों, कैप्टन शाहनवाज खान, कैप्टन ढिल्लों और कैप्टन सहगल के ऊपर लाल किले में ऐतिहासिक मुकदमा चलाया। जिसमें आजाद हिन्द फौज के सैनिकों की पैरवी करने के लिए पंडित जवाहर लाल नेहरू खुद आ गये। इस ऐतिहासिक मुकदमे में सारे अभियुक्तों को लम्बी-लम्बी कानूनी सजायें मिली जो जनता के विद्रोह के कारण उसी समय समाप्त हो गयीं।

इस दौरान ही भारतीय सैनिकों और नौ सेना तक में विद्रोह फैल गया। सारे देश की जनता सरकार के खिलाफ उठ खड़ी हुई। सरदार पटेल की समझदारी से यह मामला उस समय किसी तरह टल गया। पर अब समझ गये थे कि अंग्रेजों के भारत से जाने का समय आ गया था।

आजाद हिन्द फौज का यह अभियान हमेशा भारत के स्वतत्रता आंदोलन के इतिहास को याद करने में, याद किया जायेगा। ऐसा शायद ही कोई भारतीय होगा जिसने जय हिन्द के नारे का रोमांच कभी महसूस न किया हो।

स्वतंत्रता प्राप्ति और बंटवारा

15 अगस्त 1947 को हमें स्वतंत्रता प्राप्त हो गयी थी पर मुस्लिम लीग और कुछ मुस्लिम संप्रदायवादियों के कारण हमारे देश का बंटवारा पाकिस्तान के रूप में हो गया था। हजारों इंसानों के दिल रो रहे थे। उनके अपने सम्बन्धी आज अलग जो हो रहे थे। मौलाना आजाद जैसे राष्ट्रवादी मुसलमान कहते हैं, ''कांग्रेस और मुस्लिम लीग ने देश का बंटवारा स्वीकार कर लिया क्योंकि कांग्रेस कौम की रहनुमा थी, मुस्लिम लीग मुसलमानों की रहनुमा थी। पर जब बंटवारे के हालात पर नजर डालते हैं तब पता चलता है कि यह स्वीकृति सिर्फ कांग्रेस महासमिति और मुस्लिम लीग के कागजों पर थी। दोनों मुल्कों की जनता ने इस बंटवारें को पूरे दिल से कभी स्वीकार नहीं किया था।''

बंटवारे से सारे देश की जनता का मन दुखी था। देश का यों टूट जाना किसी को भी अच्छा नहीं लगा था। फिर देश में आजादी की खुशी भी ज्यादा समय तक नहीं चल सकी। आजादी के 38 घंटे बाद पंजाब में सांप्रदायिक दंगे भड़क उठे। जिनकी आग दोनों देशों में भड़क उठी। दोनो देशों के मासूम बच्चों, स्त्रियों, पुरुषों पर इस दंगे का दुष्प्रभाव पड़े बिना नहीं रह सका। हजारों औरतों की इज्जत मिट्टी में मिला दी गयी। बरसों की मुहब्बत आपसी सद्भावना क्षणों में ही मिट गयी। स्वतंत्रता की खुशी इस तूफान में ढह गयी। इंसानियत और मानव मूल्यों में इतनी गिरावट आ गयी कि आज भी हम 1947 में ही जी रहे हैं।

1947 के दंगों में करीब 6 लाख लोग मारे गये। दोनों देशों की करीब 1 लाख औरतों का अपहरण हुआ। नीलामी हुई और उन्हें जबरदस्ती धर्मपरिवर्तन करने को मजबूर किया गया।

इधर कश्मीर और हैदराबाद दक्कन में सांप्रदायिक दंगे भड़क गये। काश्मीर में पाकिस्तान ने कबायली हमले के नाम पर कश्मीर पर जबरदस्ती कब्जा करने की कोशिश की। इस समय सरदार पटेल गृहमंत्री थे। जिनकी दृढ़ता ने इन सांप्रदायिक दंगों पर काबू पा लिया गया।

महात्मा गांधी न इस तरह के दंगों से प्रसन्न थे न सरदार पटेल और पण्डित जवाहर लाल नेहरू दंगों को रोकने के प्रयास से ही पूरी तरह से संतुष्ट थे। प्रशासन की यह हालत थी कि अफसरों का एक गुट पण्डित नेहरू के साथ था तो दूसरा नेहरू के पक्ष में नहीं था। अन्य मंत्रियों की तो कोई अफसर सुनता ही नहीं था। मौलाना आजाद के अनुसार, ''एक दिन जब मैं नेहरू, पटेल व गांधी जी के पास बैठा हुआ था, नेहरू जी ने कहा मैं दिल्ली की हालत बरदाश्त नहीं कर सकता जहाँ मुसलमानों को जानवरों से ज्यादा बदतर हालत में काटा जा रहा था। मुझे यह देखकर शर्म आ रही

है पर मैं इन्हें बचा नहीं सकता।''

इस पर पटेल ने कहा था कि, ''नेहरू जी की शिकायतें मेरी समझ में नहीं आ रही हैं। इस तरह की एक दो घटनाएं हो सकती हैं। सरकार लोगों की जान माल के लिए जितना बन सकता है उतना कर तो रही है।'' इस पर नेहरू ने सिर्फ इतना कहा, ''सरदार पटेल के जवाब के आगे मैं अब कुछ नहीं कहूंगा।'' सरदार पटेल ने यह प्रचार करवाया कि दिल्ली के मुस्लिम मौहल्ले में बेशुमार हथियार पाये गये हैं। जिन्हें पुलिस ने बरामद कर लिया है। पर जब मंत्रिमण्डल के सदस्यों ने इन हथियारों को देखा तो, वहाँ सब्जी काटने वाली, कलम बनाने वाली छुरियाँ और लोहे के पाईप मात्र थे जिनको देखकर लार्ड माउंट बैटन ने व्यंग्य से कहा, '' इन हथियारों के बल पर कोई मूर्ख ही दिल्ली पर कब्जा करने का सपना देख सकता है।''

दिल्ली में हो रहे इस कत्लेआम को न रोक पाने की कोशिश से दुखी होकर महात्मा गांधी ने 12 जनवरी 1948 से अनशन शुरू कर दिया। महात्मा गांधी जी के अनशन से प्रभावित होकर दिल्ली में सांप्रदायिकता विरोधी कई शक्तियाँ उठ खड़ी हुईं। उन्होंने एक स्वर में तुरंत दंगों को समाप्त करने की मांग की। अब लगभग 50 हजार लोगों ने मुसलमानों के साथ सगे भाई जैसा व्यवहार करने का निश्चय किया तभी महात्मा गांधी ने अपना अनशन समाप्त कर दिया। तभी महात्मा गांधी जैसे ही बिड़ला हाउस के लान में होने वाली प्रार्थना सभा में आये उन पर एक शक्तिशाली बम फेंका गया। सौभाग्य से वह बम फटा नहीं इस कारण से महात्मा गांधी जीवित बच गये। पर उनको भी कोई मारने वाला हो सकता है, इस बात पर सहजता से विश्वास नहीं होता है। 30 जनवरी 1948 को बिड़ला हाउस की प्रार्थना सभा में शाम के समय नाथूराम गोडसे, नारायण आप्टे और परचुरे ने पहले तो महात्मा गांधी के चरणों में झुककर प्रणाम किया। और फिर अपनी ओढ़ी हई चादर के नीचे से अपनी पिस्तौल निकाली और धायं-धायं कर तीन गोलियां उनके सीने में उतार दीं। महात्मा गांधी के मुँह से सिर्फ 'हे राम' निकला और वह इस दुनिया से दूर चले गये।

उनकी मृत्यु के साथ एक परंपरा की मृत्यु हो गयी। देश में फैलते दंगों पर किसी तरह से काबू पा लिया गया। देश के संविधान निर्माण का काम चलता रहा और 26 जनवरी 1950 को हमारा देश एक संप्रभुता प्राप्त सार्वभौमिक गणराज्य के रूप में विश्व समुदाय के सामने आया। डॉ. राजेन्द्र प्रसाद हमारे पहले राष्ट्रपति, डॉ. सर्वपल्ली राधाकृष्णन उपराष्ट्रपति और पण्डित जवाहर लाल नेहरू इस देश के सर्वप्रथम प्रधानमंत्री घोषित हो गये।

महात्मा गांधी का एक बहुत बड़ा स्मारक राजघाट के रूप में बनाया गया जो आज भी आदर और शांति का प्रतीक बना हुआ है।

❑❑❑

स्वाधीनता के नेता और शहीद

स्वाधीनता आंदोलन में हजारों नेताओं ने भाग लिया था। उनमें से प्रमुख थे—महात्मा गांधी, लोक मान्य तिलक, गोपाल कृष्ण गोखले आदि।

डॉ. राजेन्द्र प्रसाद

स्वाधीनता भारत के पहले राष्ट्रपति डॉ. राजेन्द्र प्रसाद बिहार राज्य के सारण जिला के जीरादेई गाँव के रहने वाले थे। सन् 1884 में आपका जन्म हुआ। आप पढ़ने लिखने में अत्यंत मेधावी थे। हमेशा अपनी कक्षा में प्रथम आया करते थे। पटना और कलकत्ता के प्रेसीडेंसी कालेज से आपने उच्च शिक्षा प्राप्त की व पटना हाईकोर्ट में वकालत करने लगे। राष्ट्रीय आंदोलन के समय आप महात्मा गांधी के संपर्क में आये और वकालत छोड़ कर राष्ट्रीय आंदोलन से जुड़ गये। कई बार जेल गये। कांग्रेस पार्टी के अध्यक्ष रहे। स्वाधीन भारत की विधान सभा के अध्यक्ष रहे। सन् 1950 से 1962 तक वह भारत के राष्ट्रपति रहे। देश के सबसे उच्च सम्मान भारत रत्न से विभूषित हुए।

पंडित जवाहर लाल नेहरू

देश के पहले प्रधानमंत्री जवाहर लाल नेहरू का जन्म 14 नवम्बर 1889 में हुआ। उनके पिता मोती लाल नेहरू वकील और स्वतंत्रता सेनानी थे। पंडित जवाहर लाल नेहरू ने देशभक्ति और वकालत अपने पिता से विरासत में पाई। वह कांग्रेस के कई बार अध्यक्ष रहे। कई बार जेल गये। देश को स्वतंत्रता मिलते ही वह प्रधानमंत्री बने और 27 मई 1964 को अपनी मृत्यु होने तक प्रधानमंत्री के पद पर रहे। आपने भारत को अंतर्राष्ट्रीय ऊँचाईयो पर पहुँचा दिया। विश्व शांति का नया नारा दिया पंचशील।

मौलाना आजाद

मौलाना अबुल कलाम आजाद का जन्म 1888 ई. में मक्का में हुआ था। इनका बचपन भारत से बाहर ही बीता। आपने उच्च शिक्षा प्राप्त की। आप बहुत ही विद्वान और अच्छे वक्ता थे। आपने

कुरान शरीफ पर अनेक पुस्तकें लिखीं फिर भी आप राष्ट्रवादी मुसलमान थे। आपने पाकिस्तान निर्माण का सख्त विरोध किया। सन् 1940 में आप कांग्रेस के अध्यक्ष रहे, कई बार जेल गये। स्वतंत्र भारत के शिक्षामंत्री रहे। हिन्दू व मुसलमानों की एकता पर आपने बहुत बल दिया।

सरदार पटेल

सरदार वल्लभ भाई पटेल का जन्म 1879 को गुजरात में हुआ था। आप विलक्षण प्रतिभा के धनी थे। प्रारंभिक शिक्षा प्राप्त कर वल्लभ भाई पटेल बैरिस्टरी की शिक्षा प्राप्त करने के लिए इंग्लैंड गये। वहाँ से लौट कर अहमदाबाद में अपनी वकालत शुरू की। उन्होंने ही महात्मा गांधी के साथ मिलकर साबरमती आश्रम की स्थापना कर डाली। उन्होंने महात्मा गांधी के हाथों में राष्ट्रीय आंदोलन की बागडोर सौंपी और खुद भी एक सिपाही की हैसियत से राष्ट्रीय आंदोलन में शामिल हो गये। उनकी वीरता, कार्यक्षमता और नेतृत्व से प्रभावित होकर उन्हें 'सरदार' का नाम दिया गया। अपनी बात के पक्के होने के कारण इन्हें लौह पुरुष कहा जाने लगा। कई बार जेल गये। स्वतंत्र भारत में वह गृहमंत्री ओर उपप्रधानमंत्री बनाये गये। देशी रियासतों के एकीकरण में सरदार पटेल की भूमिका को कभी भुलाया नहीं जा सकता है। इनके बड़े भाई बिट्ठल भाई पटेल भी स्वतंत्रता सेनानी थे।

लाल बहादुर शास्त्री

स्वाधीनता आंदोलन में लाल बहादुर शास्त्री का योगदान भुलाया नहीं जा सकता। इनका जन्म 2 अक्तूबर 1903 को हुआ था। इनके माता-पिता अत्यंत गरीब थे। पर लड़कपन से ही लाल बहादुर बड़े स्वावलंबी, परिश्रमी और कार्य तत्पर थे। इन्होंने काशी विद्यापीठ से शिक्षा प्राप्त की। सोलह साल की उम्र में राष्ट्रीय आंदोलन से जुड़ गये। 1920 से 1949 तक कई बार जेल गये। सादगी, सरलता, शांत स्वभाव के शास्त्री जी को 1947 के बाद उत्तर प्रदेश सरकार में मंत्रीपद मिला जहाँ कई विभागों में कार्य करने के बाद केंद्र में कई पदों पर रहने के बाद भारत के प्रधानमंत्री पद पर निर्वाचित हो गये। आपने कम समय में बहुत अधिक प्रसिद्धि प्राप्त की। सन् 1965 के भारत पाकिस्तान युद्ध में आपने शांति के बाद वीर प्रधानमंत्री की भूमिका निभाई और जय जवान जय किसान का नारा दिया। सोवियत संघ के शांति प्रस्ताव पर आप ताशकंद गए जहाँ 11 जनवरी 196^ को आपकी मृत्यु हो गयी।

जयप्रकाश नारायण

श्री जयप्रकाश नारायण का जन्म सन् 1902 में बिहार में हुआ था। 1920 के असहयोग आंदोलन पर जयप्रकाश नारायण ने कॉलेज छोड़ दिया था। कुछ समय अमरीका में रहने के बाद जयप्रकाश नारायण सन् 1932 में सविनय अवज्ञा आंदोलन में शामिल हुए। अगस्त क्रांति के अग्रदूत

थे। 'करो या मरो' का संदेश आपका ही दिया हुआ था। जयप्रकाश नारायण ने कई बार जेल यात्रायें कीं। हजारी बाग जेल से भागने में सफल हुए। कुछ समय तक लाहौर और नेपाल की जेलों में रहे। सादा विचार, कभी किसी पद का लोभ न करने वाले समाजवादी विचारों के धनी जयप्रकाश नारायण आजादी के बाद भी जेलों में कैद रहे। 8 अक्तूबर 1979 को आपका स्वर्गवास हो गया।

बिहार के पटना कलेक्टेरियट काण्ड में 11 अगस्त 1942 को मिस्टर आर्चर की गोली से 8 विद्यार्थी शहीद हुये फिर भी पटना की विधान सभा पर तिरंगा झण्डा फहरा दिया गया। इस काण्ड में शहीद होने वाले निम्न लोग थे।

राजेन्द्र प्रसाद

पटना के गर्दनी बाग हाई स्कूल के विद्यार्थी थे। धीराचक्र गाँव जिला पटना आपकी जन्मभूमि थी। ये हाई स्कूल के छात्र थे।

तारापद चौधरी

दस वर्ष की अल्प आयु के छात्र थे जिसने देश पर अपने प्राण न्योछावर कर दिये।

सतीश झा

सतीश झा का जन्म वटा पुरा जिला भागलपुर में एक ब्राह्मण परिवार में हुआ था। पटना कॉलेज के विद्यार्थी थे इनका कहना था कि अब ब्रिटिश सरकार का अंत समीप है।

उमाकांत सिंह 19 वर्ष के राजपूत छात्र थे।

जगतपति प्रताप सिंह – बी.एन. कॉलेज पटना के छात्र थे।

रामगोविंद

दशरथा में जन्में रामगोविंद मैट्रिक के विद्यार्थी थे। 16 वर्ष की उम्र में ही शहीद हुए।

रामानंदन

ये 19 वर्ष के मैट्रिक के विद्यार्थी थे। इनकी मृत्यु की खबर पाकर उनकी पत्नी अपना संयम खो बैठी और उनकी भी मृत्यु हो गयी।

इंद्रदेव

इंद्रदेव को विधान सभा में झण्डा लगाने के प्रयास में लाठी की चोट लगी जिससे इनकी मृत्यु हो गयी।

सासाराम काण्ड

15 अगस्त 1942 को बिहार के सासाराम क्षेत्र के रेलवे स्टेशन और एस.डी.ओ. के बंगले पर तिरंगा लहराया गया। जिस पर एस.डी.ओ. मार्टिन ने अपनी पिस्तौल से गोली चला दी। इस में जय रामसिंह, जगदीश प्रसाद जगन्नाथ राय और महांर पासी शहीद हो गये।

सोनपुर शहीद काण्ड

सोनपुर जिला छपरा में 15 अगस्त 1942 को आम जनता ने रेलवे लाईन और बिजली के तार उखाड़ दिये। मालगोदाम लूट डाले। इस पर पुलिस ने गोली चला दी जिससे महेश्वर तजमुल हुसैन और द्वारका सिंह शहीद हो गये।

खमाड़िया काण्ड

अगस्त क्रांति के फलस्वरूप 13 अगस्त को कांग्रेसी कार्यकर्ताओं ने तहसील को घेर लिया। जिस पर पुलिस ने गोली चलाई इस काण्ड में कई लोग गोलियों का शिकार होकर शहीद हुए।

समस्तीपुर गोली काण्ड

15 अगस्त 1942 को अंग्रेज सिपाहियों की स्पेशल रेल गाड़ी को समस्तीपुर रेलवे स्टेशन पर रोक कर, अंग्रेजों भारत छोड़ो के नारे लगाये गये। जैसे ही स्पेशल ट्रेन स्टेशन से चली अंग्रेज फौज नें चलती हुई रेल से गोलियां बरसाई जिससे निम्न लोग शहीद हुए–

(1) रामसेवक रावत (2) बुटाई महतो (3) मीर अब्दुला
(4) बैजनाथ रावत (5) शिव शंकर लाल (6) राम देव
(7) धूरन चौधरी (8) सूबाला झा (9) वासुदेव रावत
(10) पूना महतो (11) नौबत लाल झा (12) वदन राम
(13) बच्चन वेडिहर (14) शिवनंदन लाल (15) देश नारायण
(16) अब्दुल शकूर खां (17) रामलखन सिंह नाम का एक किशोर छात्र व एक गाय।

सुलतान गंज काण्ड

सुलतान गंज रेलवे स्टेशन पर खड़ी एक अस्त्र शस्त्रों से लदी माल गाड़ी को 15 अगस्त 1942 को लूटने के प्रयास में ये व्यक्ति मारे गये। परमेश्वर मिश्र, मेधू थाती, भोला मण्डल, फागू मांझी, बदन मांझी, सीतेश्वर शाह, घासी राम मिश्र।

पारु थाने पर गोली काण्ड

22 अगस्त 1942 को अंग्रेजों ने श्री धर शर्मा के नेतृत्व में आने वाले जुलूस पर गोलियां बरसाई। जिनमें कई लोग घायल हुए व जोधा सिंह व अनुराग सिंह शहीद हुए।

धमदाहा काण्ड

पूर्णिया जिले में सैकड़ों लोगों के जुलूस पर 24 अगस्त 1942 को गोलियां बरसाई गयीं जिसमें 40 लोग शहीद हो गये। इनमें मात्र 19 नाम ज्ञात हो सके हैं। जयमंगल सिंह, हेमनारायण, बालेश्वर हाजरा, शेख इसहाक, लक्खी मयत वाला मारकण्डे, रामेश्वर पासवान, रामनिवास पाण्डेय, परमेश्वरदास, योगेन्द्र सिंह मोती मण्डल, भागवत धानुक आदि।

महिपुर काण्ड

इस काण्ड में असम के अनेक वीर घायल हो गये और एक 13 वर्षीय लड़की कनकलता और मुकुद मारे गये।

गया गोली काण्ड

इस काण्ड में 13 अगस्त के हुए गोली काण्ड में, जगन्नाथ, कैलाश रामा भुई राम शहीद हुए।

बेतिया काण्ड

इस काण्ड में पुलिस ने धारा 144 तोड़ने पर 24 अगस्त को गोली चला दी जिसमें 8 लोग शहीद हुए।

वर्धा गोली काण्ड

कांग्रेस महासमिति के अधिवेशन से लौटते समय दीनदयाल चूड़ी वाले के भाषण के दौरान अंग्रेज पुलिस ने इस सभा का विरोध किया जिसमें पुलिस ने गोली चला दी।

लसाड़ी गोली काण्ड

16 अगस्त 1942 को पुलिस थाने के सामने से जुलूस निकालने पर लसाड़ी पुलिस ने गोली चला दी जिससे अनेक लोग घायल और शहीद हुए।

हिल्सा गोली काण्ड

16 अगस्त 1942 को अंग्रेजी पुलिस ने हिल्सा थाने पर झण्डा फहराने पर गोली चला दी। जिसमें अनेक लोग घायल और सात शहीद हुए।

पीपरेती शहीद काण्ड

अगस्त 1942 को काली और गोरी फौज ने 19 अगस्त को पीपरेती कस्बे में अंधाधुंध गोली चलाकर 17 लोगों को शहीद किया। जिसमें अनेक स्त्रियां भी सम्मिलित थीं।

□□□

स्वाधीनता आंदोलन और महिलायें

जिस समय अंग्रेज हमारे देश में आये हमारे देश की महिलायें परदे में कैद थीं। उस समय स्त्रियों का मुँह खोलकर निकलना ही बहुत बड़ी बात थी। पर 1857 की पहली क्रांति के समय रानी लक्ष्मीबाई और बेगम हजरत महल ने पहली बार पर्दा प्रथा को मोड़ा था। बल्कि पुरुषों के साथ कंधे से कंधा मिलाकर स्वतंत्रता आंदोलन में महिलायें कूद पड़ी थीं।

राजा राममोहन राय, ईश्वर चंद्र विद्यासागर व राम मलवारी महर्षि कर्वे की शिक्षा के प्रभाव से शताब्दी के प्रारंभ में और अधिक महिलायें घर के परदे से बाहर आईं। उन्होंने शिक्षा प्राप्त की। सन् 1889 के कांग्रेस के अधिवेशन में बम्बई और कलकत्ता की दस महिला प्रतिनिधि सामने आईं। इनमें स्वर्ण कुमारी, कादम्बरी, गांगुली, पंडित रमाबाई, काशीबाई कानेतकर, शर्बतीबाई विवेक और शांता बाई निकवे प्रमुख थीं। जागरुक परिवारों की इन महिलाओं ने उन दिनों में मात्र कांग्रेस अधिवेशन में भाग लेना ही शुरू किया था। इसमें उनकी सक्रियता की गति अभी धीमी थी। बहुत कम महिलायें ही बोलती थीं या चर्चा में भाग लेती थीं। एनीबेसेंट को 1917 के पहले दौर में कलकत्ता कांग्रेस का अध्यक्ष बनाया गया। होमरूल लीग की स्थापना एनीबेसेंट ने ही की थी। उन्होंने ही महिलाओं को उनकी प्राचीन शक्ति की याद दिलाई।

श्रीमती एनीबेसेंट यद्यपि स्विस महिला थीं पर उन्होंने भारत को ही अपना घर समझ लिया था। उनके आह्वान पर सरोजिनी नायडू जैसी महिलायें स्वतंत्रता संग्राम में आ कूदी जो सन् 1925 में कांग्रेस अध्यक्ष बनी। उन्होंने सबसे पहले राष्ट्रीय राजनीति में एक महत्वपूर्ण भूमिका निभाई थी। सरोजनी नायडू का जन्म 1879 में हैदराबाद के कुलीन परिवार में हुआ था। इन्होंने अंग्रेजी भाषा और साहित्य का गहन अध्ययन किया था। 13 वर्ष की आयु में उन्होंने अंग्रेजी में कवितायें लिखना शुरू किया जो जीवन पर्यंत जारी रहा। इन्हें भारत कोकिला का नाम दिया गया। श्रीमती सरोजनी नायंडू कई साल कांग्रेस कार्यकारिणी की सदस्या रहीं और नमक आंदोलन दांडी मार्च में गांधी जी के साथ रहीं और जेल गयीं। स्वतंत्रता के बाद उत्तर प्रदेश सरकार की गवर्नर रही। सन् 1933 में लीली सेन गुप्ता राजनीति में आई और काफी सक्रिय भूमिका निभाती रहीं।

महात्मा गांधी के आह्वान पर सन् 1905 में अनेक महिलायें कांग्रेस से आ जुड़ीं। बंग-भंग के समय इन महिलाओं ने प्रदर्शनों में भी हिस्सा लिया। 10 अक्तूबर 1905 को रवींद्र नाथ ठाकुर के आह्वान पर 'एखी वधन' के नाम पर महिलाओं ने एक समय चुल्हा न जलाकर राष्ट्रीय आंदोलन से अपने आप को जोड़ा। 500 महिलाओं ने विद्रोह के आरोप में एक संपादक के जेल जाने पर बधाई दी थी।

सन् 1905 के राष्ट्रीय आंदोलन चरखे ने महिलाओं को राष्ट्रीय आंदोलन में पूरी तरह से सक्रिय कर दिया। खादी बेचने, चरखा कातने, विदेशी वस्त्रों की होली जलाने घर-घर जाकर कपड़े इकट्ठे करने में महिलाओं का बहुत बड़ा योगदान था। इन कार्यक्रमों में मणिबेन पटेल, मिठुबेन पेरिट, उर्मिला दास का नाम उल्लेखनीय है। राजकुमारी अमृत कौर और बीबी अमन ने हिन्दू मुस्लिम एकता का कार्य किया।

13 अक्तूबर 1919 को जलियांवाला काण्ड में अनेक महिलायें मौत का शिकार बनी। कमला देवी चट्टोपाध्याय ने महिलाओं से कहा, ''महिलाओं उठो प्रत्येक घर को स्वतंत्रता आंदोलन का आश्रयदाता बना दो।''

बंगाल से बसंती देवी, उर्मिला देवी, हेमप्रभा ने महिलाओं को स्वतंत्रता आंदोलन में तरह-तरह से जोड़ा। उन्हें बंगाल प्रदेश कांग्रेस का अध्यक्ष सन् 1922 में बनाया गया।

कस्तूरबा गांधी ने महात्मा गांधी के दक्षिण अफ्रीका आंदोलन में हिस्सा लिया था। उन्होंने भारत में आकर भी असहयोग आंदोलन में सक्रिय रूप से भाग लिया। गुजरात कांग्रेस की अध्यक्षता करते हुए छुआछूत को मिटाने का आह्वान किया। उन्होंने कभी महात्मा गांधी के काम में बाधा नहीं डाली। बल्कि उनके साथ कंधे से कंधा जोड़ कर सक्रिय भूमिका निभाई। स्वाधीनता संग्राम में जो अन्य महिलायें जुड़ी उनमें राधा देवी, पार्वती देवी, लक्ष्मी देवी, लाडो रानी खुस्सी, मद्रास की रुक्मणी सहगल पंजाब की सक्रिय महिलायें थीं। रुक्मणी लक्ष्मीपति मद्रास कांग्रेस की अध्यक्ष थीं जो नमक आंदोलन में गिरफ्तारी देने वाली पहली महिला थी। उनके साथ दुर्गा देवी भी कभी न भुलाया जाने वाला नाम था । उत्तर प्रदेश में स्वरूप रानी, कमला नेहरू, मुकुंद मालवीय, चंद्रावती लखन पाल, उमा नेहरू और सत्यवती डॉ. सुशीला नायर प्रमुख महिला कार्यकर्ता थीं।

महाराष्ट्र में महिलाओं की एक न समाप्त होने वाली कतार थी। जिसमें रमा रानाडे, यशु सावरकर, लक्ष्मीबाई तुसे अव्रतिका बाई गोखलेण्पद्मावली होलकर, सत्यभामा कुवालकर ने महिलाओं को पूरी तरह से सक्रिय किया था। जानकी बाई आप्टे, प्रेमा बाई वर्तक, शालिनीबाई सुखठनकर, गोदावरी पारुलेकर अनताई भगवत लीला ताई, अन्नपूर्णा मेहता ने निषेध आज्ञा के दौरान जुलूस निकाला और गिरफ्तारी दी। 9 सितम्बर 1930 को गांधी जी के आह्वान पर महिलाओं ने महाराष्ट्र में चुनाव बूथों पर कब्जा कर लिया। स्वयं-सेविकाओं की हैसियत से हजारों महिलाओं ने कांग्रेस में हिस्सा लिया। बम्बई में देश सेविका संघ, बंगाल में नारी सत्याग्रह संघ, गुजरात में स्वराज्य संघ की स्थापना हुई। इलाहाबाद और केरल में भी महिला संघ बने।

1940 में जब गांधी जी ने असहयोग आंदोलन प्रारंभ किया तो अनेक महिलायें उनके साथ थीं।

जिनमें सुचेता कृपलानी गिरफ्तार होने वालों में प्रमुख थीं। 9 अगस्त 1942 को महात्मा गांधी ने करो या मरो का नारा दिया उसमें कई महिलाओं ने भी अपनी गिरफ्तारी दी। इसमें असम की कनक लता बरुआ, बंगाल की मंतगणी हावड़ा ने तो अपनी जान कुर्बान कर दी। गुजरात की उषा मेहता ने एक भूमिगत रेडियो केंद्र की स्थापना बम्बई में की थी जिसके जरिए अनेक तरह के संदेशों का आदान-प्रदान होता था। अरुणा आसफ अली तो सन् 1942 की प्रमुख नेता थीं।

स्वाधीनता आंदोलन में महिलाओं ने मुख्यतः अहिंसा को अपना लिया था। केवल कुछ महिलायें ही क्रांतिकारी आंदोलन को भी प्रमुखता दी, इसमें – सरला देवी, ने पंजाब में क्रांतिकारी आंदोलन को प्रमुखता दी। मैडम भीकाजी कामा ने भारत से बाहर रह कर क्रांतिवादी आंदोलन चलाया। कल्पना जोशी, प्रीतिवरदार, शांति और सुनीति तथा वीणा दास क्रांतिकारी आंदोलन में अपनी भागीदारी दी थी। सुभाष चंद्र बोस की आजाद हिन्द फौज में लक्ष्मी सहगल तथा अनु स्वामीनाथन क्रांति की रानी नामक रेजीमेंट की कप्तान थी। दुर्गा भाभी ने आजाद और भगत सिंह का साथ दिया था।

जहाँ तक मताधिकार की बात है भारतीय महिलायें इसके प्रति काफी सचेत थीं। सन् 1917 में सरोजनी नायडू के नेतृत्व में एक प्रतिनिधि मण्डल एनीबेसेंट, मारग्रेट कर्जिन, सरोजिनी नायडू हीरा बाई टाटा जैसी महिलाओं ने मताधिकार की जोरदार मांग की। भारत सरकार 1919 के कानून के तहत महिलाओं को चुनाव लड़ने का अधिकार मिल गया। मद्रास की डॉ. एस. मुथुलक्ष्मी रेड्डी पहली विधायक बनी। कमला देवी चट्टोपाध्य पहली बार चुनाव लड़ी। सन् 1938 में पहली बार करीब 60 लाख महिलाओं को मताधिकार मिला।

सन् 1937 में हुए चुनाव में सामान्य निर्वाचित क्षेत्रों में आठ तथा 42 महिलायें सुरक्षित क्षेत्रों से चुनी गयी। श्रीमती विजयी लक्ष्मी पण्डित उत्तर प्रदेश में पहली महिला मंत्री बनी। अनुसुईया कर्वे, हंसा मेहता, अनु स्वामीनाथन, विजय लक्ष्मी पण्डित और सरोजनी नायडू विधान सभाओं में चुनी गयी।

आगे सभी जाति की महिलाओं में जागृति आती गयी। वह स्वतंत्रता आंदोलन की विभिन्न धाराओं से जुड़ती गयीं। सत्याग्रह आंदोलन हो या सशस्त्र क्रांति, आजाद हिन्द फौज हो या 1857 की क्रांति। पिकेटिंग हो या वानर सेना, हर जगह महिलाओं ने पुरुषों का साथ दिया है। भारतीय क्रांति और स्वतंत्रता आंदोलन में महिलाओं की भूमिका को हम किसी प्रकार भुला नहीं सकते हैं।

□□□

स्वतंत्रता प्राप्ति

7 मई 1945 को फासिस्ट जर्मनी और 14 अगस्त 1945 को जापान द्वारा अपनी हार स्वीकार करने के साथ द्वितीय विश्वयुद्ध किसी तरह से समाप्त घोषित हो गया। ब्रिटिश सरकार की सारी अकड़ इस युद्ध ने तोड़ दी थी। ब्रिटेन भुखमरी के कगार पर आ गया था। भारत में पूरे जोर से अराजकता की स्थिति व्याप्त हो चुकी थी। तभी 18 फरवरी 1946 से नौसेना ने भी हड़ताल कर दी। दुनिया का वातावरण बदल रहा था। ऐसे समय में अंग्रेजों को भारत को गुलाम बनाये रखना आसान नहीं लग रहा था।

कैबिनेट मिशन

19 फरवरी 1946 को ब्रिटिश प्रधानमंत्री एटली ने हाउस आफ कामंस में यह घोषणा की कि भारत की स्वतंत्रता के कार्य को निबटाने के लिए हम एक कैबिनेट मिशन भारत भेज रहे हैं। इसके सदस्य हैं, भारत सचिव लार्ड पेट्रिक लारेंस, व्यापार बोर्ड के अध्यक्ष सर स्टेफार्ड क्रिप्स व फर्स्ट लार्ड आफ सुमिरिल्टी ए.बी. एलेक्जेंडर। इस मिशन का उद्देश्य भारतीय नेताओं के साथ मिलकर भारत में पूर्ण स्वराज्य की प्राप्ति को जल्दी से जल्दी संभव बनाना था।

मिशन के तीन मुख्य कार्य थेः—

(1) संविधान निर्मात्री सभा की स्थापना।

(2) ऐसी कार्य परिषद की स्थापना जिसका नेतृत्व सारे मुख्य भारतीय राजनीतिक दल करते हों।

(3) ब्रिटिश भारत के निर्वाचित प्रतिनिधियों और रियासतों के साथ सलाह मशविरा करके संविधान बनाने के तरीकों पर उनकी सहमति प्राप्त करना।

24 मार्च 1946 को कैबिनेट मिशन भारत आ गया। उसने भारत के विभिन्न नेताओं से बातचीत की। पैट्रिक लारेंस ने मुस्लिम लीग के नेता जिन्ना को यह आश्वासन दिया कि उनकी सरकार मुस्लिम लीग को भी कांग्रेस के समान महत्व देती है। लीग मुसलमानों का बहुमत प्राप्त करने वाली संस्था है।

अप्रैल 1946 को मुस्लिम लीग ने अपने महा-अधिवेशन में यह प्रस्ताव पारित किया कि, ''मुस्लिम लीग किसी भी ऐसे संविधान को स्वीकार नहीं करेगी जिसमें अखण्ड भारत को स्वीकार किया गया हो। साथ ही इस उद्देश्य के लिए वह किसी भी विधानसभा में भी सहयोग नहीं करेगी।''

मुस्लिम लीग और कांग्रेस के बीच अब समझौते के कोई भी आसार नहीं दिखलाई पड़ रहे थे। अतः कैबिनेट मिशन ने अपनी ओर से 16 मई 1946 को वायसराय और ब्रिटिश सरकार की सलाह

पर कांग्रेस और मुस्लिम लीग के बीच समझौते के लिए जो ''कैबिनेट मिशन योजना'' के नाम से जानी जाती है। इसके प्रस्ताव थे:–

(1) भारत में एक संघ राज्य कायम हो जिसमें ब्रिटिश भारत के सभी प्रांत और रियासतें शामिल हों। संघ सरकार के पास विदेश, सुरक्षा, यातायात के विषय हों शेष सभी विषय प्रांतीय सरकारों के पास रहें।

(2) संघ सूची में जो विषय नहीं गिने गये हैं वे सभी विषय प्रांतीय सरकारें देखेंगी।

(3) रियासतों के पास वह सब अधिकार सुरक्षित रहेंगे जो उन्होंने संघ राज्य को न देना स्वीकार किया हो।

(4) केंद्र तथा राज्यों में सांप्रदायिक प्रश्न पर कोई प्रस्ताव उस समय तक पारित नहीं होगा जब तक संप्रदाय के सदस्यों का बहुमत उसे स्वीकार न कर ले।

(5) सभी प्रांतों को इस बात की स्वतंत्रता हो कि वे परस्पर मिल कर अपना पृथक शासन सम्बन्धी ग्रुप बना सकें।

कैबिनेट मिशन ने तीन ग्रुपों का जिक्र किया। जिनमें पहला मद्रास, बम्बई, उत्तर प्रदेश, उड़ीसा, दूसरे ग्रुप में पश्चिमी सीमा प्रांत, पंजाब और सिंध तथा तीसरे ग्रुप में आसाम और बंगाल।

(6) एक संविधान सभा बनाई जाये जिसमें:–

(क) प्रत्येक प्रांत को जनसंख्या के आधार पर संविधान सभा में स्थान मिले। लगभग दस लाख की आबादी पर एक सदस्य हो।

(ख) संविधान सभा के सभी सदस्यों का निर्वाचन अप्रत्यक्ष हो। सदस्यों का निर्वाचन प्रांतीय विधान सभा द्वारा हो।

(ग) प्रत्येक जाति को उसकी जनसंख्या के आधार पर स्थान दिया जाए।

(घ) केवल तीन मतदाता संघ बनाये जायें साधरण, मुस्लिम और पंजाब में सिख मतदाता क्षेत्र।

(7) सभी देशी रियासतों को नये संविधान के तहत भारतीय संघ में देशी रियासतों का सहयोग का आधार आपसी वार्तालाप होगा। शुरू में देशी रियासतों का प्रतिनिधित्व एक समझौता कमेटी करेगी।

कैबिनेट मिशन की योजना की प्रतिक्रिया भारतीय नेताओं में नई सुखद आशा के रूप में उभरी। महात्मा गांधी और मौलाना आजाद ने तुरंत इन प्रस्तावों को मान लेने में भलाई समझी। महात्मा गांधी ने अपने पत्र हरिजन में लिखा, ''कैबिनेट मिशन के प्रस्ताव में इस देश को सुखी बनाने के सभी तत्व मौजूद हैं।''

मौलाना आजाद ने जुलाई 1946 को कांग्रेस की महासमिति की एक बैठक में कहा, ''कैबिनट मिशन के प्रस्ताव कांग्रेस की बड़ी भारी जीत है। मुझे तो यह बिना खून और हिंसा के आजादी मिलने का संकेत देती लगती हैं।''

कांग्रेस और मुस्लिम लीग ने बिना किसी संकोच के सारे प्रस्ताव स्वीकार कर लिए। मौलाना आजाद ने इस अवसर पर एक बार फिर कहा, ''कांग्रेस मुस्लिम लीग द्वारा इस योजना को स्वीकार करना, भारतीय इतिहास की एक गौरवशाली घटना है। इसकी सबसे बड़ी विशेषता यही है कि भारत

की स्वतंत्रता को बिना खून बहाये सुलझाया जा रहा है।''

पर इस योजना के प्रस्तावों पर मुहम्मद अली जिन्ना ने 5 जून 1946 को अपने भाषण में कैबिनेट मिशन की सख्त आलोचना करते हुए कहा, ''कैबिनेट मिशन ने हमारी पाकिस्तान की मांग के प्रति जो रवैया अपनाया है वह बड़ा ही निंदनीय है। ऐसा करना उनकी बड़ी भारी भूल है। भारत के 10 करोड़ मुसलमान तब तक संतुष्ट नहीं होंगे जब तक उन्हें एक अलग स्वतंत्र और संप्रभुता सम्पन्न राष्ट्र पाकिस्तान के रूप में नहीं मिल जाता।''

27 जुलाई 1946 को मुस्लिम लीग ने बम्बई की अपनी बैठक में कैबिनेट मिशन को पूरी तरह से अस्वीकार कर दिया और एक बार फिर पाकिस्तान की मांग के समर्थन में संघर्ष का नारा दिया।

अंतरिम सरकार

8 अगस्त 1946 को कांग्रेस कार्य समिति ने कैबिनेट कमेटी की दीर्घकालीन योजना को पूरी तरह से स्वीकार कर लिया जिसका साफ मतलब था उन्हें अंतरिम सरकार की योजना पूरी तरह से स्वीकार थी।

कांग्रेस के द्वारा इन प्रस्तावों को स्वीकार करते हुए 14 अगस्त 1946 को वायसराय ने केंद्र में अंतरिम सरकार बनाने के लिए पंडित जवाहर लाल नेहरू को निमंत्रित किया। नेहरू जी ने जिन्ना से भी इस अंतरिम सरकार में शामिल होने का आग्रह किया। 5 अगस्त 1946 को नेहरू जी ने जिन्ना से स्वयं मुलाकात की। लेकिन जिन्ना ने अंतरिम सरकार में शामिल होने से साफ इनकार कर दिया और 16 अगस्त से ''सीधी कार्रवाई दिवस'' मनाने का आह्वान कर दिया।

16 अगस्त 1946 को बंगाल में लीग सरकार के मुख्यमंत्री सुहरावर्दी के सहयोग से कलकत्ता में सांप्रदायिक दंगे शुरू हो गये। कलकत्ता की दीवारें हजारों बेगुनाहों के खून से रंग गयीं। खून की होली खेली जाने लगी। करोड़ों रुपयों की संपत्ति लूट ली गयी, नष्ट हो गयी या जला दी गयी।

20 अगस्त 1946 को स्टेट्समैन ने मुस्लिम लीग पर इस तरह के दंगे कराने का खुला आरोप लगाया। जिससे मुस्लिम लीग का चरित्र सारे देश में उजागर हो गया। मुस्लिम लीग सारे देश में बुरी तरह से बदनाम हो गयी।

मुस्लिम लीग भी अब खुले आम सड़कों पर यह नारे लगाती उतर आई, ''लड़के लेंगे पाकिस्तान, बंट के रहेगा हिन्दुस्तान!'' धीरे-धीरे यह दंगा सारे हिन्दुस्तान में फैल गया।

कलकत्ता, नौआखाली और बिहार में जब रक्त बहाया जा रहा था तब भी लार्ड वेवल जिन्ना को अंतरिम सरकार में शामिल होने के लिए राजी करने का प्रयास कर रहे थे। अपनी इस कोशिश में लार्ड वेवल को 13 अक्तूबर 1946 को सफलता प्राप्त हुई। 19 अक्तूबर 1946 को जिन्ना ने अंतरिम सरकार में शामिल होने का फैसला कर लिया। 25 अक्तूबर को मुस्लिम लीग की ओर से अंतरिम सरकार में 8 सदस्य आये, लियाकत अली खां, अब्दुल रिव नश्तर, आई.वी. चुंदर रीमर और जोगेन्द्र नाथ मण्डल, गजनफर अली।

2 दिसम्बर 1946 को अंतरिम सरकार की स्थापना हुई। जिसमें पण्डित जवाहर लाल नेहरू उपराष्ट्रपति और लियाकत अली खां वित्त मंत्री थे।

अंतरिम सरकार में लीग के शामिल हो जाने से कोई लाभ नहीं हुआ। वहाँ भी मुस्लिम लीग के नेता कांग्रेस की जड़ काटने का कोई भी मौका नहीं छोड़ रहे थें कांग्रेसी नेताओं को अंतरिम सरकार का सामान्य काम काज चलाना मुश्किल हो गया। लियाकत अली खान ने अपना पहला बजट इस प्रकार का पेश किया कि कांग्रेस के लिए अनेक मुश्किलें उठ खड़ी हुईं। इस बजट में इस तरह के टैक्स लगाये गये कि सारे उद्योगपति भिखारियों की श्रेणी में आ गये। टैक्स वसूल न होने की स्थिति में एक आयोग बनाने की घोषणा हुई। अधिकांश उद्योगपति कांग्रेस के समर्थक थे। मुस्लिम उद्योगपतियों की संख्या नगण्य सी थी। अतः कांग्रेस ने इस बजट का सख्त विरोध किया।

मुस्लिम लीग और कांग्रेस के बीच विरोध इतना बढ़ गया कि दोनों पार्टियों के नेता एक दूसरे को नीचा दिखलाने पर उतर आये। इस तरह अंतरिम सरकार का सपना धूल में मिल रहा था। दूसरी ओर देश का यह मुक्ति आंदोलन सशस्त्र क्रांति का रूप ले रहा था।

इस गतिरोध को दूर करने के लिए 3 से 6 दिसम्बर तक लंदन में एक सम्मेलन बुलाया गया। जिसमें एटली, वायसराय वेवल, पण्डित नेहरू और जिन्ना सम्मिलित थे। पर यह सम्मेलन बिना किसी समझौते पर पहुँचे ही समाप्त हो गया। कांग्रेस और मुस्लिम लीग के मतभेद अपने स्थान पर उसी तरह कायम रह गये।

माउंट बैटन योजना

अंतरिम सरकार के कार्य संचालन, लीग के संविधान सभा से बहिष्कार करने से अंग्रेजों को यह लगने लगा कि बिना किसी पलायन की तारीख निश्चित किये उनका गुजारा मुश्किल है। मुस्लिम लीग के नेता बुरी तरह से जहर उगल रहे थे। मुस्लिम लीग के महासचिव और अंतरिम सरकार के वित्तमंत्री लियाकत अली खान ने अलीगढ़ में 16 फरवरी 1947 को कहा, ''देश का बहुसंख्यक दल ब्रिटेन द्वारा छोड़ी गयी राज सत्ता पर अपना अधिकार जतलाने की पूरी कोशिश कर रहा है। मुस्लिम लीग इस बात को कभी बरदाश्त नहीं करेगी कि एक गुलामी से आजाद होकर हमें दूसरी गुलामी का सामना फिर से करना पड़े।''

इन परिस्थितियों में 20 फरवरी 1947 को ब्रिटिश प्रधानमंत्री एटली ने हाउस आफ कामंस में भारतीय मामलों पर बोलते हुए कहा, ''भारत की यह अनिश्चितता खतरे से भरी हुई है। इस स्थिति को अब ज्यादा दिन नहीं चलने दिया जा सकता है। इस कारण ब्रिटिश जून 1948 तक भारत की सत्ता पूरी तरह से उत्तरदायित्व पूर्ण हाथों में सौंप देना चाहती है। हमारा इरादा हस्तांतरण को शीघ्र पूरा करने का है।''

मुस्लिम लीग ने अपनी लक्ष्य प्राप्ति की दिशा में फिर से खूनी दंगों की शुरूआत कर दी। पंजाब में उस समय मुस्लिम लीग की संयुक्त सरकार थी। जिसमें खिजरेह्यात खां मुख्यमंत्री थे। हिन्दू और

सिख उसमें शामिल थे पर लीग ने हयात खां को संयुक्त सरकार से इस्तीफा देने को मजबूर कर दिया। मार्च 1947 को संयुक्त सरकार ने इस्तीफा दे दिया। तब गवर्नर ने लीग को सरकार बनाने का आमंत्रण दिया। अकाली नेता मास्टर तारा सिंह ने उसी समय से अलग सिखस्तान की मांग पकड़ ली।

4 मार्च 1946 को लीग के विरोध में लाहौर, रावलपिण्डी, तक्षशिला, अमृतसर और मुलतान में भयंकर मार काट हुई। हिन्दू, मुस्लिम और सिख दंगे भड़क गये। इन दंगों में नृशंसता का नंगा नाच शुरू हो गया। औरतों के साथ बलात्कार और नंगा कर देने का क्रम शुरू हो गया। दोनों कौमें इन्सानियत का नामोनिशान मिटा डालने पर उतर आई।

लार्ड माउंट बैटन ने 24 मार्च 1947 को वायसराय का पद भार सम्हाला। उन्होंने महात्मा गांधी, नेहरू और सरदार पटेल को समझाया कि मुस्लिम बिना पाकिस्तान बनाये उन्हें चैन से आजादी की सांस नहीं लेने देंगे। इसलिए विभाजन की मांग स्वीकार कर लो।

उस समय देश की जो हालत थी उसमें विभाजन के बाद पाकिस्तान की स्थापना द्वारा ही शांति सम्भव हो सकती थी। इस कारण कांग्रेस और महात्मा गांधी ने लार्ड माउंट बैटन का सुझाव स्वीकार कर लिया। हालांकि महात्मा गांधी ने लार्ड माउंट बैटन के सामने यह प्रस्ताव रखा कि देश की एकता बनाये रखने के लिए जिन्ना को भारत में सरकार बनाने की और मंत्रिमंडल के विस्तार की जिम्मेदारी सौंप दी जाये।

माउंट बैटन ने सुझाव स्वीकार कर लिया तो पटेल और नेहरू ने इस सुझाव का सख्त विरोध किया। उन दोनों का मानना था कि जिन्ना इस पर भी बंटवारे की बात कभी नहीं भूलेंगे।

महात्मा गांधी, जिन्ना, सरदार पटेल और नेहरू से बातचीत कर लार्ड माउंट बैटन ब्रिटिश सरकार के पास भारत के विभाजन की योजना पेश करने लंदन गये। जहाँ से 31 मई को वापिस लौट आये। 2–3 जून 1947 को मुस्लिम लीग और कांग्रेस से विचार विमर्श करने के बाद उन्होंने लंदन संदेश भेज दिया।

3 जून 1947 को प्रधानमंत्री एटली द्वारा भारत के हाथों में सत्ता सौंपने के कार्यक्रम का एलान किया गया। बाद में इसी को भारत के स्वाधीनता कानून में शामिल कर लिया गया। इस योजना को माउंट बैटन योजना कहा गया है। इस योजना की मुख्य बातें निम्न थीं:–

(1) वर्तमान परिस्थिति को देखते हुए भारत को दो हिस्सों पाकिस्तान व हिन्दुस्तान में विभाजित कर दिया जाये।

(2) बंगाल, पंजाब और असम जैसे विवादग्रस्त प्रांतों को विभाजित कर दिया जाये।

(3) उत्तर पश्चिमी सीमा प्रांत के नागरिक जनमत संग्रह द्वारा फैसला करेंगे कि उनके प्रांत को हिन्दुस्तान में मिलाया जाये या पाकिस्तान में।

(4) असम के सिलहट जिले में मुस्लिम बहुसंख्या होने से जनमत संग्रह द्वारा पाकिस्तान या हिन्दुस्तान में सम्मिलित होने का निर्णय कर सकते हैं।

(5) पंजाब और बंगाल की दो अलग-अलग विधान सभाओं की स्थापना होगी। जिसमें एक मुस्लिम

बहुल इलाके में, दूसरी गैर मुस्लिम इलाके में। उन्हें फिर यह अधिकार होगा कि वे चाहें तो पाकिस्तान में मिलें या भारत में।

(6) इन कार्यों को पूरा करने के बाद हिन्दुस्तान की संविधान सभा को दो हिस्सों में बांट दिया जायेगा पाकिस्तान संविधान सभा और हिन्दुस्तान संविधान सभा। इन दोनों राज्यों को पूरी तरह से औपनिवेशिक राज्य का दर्जा दिया जायेगा । राष्ट्रमण्डल से अलग होने पर दोनों राष्ट्रों का अपनी पूर्ण स्वाधीनता घोषित करने का अधिकार होगा।

(7) सभी देशी रियासतों को अधिकार होगा कि वे जिस भी स्टेट में मिलना चाहें स्वेच्छा से मिल सकती हैं। अगर कोई स्टेट का दर्जा न चाहे तो ब्रिटेन के साथ उसके पहले जैसे ही सम्बन्ध रहेंगे पर उसे डोमेनियन स्टेट का दर्जा प्राप्त नहीं होगा ।

माउंट बैटन की इस योजना की स्वीकृति 3 जून 1947 को कांग्रेस ने अपनी बैठक में दे दी थी। 14 जून को कांग्रेस महासमिति में गोविंद बल्लभ पंत ने इस माउंट बैटन योजना को स्वीकृति प्रदान करते हुए कहा, ''विभाजन देश की स्वाधीनता और स्वतंत्रता दिलाने का एक मात्र विकल्प है। कांग्रेस ने एकता के लिए जितना उससे हो सकता है प्रयास किया है। वह हर कुर्बानी देने को तैयार रही है। लेकिन अब सारी सीमा पार हो चुकी है। अब तो दो ही रास्ते हैं या तो 3 जून का प्रस्ताव मान लें या खुदकुशी कर लें।''

भारतीय स्वतंत्रता अधिनियम

4 जुलाई 1947 को ब्रिटिश संसद में भारतीय स्वाधीनता विधेयक पेश किया गया। जो 15 जुलाई को हाउस ऑफ कामंस और 16 जुलाई को हाउस ऑफ लार्ड द्वारा पारित हो गया। 18 जुलाई 1947 को ब्रिटिश सम्राट के हस्ताक्षर हो गये व इसको राजकीय स्वीकृति प्रदान कर दी गयी। यह भी घोषणा कर दी गयी कि 15 अगस्त 1947 को हिन्दुस्तान के दो टुकड़े कर दिये जायेंगे। दो अलग-अलग डोमेनियन स्टेट में परिवर्तित कर दिये जायेंगे। 14 अगस्त 1947 को पाकिस्तान व भारत को 15 अगस्त को पूरी आजादी दे दी जायेगी।

14 अगस्त को पाकिस्तान की स्थापना हुई। मुहम्मद अली जिन्ना उसके गवर्नर जनरल और लियाकत अली खान प्रधानमंत्री बनाए गये।

भारतीय संविधान सभा की बैठक 14 अगस्त को आधी रात को प्रारम्भ हुई। ठीक 12 बजे 15 अगस्त का समय निकलते ही पण्डित जवाहर लाल नेहरू ने संविधान सभा में बोलते हुए कहा, ''आधी रात को जब दुनिया सो रही है, हम जाग कर इस दुनिया की सबसे प्यारी वस्तु स्वतंत्रता का रसास्वादन महसूस कर रहे हैं। ऐसे क्षण इतिहास में बहुत कम आते हैं जब एक नया युग परिवर्तित हो रहा होता है।''

15 अगस्त 1947 की सुबह लार्ड माउंट बैटन को भारत का गवर्नर जनरल और पण्डित जवाहर लाल नेहरू को भारत का प्रधानमंत्री बनाया गया।

भारत के स्वतंत्रता अधिनियम की मुख्य धारायें निम्न थीं—

(1) 15 अगस्त 1947 से भारत और पाकिस्तान अलग-अलग राष्ट्र बन गये।

(2) मद्रास, बम्बई, दिल्ली, बिहार, पूर्वी पंजाब, उत्तर प्रदेश, पश्चिम बंगाल, असम, अजमेर, मारवाड़ दुर्ग को भारत में शामिल कर लिया गया। पाकिस्तान में पूर्वी बंगाल, पश्चिमी पंजाब, सिंध उत्तर पश्चिमी प्रांत सरहदी सूबा ब्लूचिस्तान सम्मिलित होगा।

(3) भारतीय रियासतें अपने मन चाहे देश में मिल सकती हैं।

(4) दोनों देशों की सीमायें निर्धारित हैं। जिन क्षेत्रों में जनमत संग्रह होना था उन जगहों के लिए शर्तें निर्धारित कर दी गयी हैं।

(5) 15 अगस्त 1947 को लागू कानून नये राष्ट्रों के विधान मण्डलों द्वारा कानून निर्धारित होने तक लागू रहेंगे।

(6) दोनों देशों के अलग-अलग गवर्नर रहेंगे। भारत सचिव का पद समाप्त कर दिया जायेगा।

(7) दोनों राष्ट्रों को राष्ट्र मण्डल से अलग होने का पूरा अधिकार है।

1947 को इस अधिनियम के लागू होते ही ब्रिटिश सरकार का शासन अपने आप समाप्त हो गया और स्वतंत्रता का जन्मसिद्ध अधिकार हमें प्राप्त हो गया।

आजादी आई समस्याएं और चुनौतियां लाई

14—15 अगस्त, 1947 की मध्यरात्रि के समय जब भारत आज़ाद हुआ तो इस अवसर पर संविधान-सभा में बोलते हुए जवाहरलाल नेहरू ने कहा था - 'वर्षों पूर्व हमने नियति के साथ प्रतिज्ञा क़ी थी और वह समय आ गया है जबकि हम उस प्रतिज्ञा को सर्वांश में तो नहीं, लेकिन अधिकांश में पूरा करेंगे। ठीक आधी रात के समय, जबकि सारा संसार निद्रामग्न है, भारत में जीवन तथा स्वतंत्रता का स्वर्ण विहान होगा। इतिहास में कभी-कभार ही वह क्षण आता है, जब एक युग का अंत होता है और जब दीर्घकाल से सोयी हुई राष्ट्र की आत्मा जाग उठती है। यह उचित ही है कि हम भारत की इससे अधिक सेवा करेंगे।'

फिर 16 अगस्त, 1947 को लालकिले पर पहली बार तिरंगा फहराने के बाद प्रथम प्रधानमंत्री की हैसियत से जवाहरलाल नेहरू ने अपने भाषण में कहा - 'आइए! हम अपने नये दायित्वों को, दृढ़ संकल्प होकर, उन सिद्धांतो पर अटल रहते हुए निभाएं जो हमारे नेताओं ने हमें बताए हैं। पुराने मतभेद समाप्त हुए और आज हम सब स्वतंत्र-भारत के बेटे-बेटियां हैं। हमें देश की स्वतंत्रता पर गर्व है और हम सबकी देशभक्ति भारत के प्रति है।'

भारत आज़ाद हुआ, लेकिन अगले ही दिन से देश में साम्प्रदायिक दंगे फैल गए। भारत की आज़ादी निःसन्देह अहिंसात्मक आंदोलनों से मिली, लेकिन यह भी सच है कि उसे अंत में इस आज़ादी के लिए 'देश का विभाजन' और 'सांप्रदायिक दंगों' की कीमत भी चुकानी पड़ी।

स्वतंत्र भारत के प्रथम प्रधानमंत्री के रूप में पं. जवाहरलाल नेहरू ने आल इंडिया रेडियो से देश के नाम प्रसारित संदेश में बड़े विनम्र शब्दों में कहा - 'आज मैं पहली बार, भारतीय जनता के प्रथम सेवक के रूप में, उसकी सेवा और सुधार के लिए प्रतिज्ञाबद्ध होकर, अपने पद से बोल रहा हूँ। मैं यहां इसलिए हूँ कि आपकी ऐसी इच्छा थी और मैं यहां तभी तक हूँ, जब तक आप अपना विश्वास देकर मेरा सम्मान करते हैं।' इसके बाद पं. नेहरू ने अपने इस भाषण में देश की दशा और सुधारों के उपायों की ओर संकेत करते हुए कहा, 'वह उस राष्ट्रीय चिन्तन का परिणाम था, जो उन्होंने

स्वतंत्रता-संग्राम के दौरान अनुभव किया था और यह कि भारत के आज़ाद होने पर जो समस्याएं मुख्य रूप से सामने आएंगी, उनके समाधान के तत्काल क्या हो सकते हैं? निःसन्देह पं. नेहरू या अन्य किसी नेता के पास उस समय कोई 'जादू की छड़ी' न थी जिसे घुमाकर वह देश की बिगड़े हालत को सुधार देते। हमें यह नहीं भूलना चाहिए कि अंग्रेजों ने आज़ादी तो दी, लेकिन उन्होंने जिस हालत में देश सौंपा, वह बेहद समस्याओं भरा था और आर्थिक रूप से एकदम कमज़ोर भारत था। उनसे उम्मीद भी यही थी, जैसा कि गुरुदेव रवीन्द्रनाथ ठाकुर ने भी कहा था - 'अंग्रेज़ अवश्य भारत छोड़ेंगे, लेकिन कैसा भारत वे छोड़ेंगे, कितना दुःख भरा? जब सदियों पुरानी उनके शासन की धारा अंत में सूख जाएगी?' और जब आज़ादी मिली तो गुरुदेव के कहे एक-एक शब्द सच निकले। अंग्रेज़ों ने भारत का बंटवारा कराया, उनकी ही चालों के परिणामस्वरूप सांप्रदायिक हिंसा फैली, खून की नदियां बहीं और देश की अर्थव्यवस्था चरमरा गई।

पं. जवाहरलाल नेहरू ने अपने प्रथम भाषण में इसीलिए यह संकेत करना ज़रूरी समझा था कि देश की बिगड़ी हुई हालात को सुधारने के बारे में वे क्या सोचते हैं। यह कि देश की जनता के लिए क्या करना है और जनता का क्या कर्तव्य है? नेहरू जी ने अपने भाषण में कहा था - 'अपनी दीर्घकालीन पराधीनता और विश्वव्यापी युद्ध और उसके परिणामों ने हमारे आगे बहुत-सी अत्यावश्यक समस्याओं को एक साथ डाल दिया है। आज हमारी जनता के लिए भोजन, वस्त्र और अन्य सामग्री की कमी है, और हम मुद्रास्फीति और बढ़ती हुई कीमतों के बवंडर में फंस गए हैं। हम इन समस्याओं को तुरंत नहीं हल कर सकते। साथ ही उनको हल करने में देर भी नहीं लगा सकते। इसीलिए हमें बुद्धिमता के साथ ऐसी योजनाएं बनानी हैं, जिनसे हमारी जनता का बोझ कम हो और उनके रहन-सहन का स्तर ऊँचा उठे। यह बात स्पष्ट रूप से समझ लेनी चाहिए कि अपनी चिर-पीड़ित जनता के हितों का ध्यान हमें सबसे पहले होना चाहिए और अन्य स्वार्थों को उनकी समस्याओं के आगे झुक जाना चाहिए। हमें अपनी दकियानूसी भूमि-व्यवस्था को शीघ्र ही बदलना है और हमें एक बड़े और संतुलित पैमाने पर उद्योग-व्यवसायों को उन्नत करना है, जिससे कि देश की संपत्ति बढ़े और लाभ उचित रूप से वितरित हो।' यह थी वह सोच जिसने आज़ादी के बाद भारत के नवनिर्माण की आधारभूमि बनायी थी। भारत की प्राथमिकताएं निर्धारित करके, आम आदमी की बुनियादी ज़रूरतों का ध्यान रखकर, देश की उन्नति का कार्यक्रम बनाने में हमारे कर्णधारों ने जिस बुद्धिमता और दूरदर्शिता का परिचय दिया, उसका ही परिणाम है - आज का विकासशील भारत।

यदि स्वतंत्रता की प्राप्ति एक दुष्कर कार्य था, तो स्वतंत्रता को सुरक्षित रखना, उससे कुछ कम कठिन काम न था। हमारे देश के कर्णधारों ने इस सत्य को समझा था और तभी उन्होंने देश के कर्णधारों ने इस सत्य को समझा था और तभी उन्होंने देश के विकास और प्रगति के लिए जो कदम उठाए उसके पीछे गहरी सोच और भविष्य की चिंता थी। हमें आज़ादी जिस लम्बे संघर्ष और बलिदानों के बाद मिली है - उस इतिहास को जानना इसीलिए ज़रूरी है, ताकि हम न केवल उसकी कीमत समझें बल्कि उसकी रक्षा के लिए सदा तत्पर और सजग रहें। यह बात उस पीढ़ी के लिए,

जो सन् 47 के आस पास जन्मी थी, उस पीढ़ी के लिए, जो छठवें दशक में जन्मी और आने वाली पीढ़ी के लिए, जो इस समय इक्कीसवीं शताब्दी में प्रवेश कर गई है - बहुत ज़रूरी है, क्योंकि उन्होंने आज़ादी के आंदोलन की त्रासदी, पीड़ाएं, कष्ट और समर्पण तथा बलिदान अपनी आंखों से नहीं देखा है इस पुस्तक के आरम्भ में आज़ादी की संघर्ष गाथा, संक्षेप में ही सही, इसीलिए दी गयी है कि आज का जो भारत हमारे सामने है और भविष्य का जो भारत होगा, उसका आधार आज़ादी के लिए किया गया दो सौ साल का संघर्ष है। इतिहास का महत्त्व इसीलिए होता है कि वह याद दिलाता है कि हम क्या थे, क्या हैं और क्या होंगे? हर देश का अपना गौरवशाली इतिहास, परंपरा और संस्कृति एक विशाल धरोहर है और वह तभी सुरक्षित रह सकती है, जब हम उसकी रक्षा के लिए सदा सजग रहें। दो सौ साल की गुलामी के दौरान हमने बहुत कुछ खोया है। फिर भी हमने अपनी अस्मिता और राष्ट्रीयता को सुरक्षित रखने की सदा कोशिश की। तभी तो मुहम्मद इक़बाल ने कहा था - 'है बात कुछ ऐसी कि हस्ती मिटती नहीं हमारी।' और इसे ही हमें सुरक्षित रखना है - आज़ादी की कीमत पहचानकर।

भारत को जब आज़ादी मिली तो ब्रिटिश शासक भारत को हर तरह से खोखला कर गये थे। यहां तक कि मन और बुद्धि तक पर वे अपनी शिक्षा-पद्धति और नौकरशाही के ज़रिए भारत को दिवालिया बना गए थे। उन्होंने हमारी एकता और राष्ट्रीय भावना तक को गिरवी रख लिया था, तभी तो 1857 और 1942 के विशाल देशव्यापी विद्रोहों को, हमारी ही मदद से कुचल डाला था। हमारी आज़ादी का इतिहास यदि विस्तार से पढ़ा जाए तो मीर जाफ़र से लेकर अनेकानेक गद्दारों ने इस देश को गुलाम बनवाने में मदद की। सिराजुद्दौला, बहादुरशाह ज़फर, रानी लक्ष्मीबाई, तात्या टोपे, टीपू सुलतान जैसे वीरों से लेकर चन्द्रशेखर आज़ाद तक जैसे स्वतंत्रता सेनानी केवल भारत के ही लोगों के विश्वासघात के कारण पराजित हुए। यदि देश के विश्वासघातियों ने मदद न की होती तो अंग्रेजों का भारत में शासन करने का सपना कभी न पूरा होता। इसका अनुमान केवल इस एक पत्र से लगाया जा सकता है कि अंग्रेजों ने हमारा ही इस्तेमाल करके कैसे हमें गुलाम बनाने का सपना साकार किया था, क्योंकि हममें फूट थी, एकता और राष्ट्रीयता की कमी थी। यह पत्र लॉर्ड क्लाइव ने 7 जनवरी, 1759 को इंग्लैंड के प्रधानमंत्री विलियम पिट को लिखा था :

'मैंने कम्पनी की अत्यंत ज़ोरदार शब्दों में इस बात की ज़रूरत दर्शा दी है कि उन्हें इतनी सेना हिन्दुस्तान भेज देनी चाहिए और बराबर हिन्दुस्तान में रखनी चाहिए, जिससे वे अपने इस समय के धन और इलाके को बढ़ाने के सबसे पहले मौके से फ़ायदा उठा सकें। दो साल की मेहनत और तजुरबे से मैंने इस देश की हुकूमत के बारे में और यहां के लोगों के स्वभाव के बारे में जो परिपक्व ज्ञान प्राप्त किया है उससे मैं साहस के साथ कह सकता हूँ कि इस तरह को मौका जल्दी ही फिर आने वाला है। मौजूदा सूबेदार बूढ़ा है और उसका नौजवान बेटा इतना ज़ालिम और निकम्मा है और अंग्रेजों का इतना खुला दुश्मन है कि इस नवाब के बाद उसे गद्दी पर बैठने देना क़रीब-क़रीब खतरनाक होगा। केवल दो हजार यूरोपियनों की छोटी-सी सेना, हमें इन दोनों की ओर से बेखटक कर देगी और यदि इनमें से कोई हमारे साथ लड़ने की हिम्मत करेगा, तो

इस सेना की मदद से हुकूमत की पूरी बागडोर हम खुद अपने हाथों में ले लेंगे। हिन्दुस्तान के लोगों को अपने राजाओं के साथ किसी तरह का प्रेम नहीं है, इसलिए इस तरह का काम कर डालने में हमें और भी कम कठिनाई महसूस होगी। किंतु मुमकिन है कि इतने बड़े राज को नहीं संभाल सकती। खूब सोचने की बात यह है कि यह तमाम नक़्शा बिना अपनी मातृभूमि पर खर्च का बोझ डाले, पूरा किया जा सकता है। जबकि अमरीका में हमें अपना राज कायम करने के लिए इंग्लिस्तान का पैसा बेहद खर्च करना पड़ा था। लेकिन हिन्दुस्तान में राज कायम करने के लिए एक छोटी-सी सेना काफी होगी, क्योंकि हम जब चाहें अपने काले सिपाही (हिन्दुस्तानी लोग) जितनी बड़ी संख्या में चाहें जमा कर सकते हैं और वे हमारे वफ़ादार बनकर अपने ही लोगों के खिलाफ़ लड़ने को तैयार हो जाते हैं। इससे अच्छी बात और क्या हो सकती है, हमारे लिए अपना राज कायम करने के लिए।'

लॉर्ड क्लाइव का यह पत्र दर्शाता है कि हमारी फूट, हमारे अन्दर राष्ट्रीयता के अभाव और आपसी वैमनस्य ने, विदेशी शक्तियों को किस तरह लाभ उठाने का अवसर दिया था। आज़ादी के बाद यह बात इसलिए रेखांकित करके बताना ज़रूरी है कि वर्तमान राजनीतिक परिदृश्य इतना बिगड़ा हुआ है कि हमारी राष्ट्रीयता, स्वतंत्रता और प्रभुता-संपन्नता के लिए हमारे ही नेता खतरा पैदा कर रहे हैं। ये वे नेता हैं जिन्हें नहीं मालूम कि आज़ादी के लिए देश ने कितनी भारी कीमत चुकाई है। ये नेता आज़ादी के मूल्य को भूल गए हैं, क्योंकि वे स्वयं भ्रष्टाचार के दलदल में गले तक डूबे हैं। वे केवल अपने स्वार्थ के लिए धर्मनिरपेक्षता की दुहाई देकर वर्तमान भाजपा सरकार को इसलिए अपदस्थ करने के हर संभव प्रयत्न में लगे हैं कि उनके चेहरे पर लगा कालिख पुंछ जाये। आज की जनता इन सच्चाइयों से वाकिफ़ है। वह इन नेताओं के असली चेहरे भी पहचानती है, लेकिन फिर भी वह उनका गुणगान कर उन्हें चुनती है। आखिर लॉर्ड क्लाइव ने जनता के जिस निकम्मेपन का फ़ायदा उठाया था, उसमें और आज के इन स्वार्थी नेताओं में क्या फ़र्क है? सच्चाई यह है कि ये नेता आज विदेशी शक्तियों की उंगली पर नाच रहे हैं। गैर-जिम्मेदार बयान जहां विश्व में हमारी फूट को उजागर करते है, वहीं शत्रु देशों को वे अप्रत्यक्ष रूप से संकेत देकर उन्हें भारत-विरोधी गतिविधियां बढ़ाने को उकसा रहे हैं क्योंकि भारत की एकता की कड़ियां इन विरोधी नेताओं ने ढीली कर रखी हैं।

हमारी वर्तमान युवा पीढ़ी और भविष्य की पीढ़ी को राष्ट्रीय-चरित्र-विहीन नेताओं की बयानबाजी और उनके क्रियाकलापों से बेहद सावधान रहने की ज़रूरत है क्योंकि उनके संदेश लॉर्ड क्लाइव के उपर्युक्त पत्र जैसे ही जा रहे हैं। एक ओर कुछ लोग मिलकर भारत को हर तरह से कमज़ोर बनाकर, उसे दक्षिण-पूर्व एशिया में एक परमाणु-सम्पन्न महाशक्ति बनने से रोकना चाहते हैं, वहीं वे पाकिस्तान को उकसाकर अपना स्वार्थ सिद्ध करना चाहते हैं।

भारत की एकता और आज़ादी के इन खतरों के प्रति आज की पीढ़ी और भविष्य की पीढ़ी को सजग बनाना ज़रूरी है क्योंकि इन नेताओं की राजनीति किसी भी तरह से राष्ट्र हित में नहीं कही जा सकती। धर्म निरपेक्षता का ढोंगी मुखौटा पहनकर ये केवल अपने भ्रष्ट कारनामों पर पर्दा डालना चाहते

हैं। देश की आज की जनता भले ही इनका साथ दे, लेकिन भावी पीढ़ी को इनकी चालों से सावधान होकर देश की आज़ादी बचानी है और इसके लिए पूरी शक्ति लगाकर इनके स्वार्थी-चरित्रों को बेनकाब करना है। जब राष्ट्रीय हित का मामला आता है तो न दलगत राजनीति का, न मत और विचारों का मतभेद, न जाति-धर्म का भेदभाव-कुछ भी महत्त्व का नहीं रह जाता। केवल राष्ट्र सर्वोपरि होता है और इसीलिए वर्तमान राजनीतिक परिदृश्य को देखकर आज की युवा पीढ़ी को सतर्क रहना है कि इन स्वार्थी नेताओं की संदिग्ध भूमिका कहीं देश के लिए घातक न बन जाये।

आज़ादी के वर्षों के बाद यदि सन् 1947 के राजनेताओं और 2001 के राजनेताओं की तुलना करें तो हमें दोनों में ज़मीन आसमान का फ़र्क दिखाई देता है। 1947 के नेता राष्ट्र के लिए समर्पित, ईमानदार, राष्ट्रभक्त, दूरदर्शी, शालीन, संवेदनशील और निष्पक्ष थे। 2001 के नेता इसके ठीक विपरीत राष्ट्र के प्रति स्वार्थी, भ्रष्ट, अदूरदर्शी, राष्ट्र विरोधी किंतु स्वार्थी, गुंडागर्दी की राजनीति चलाने वाले, निर्मम और पक्षपाती-स्वभाव वाले हैं। यह सत्य सारे देश के सामने उजागर है। इसलिए यह देश की जनता को तय करना है कि क्या हम दो सौ साल की गुलामी से मुक्ति के बाद जिस आज़ादी को हासिल कर सके हैं, उसे अब विदेशी शक्तियों को सौंप दें या देश की आज़ादी की रक्षा करके संसार के अन्य देशों के सामने गर्व से सिर ऊँचा करके रहें।

हमें यह नहीं भूलना है कि आज़ादी आई तो हमारा धरातल बहुत कमज़ोर था। हमने विगत वर्षों में जो धरातल मज़बूत बनाया है, क्या उसे स्वार्थी राजनेताओं, विघटनकारी राजनीति, भ्रष्टाचार, गुंडागर्दी और कुकृत्यों पर चल रही आज की राजनीति द्वारा क्या हम अपनी राष्ट्रीयता को विदेशी शक्तियों के हाथों गिरवी रखना पसंद करेंगे?

ये सवाल इसलिए उठते हैं कि पृष्ठभूमि में हमारे उन राष्ट्रीय नेताओं और राष्ट्र के कर्णधारों की भूमिका छिपी है, जिन्होंने आज भारत को इतना समर्थ बनाया है कि वह विश्व की महाशक्तियों की चुनौतियों सामने भी मज़बूत होकर खड़ा है। आज़ादी के बाद देश को मजबूत और आत्मनिर्भर बनाने के लिए जो काम किये गए थे, उन्हें हमें नहीं भूलना है, क्योंकि वही हमारी ऐसी शक्ति हैं जो आज की विघटनकारी शक्तियों को मिटा सकेगी। वर्षों पहले के इतिहास में यदि हम झांकें तो हमें दिखाई देता है जवाहरलाल नेहरू का चेहरा, जो उस समय तात्कालिक समस्याओं के साथ दूरदर्शी होकर भविष्य की समस्याओं पर चिन्तन कर रहे थे।

उस समय नेहरू जी के सामने सबसे महत्त्वपूर्ण प्रश्न था - भुखमरी और गरीबी को हल करने के लिए अनाज का पर्याप्त उत्पादन करना और देश को इस दिशा में आत्मनिर्भर बनाना। इसलिए नेहरू जी ने देश में पंचवर्षीय योजनाओं के ज़रिए विकास का जो कार्यक्रम शुरू किया था, उसमें उन्होंने सबसे ज्यादा कृषि को महत्त्व दिया था। उन्होंने कहा था - 'इस वक्त हम खेती, गल्ले और खेती संबंधी दूसरी मदों को कहीं ज़्यादा अहमियत दे रहे हैं। अगर हमारी खेती - बाड़ी की नींव मज़बूत नहीं रही तो जिन उद्योग-धन्धों का हम निर्माण करना चाहते हैं, उनका आधार भी मजबूत नहीं होगा। इसके अलावा हमारे देश की हालत ऐसी है कि अगर हमारे खुराक के मोर्चे पर कोई रूकावट पड़ती है, तो दूसरी हर चीज़ में रुकावट पड़ जाएगी। हम उम्मीद करते हैं कि हमारी खेती-बाड़ी का

आधार मज़बूत हो जाता है तो हमारे लिए औद्योगिक मोर्चे पर भी आगे बढ़ना कहीं आसान हो जाएगा। अगर हम उद्योगों के विकास पर ही अपना ध्यान केंद्रित करते रहे और खेती को कमज़ोर हालत में छोड़ दिया, तो हम उद्योगों को भी कमज़ोर कर डालेंगे। यही कारण है कि खेती और खुराक की ओर हमने सबसे पहले ध्यान दिया है और मेरे विचार से भारत जैसे मुल्क के लिए इस वक्त यह लाज़िमी भी है।'

नेहरू जी के इस कथन से स्पष्ट है कि आज़ादी के बाद विकास की दिशा में उठाए गये कदमों में सबसे अधिक महत्त्व कृषि को दिया गया था, क्योंकि वह एक तात्कालिक आवश्यकता थी। नेहरु जी ने नये भारत का जो स्वरूप सोचा था, उसका चित्र उनके मस्तिष्क में बहुत स्पष्ट था। वे जहां देश की तात्कालिक समस्याओं को अनदेखा नहीं कर सकते थे, वहीं वह अपनी दूरदष्टि से उस भारत को भी निर्मित करना चाहते थे जो शीघ्र ही दुनिया में हो रही प्रगति के साथ-साथ भारत को भी उसी के मुकाबले उन्नत बनाने का सपना देख रहे थे। उन्होंने पंचवर्षीय योजनाओं द्वारा देश के विकास की जो कल्पना की थी, उसके बारे में देश के नेताओं और जनप्रतिनिधियों को संबोधित करते हुए उन्होंने कहा था - 'मैं चाहूंगा कि आप लोग इस पर सिर्फ आलोचना की बजाए, बड़े नज़रिए से गौर करें। भारत में खेती-बाड़ी, उद्योग-धन्धे, सामाजिक, आर्थिक और अन्य चीज़ों को पहली बार, इस योजना के ज़रिए एक खाके में रखने की कोशिश की गई है। यह बहुत अहम कदम है। अगर सोच-विचार में कहीं कोई गलती भी हुई है तो इस बात से इनकार नहीं किया जा सकता कि एक बहुत बड़ी कोशिश की गई है, और बहुत कुछ हासिल किया गया है। इसके ज़रिए लोगों ने देश के बारे में सोचना शुरू किया है। मैं समझता हूँ कि बहुत ज़रूरी है कि भारत, जो कि आर्थिक और दूसरी दृष्टियों से एक है, इसी हद तक दिमाग़ी और भावनात्मक रूप से भी एक हो।'

आज़ादी के साथ भारत हमें जिस रूप में मिला था, उसके विकास, सुधार और प्रगति के लिए वही किया जा सकता था, जो स्वयं नेहरू जी ने किया था। आज भारत प्रगति की जिस राह पर अग्रसर है, उसकी वास्तविक नींव जवाहरलाल नेहरू ने रखी थी। वह एक समर्पित और दूरदृष्टि सम्पन्न राष्ट्र के सच्चे कर्णधार थे। देश के आर्थिक विकास के लिए उनकी सोच का पता इस भाषण के अंश से लगता है। उन्होंने कहा था - 'मुझे इसमें ज़रा भी संदेह नहीं है कि हम देश में बड़े-बड़े उद्योगों के विकास के बिना लोगों का जीवन स्तर ऊँचा नहीं उठा सकते। बल्कि मैं और आगे बढ़कर यहां तक कहना चाहूंगा कि उसके बिना हम आज़ाद भी नहीं रह सकते। कुछ चीज़ें जैसे कि देश की रक्षा, आज़ादी के लिए अनिवार्य है, और यह तब तक नहीं हो सकता जब तक हम देश में बड़े पैमाने पर उद्योग-धन्धे कायम नहीं करें। लेकिन हमें हमेशा समझना चाहिए कि इस देश में करोड़ों लोगों की समस्या भी अकेले भारी उद्योगों से हल नहीं हो सकती। हमें घरेलू और ग्रामीण उद्योग बहुत बड़े पैमाने पर विकसित करने होंगे। लेकिन साथ-साथ इस बात का भी बराबर ख़याल रखना होगा कि बड़े और छोटे उद्योग बढ़ाते हुए हम इंसान को न भूल जाएं। हम सिर्फ अधिक दौलत या अधिक उत्पादन ही नहीं चाहते, हम बेहतर इंसान भी चाहते हैं। इसलिए देश की आर्थिक प्रगति, व्यक्ति की उन्नति, हर आदमी के लिए अधिक-से-अधिक अवसरों और देश की अधिकाधिक आज़ादी के लिए जो एक

समन्वित योजना बनानी है, वह आर्थिक लोकतंत्र के ढांचे के अंदर ही बनाई जानी चाहिए।'

आज़ादी के बाद इसी पृष्ठभूमि पर आधारित भविष्य के कार्यक्रम बनाए गये। पहली पंचवर्षीय योजना (1951–56) के दो उद्देश्य थे - द्वितीय महायुद्ध और देश के विभाजन से अर्थव्यवस्था में आए असंतुलन को दूर करना तथा इसके साथ-साथ अर्थव्यवस्था के चहुंमुखी संतुलित विकास की प्रक्रिया शुरू करना। ये लक्ष्य राष्ट्रीय आय में वृद्धि तथा देशवासियों के जीवन-स्तर में उत्तरोत्तर सुधार सुनिश्चित करने के लिए रखे गए थे। 1951 में बड़ी मात्रा में खाद्यान्न के आयात तथा अर्थव्यवस्था पर मुद्रास्फीति के दबाव को देखते हुए, इस योजना में कृषि सहित सिंचाई तथा बिजली-परियोजनाओं को प्राथमिकता दी गई थी।

इस तरह आज़ादी मिली तो समस्याएं और चुनौतियां भी मिलीं। उन्हें हल करने की दिशा में उठाए गये कदम, पिछले गुज़रे वर्षों में निरंतर अग्रसर हुए हैं। शायद ही कोई ऐसा क्षेत्र हो, जिसे विकास की धार ने न छुआ हो और उसे आगे न बढ़ाया हो। लेकिन आज भी हमारे सामने समस्याएं हैं, चुनौतियां हैं। कुछ प्रकृति-निर्मित है, कुछ मानव निर्मित। उन्हें हल करने के लिए भी हम सतत प्रयत्नशील हैं।

❑❑❑

हम कृषि में आत्मनिर्भर बने

कृषि हमारे देश की राष्ट्रीय अर्थव्यवस्था का प्रमुख आधार रही है। विगत पांच दशकों में कृषि के क्षेत्र में हमने आत्मनिर्भरता प्राप्त कर ली है। देश के कुल निर्यात में भी कृषि का बड़ा भाग है। गैर कृषि क्षेत्र के लिए बड़ी मात्रा में उपभोक्ता वस्तुएं और अधिकांश उद्योगों के लिए कच्चा माल कृषि से ही प्राप्त होता है। हमारी श्रम-शक्ति का लगभग 64 प्रतिशत भाग आज कृषि-क्षेत्र से ही आजीविका प्राप्त कर रहा हें इसके साथ-साथ कुल घरेलु उत्पादन का लगभग 27 प्रतिशत इसी क्षेत्र से मिलता है। 1949–50 में खाद्यान्न उत्पादन 549.2 लाख टन था जो 1993–94 में बढ़कर 1821 लाख टन हो गया। सन् 1949–50 से 1995–96 के बीच कृषि उत्पादन में 2.67 प्रतिशत वार्षिक की चक्रवृद्धि दर से बढ़ोतरी हुई है। अनाज की प्रति व्यक्ति उपलब्धता 1996–97 में प्रतिदिन 528.77 ग्राम तक पहुंच गई, जबकि छठे दशक में यह प्रति व्यक्ति 395 ग्राम प्रतिदिन थी। दुनिया में सबसे अधिक दलहन उत्पादन करने वाला देश भारत ही है, जबकि कपास के क्षेत्र में भारत पहला ऐसा देश है जहां कपास की संकर किस्म विकसित की गई है।

भारतीय कृषि का फसल-चक्र अब काफी विविधतापूर्ण हो गया है। घरेलू मांग और निर्यात संबंधी आवश्यकता के अनुसार व्यावसायिक फसलों की खेती को काफी प्रोत्साहन मिला है। फसल-चक्र में आए महत्वपूर्ण परिवर्तन के कारण सोयाबीन, मूंगफली, सूरजमुखी आदि जैसी ग्रीष्म ऋतु की गैर-परंपरागत फसलों का महत्त्व धीरे-धीरे बढ़ता गया है।

हमारे कृषि विकास कार्यक्रम का एक महत्त्वपूर्ण कदम रही है - 'हरित क्रांति'। यह शब्द अमरीका के डॉ. विलियम गैड ने 1968 में उस समय हमें दिया जब हमारे किसानों ने बड़े उत्साह से अर्धबौनी किस्म के विदेशी गेहूं के बीजों को अपनाकर गेहूं की उपज में अभूतपूर्व सफलता प्राप्त की। ऐसी ही सफलता चावल के क्षेत्र में भी संभव होने लगी। इस मामले में पंजाब के किसानों ने सबसे ज़्यादा सफलता प्राप्त की। पंजाब के कृषि विश्वविद्यालय के माध्यम से किसानों को वैज्ञानिक और शैक्षणिक जानकारी उपलब्ध करायी गई - साथ ही इस तरह के प्रयोग को सफल बनाने के लिए आवश्यक व्यवस्था भी की गई। 'हरित क्रांति' के जन्म के बाद से जब पिछले 30 साल की उपलब्धियों का आज हम लेखा-जोखा करते हैं तो पाते हैं कि सन् 1967–68 से 1992–93 तक कृषि उत्पादन की वृद्धि 2.84 प्रतिशत वार्षिक रही है। साथ ही दुर्लभ-संसाधनों का अधिकतम उपयोग करने के लिए कम अवधि में तैयार होने वाली किस्में विकसित की गई हैं, ताकि खरीफ और रबी की फसलों के बाद रची हुई नमी का इस्तेमाल करके जल्दी पकने वाली अन्य फसल उगाई जा सके।

भारत जहां खाद्यान्न के मामले में आत्मनिर्भर हुआ है, वहीं अधिक उपज देने वाली किस्मों के प्रयोग के कारण उत्पादकता में भी वृद्धि हुई है, और वनों का विनाश रुका है। वर्ष 1996 में भारत के किसानों ने छह करोड़ टन गेहूं पैदा किया, जबकि 1947 में स्वतंत्रता के समय केवल साठ लाख टन गेहूं का उत्पादन हुआ था। सरकार ने देश में खाद्यान्नों की कमी न होने देने और अकाल की स्थिति को रोकने के लिए जो रणनीति बनाई है उसके मुख्य बिन्दु हैं - उत्पादन और उत्पादकता में बढ़ोतरी, सार्वजनिक वितरण-व्यवस्था के ज़रिए बेहतर वितरण; पर्याप्त खाद्यान्न भंडार, विभिन्न रोजगार और रोजगार गारंटी योजनाओं के अंतर्गत क्रय-शक्ति में वृद्धि और बच्चों, गर्भवती महिलाओं और जच्चाओं, बूढ़ों एवं अशक्त लोगों की सहायता के विशेष कार्यक्रम।

कृषि उत्पादन में वृद्धि के लिए जिन बुनियादी बातों पर पहली पंचवर्षीय योजनाकाल से ध्यान दिया जाता रहा है, उनमें उन्नत किस्म के बीज तैयार करने का काम विशेष महत्त्व का रहा है। शुरू से ही आधुनिक फसल उत्पादन के लिए बढ़िया किस्म के बीजों, उनके उत्पादन और आपूर्ति की बड़े पैमाने पर मांग होती रही है। कंपनी अधिनियम, 1956 के अन्तर्गत सन् 1963 में सरकार ने 'राष्ट्रीय बीज निगम' का गठन किया। यह सार्वजनिक क्षेत्र का प्रतिष्ठान है जो कृषि और सहकारिता विभाग के प्रशासनिक नियंत्रण में काम करता है। बीज गुणवत्ता कार्यक्रम लगभग तीन दशक पहले शुरू किया गया था। सातवें दशक के प्रारंभ में देश में उन्नत किस्म के बीजों की मात्रा कुछ हज़ार क्विंटल थी। इसे बढ़ाने के लिए संगठित प्रयत्न किए गये हैं। भारत में बीज विकास के संगठित कार्यक्रम में राष्ट्रीय बीज निगम, भारतीय कृषि अनुसंधान परिषद, भारतीय राज्य फार्म निगम, 13 राज्य बीज निगम, तथा निजी क्षेत्र की लगभग 100 प्रमुख कंपनियां काम कर रही हैं। बीजों की गुणवत्ता के नियंत्रण और प्रमाणन के लिए बीस 'राज्य बीज प्रमाणन एजेंसियां' तथा 19 राज्य-बीज-परीक्षण प्रयोगशालाएं काम कर रही हैं। किसानों को उन्नत बीजों का समान वितरण सुनिश्चित करने के लिए, आवश्यक उपभोक्ता वस्तु अधिनियम, 1955 के अंतर्गत बीज को एक अनिवार्य वस्तु घोषित किया गया है। इसके साथ ही भारत सरकार ने बीजों के उत्पादन और वितरण पर नियंत्रण रखने के लिए 1983 में बीज (नियंत्रण) आदेश भी जारी किया था। फिर अक्टूबर, 1988 में नई बीज नीति लागू की गई। इस नीति का उद्देश्य-उत्पादकता और उत्पादन में बढ़ोतरी के लिए विश्व के किसी भी भाग में उपलब्ध उन्नत बीज पौध सामग्री किसानों को उपलब्ध कराना है। सन् 1992–93 में किसानों को जहां लगभग 60 लाख क्विंटल प्रमाणित बीज वितरित किए गये, वहीं सन् 1997–98 में यह लक्ष्य 75 लाख क्विंटल रखा गया है।

खाद्यान्न उत्पादन में उर्वरकों को विशेष महत्त्व है। आज़ादी के बाद पारंपरिक तरीकों को छोड़कर नये आधुनिक और वैज्ञानिक तरीकों से खेती की जाने लगी। इसमें उर्वरकों की महत्त्वपूर्ण भूमिका रही है। आज रासायनिक खादों की खपत के मामले में अमरीका, रूस और चीन के बाद भारत का चौथा नंबर है। उर्वरकों के संतुलित और समेकित इस्तेमाल के लिए भारत सरकार एक योजना चला रखी है, जिसका उद्देश्य कंपोस्ट, हरी खाद और जैव-उर्वरकों के माध्यम से पोषक तत्त्वों के कार्बनिक स्रोतों के उपयोग को लोकप्रिय बनाना है। रासायनिक खादों के प्रयोग से पहले यह जरूरी होता है कि मिट्टी

की जांच करा ली जाए। इसके लिए देशभर में स्थिर और सचल, दोनों ही प्रकार की करीब 496 मृदा परीक्षण प्रयोगशालाएं हैं जिनकी क्षमता हर वर्ष साठ लाख मिट्टी के नमूनों की जांच करने की है। इसी तरह विभिन्न राज्यों में उर्वरकों की गुणवत्ता की जांच के लिए 61 प्रयोगशालाएं हैं। इन प्रयोगशालाओं की वार्षिक क्षमता एक लाख छह हजार नमूने जांच करने की है।

रासायनिक उर्वरकों के प्रयोग का दूरगामी प्रभाव भूमि की उत्पादकता पर पड़ता है। फलतः उर्वरकों की अधिक मात्रा देने के बावजूद उत्पादन में वृद्धि नहीं हो पाती। साथ ही रासायनिक उर्वरकों की लागत भी हर वर्ष बढ़ती जाती है। इसलिए किसानों को जहां यह सलाह दी जा रही है कि वे उर्वरकों का संतुलित उपयोग करें वहीं कम्पोस्ट और हरी खाद बनाकर इस्तेमाल करने का प्रशिक्षण भी उन्हें दिया जाता है। इससे रासायनिक उर्वरकों पर उनकी निर्भरता को भी कम किया जा सकेगा।

खेती के काम में मशीनों का प्रयोग भी पिछले पांच दशकों में खूब बढ़ा है। मशीनों के उपयोग से जहां किसानों का उत्पादन बढ़ता है, वहीं किसानों की सामाजिक-आर्थिक असमानता भी दूर होती है। खेती में प्रयोग होने वाली मशीनों में ट्रैक्टरों का प्रयोग अधिकतर हरियाणा, पंजाब, उत्तरप्रदेश और मध्यप्रदेश में किया जाता है। बिजली से चलने वाले जुताई के उपकरण (टिलर) असम, पश्चिम बंगाल, कर्नाटक, तमिलनाडु, केरल और महाराष्ट्र में अधिक प्रयोग किए जाते हैं। मशीनी उपकरणों की लोकप्रियता का अनुमान इसी तथ्य से लगाया जा सकता है कि 1995–96 में ट्रैक्टरों और बिजली से चलने, जुताई यंत्रों (पॉवर टिलर) के उत्पादन तथा बिक्री में रिकॉर्ड बढ़ोत्तरी हुई। इस दौरान 1,91,000 में ट्रैक्टर और 10,000 पॉवर टिलरों का निर्माण हुआ।

तिलहन का उत्पादन, देश के लिए विदेशी मुद्रा कमाने में बहुत महत्त्वपूर्ण बनता जा रहा है। सन् 1996–97 के दौरान तिलहन का लगातार दूसरे वर्ष रिकॉर्ड उत्पादन हुआ है। जबकि यह 1995–96 में 224.2 लाख टन था और जब वह बढ़कर 242.1 लाख टन हो गया है। 1995–96 में 3,567 करोड़ रुपये मूल्य के तिलहन, कैस्टर आयल, मूंगफली, तिल और रामतिल जैसे तेलों का निर्यात किया गया। नौवी पंचवर्षीय योजना में तिलहन उत्पाद को प्रोत्साहित करने के लिए विशेष प्रावधान किए गये हैं।

खाद्यान्न के अलावा भोजन के लिए आवश्यक फलों-सब्जियों का उत्पादन भी कृषि-कार्य का महत्त्वपूर्ण अंग है। बागवानी विकास परियोजनाओं में फलों, सब्जियों, काजू, नारियल, मसालों, कंदमूल फलों, फूलों की व्यापारिक स्तर पर खेती, खुम्बी, पान की खेती, सुपारी, नारियल, जड़ी-बूटी वाले पौधे, खेती में प्लास्टिक के इस्तेमाल आदि तथा बागवानी उत्पादों की बिक्री-व्यवस्था करना शामिल है। फलों के उत्पादन में इस समय देश विश्व के सबसे बड़े फल उत्पादक देश ब्राजील से आगे निकल चुका है। सब्जियों के उत्पादन में भारत का स्थान विश्व में दूसरा है।

हाल के वर्षों में मशरूम (कुकुरमुत्ता) की खेती को प्रोत्साहित किया जा रहा है। मशरूम अब भारतीय परिवारों में काफी लोकप्रिय होता जा रहा है। इस समय देश में हर वर्ष करीब 25,000 टन मशरूम का उत्पादन होता है। इसे बढ़ाने की दिशा में प्रयास जारी हैं। केरल, तमिलनाडु, आंध्रप्रदेश और कर्नाटक में नारियल का उत्पादन खूब होता है। नारियल का निर्यात भी बढ़ रहा है। हर साल

करीब दो सौ करोड़ रुपयों का नारियल निर्यात किया जाता है। अनुमान है कि 1994–95 में नारियल की जो खेती 16.9 लाख हेक्टेयर क्षेत्र में की जाती थी, वह आठवीं योजना के अंत तक बढ़कर 20 लाख हेक्टेयर हो जाएगी। इसी तरह 95–96 में काजू की खेती 6.35 लाख हेक्टेयर क्षेत्र में होती थी, जिसके आठवीं योजना के अंत तक बढ़कर 8.35 लाख हेक्टेयर हो जाने की आशा है। भारत के काजू की मांग विश्व में 50 प्रतिशत पूरी करता है। काजू उत्पादन और निर्यात में हमारा देश दुनिया में सबसे आगे है। यहां के डिब्बाबंद काजू गिरी की अंतर्राष्ट्रीय बाजार में अच्छी मांग है।

परिवारों की आय बढ़ाने तथा समाज के कमज़ोर वर्गों के लिए रोज़गार के अवसर उपलब्ध कराने के लिए पशुपालन का विशेष महत्त्व रहा है। इससे सूखे की आशंका वाले क्षेत्रों; पर्वतीय, जनजातीय और अभावग्रस्त अन्य ऐसे क्षेत्रों में रहने वाले लोगों को भी रोज़गार मिलता है, जहां वर्ष भर फ़सल उत्पादन में लगा रहना संभव न हो। पशुपालन के अन्तर्गत मवेशी, भेड़, भैंस, बकरी, सुअर, मुर्गीपालन आदि आते हैं जिनसे अच्छा आर्थिक लाभ होता है। 1947 से 1970 तक दूध का उत्पादन लगभग स्थिर रहा था और उसमें केवल एक प्रतिशत की वृद्धि हुई, लेकिन केन्द्रीय और राज्य सरकारों के प्रयासों से सातवीं योजना के दौरान दूध की वार्षिक वृद्धि दर 4.5 प्रतिशत हो गई। आठवीं योजना के दौरान यह वृद्धि और अधिक हो गई।

मुर्गीपालन का उद्योग पिछले दो दशकों में निरन्तर विकसित होता रहा है। अनुमान है कि अंडों का उत्पादन 1996–97 के दौरान बढ़कर 28 अरब पहुंच गया जबकि यह 1980–81 में 10 अरब था। मुर्गीपालन को बढ़ावा देने के लिए मुंबई, भुवनेश्वर, हैसरघट्टा और चंडीगढ़ स्थित केन्द्रीय मुर्गी प्रजनन फार्म, वैज्ञानिक तरीके से मुर्गियों की नस्ल तैयार कर रहे हैं। यहां अधिक अंडे देने वाली संकर नस्ल की मुर्गियां विकसित की गई हैं। इसके अलावा मांस के लिए, तेज़ी से बढ़ने वाले संकर नस्ल के चूज़े भी यहां विकसित किए गये हैं। भेड़-पालन भी एक महत्त्वपूर्ण व्यवसाय है। किंतु विकसित देशों के मुकाबले भारत में भेड़ पालन बहुत कम है। अनुमान है कि भारत में करीब पचास हज़ार परिवार भेड़ पालन से अपनी आजीविका चलाते हैं।

खेतिहर मजदूरों को पूरक रोजगार और आमदनी देने में डेयरी उद्योग का बड़ा महत्त्व है। सितम्बर, 1996 तक 170 दुग्ध उत्पादन केन्द्रों पर, करीब 73,000 डेयरी सहकारी समितियों के ज़रिये दूध का उत्पादन किया गया। इसमें 94 लाख किसान-सदस्यों का योगदान था। जुलाई 1997 में औसत दूध खरीद 107.3 लाख किलोग्राम प्रतिदिन की गई। प्रतिदिन औसतन 112 लाख लीटर दूध का विपणन हुआ। इस कार्यक्रम ने ग्रामीण जनसंख्या पर अच्छा प्रभाव डाला है और अधिकाधिक लोग डेयरी उद्योग को अपनाने के लिए आकर्षित हो रहे हैं।

मछलीपालन की हमारे देश की अर्थव्यवस्था में बड़ी महत्त्वपूर्ण भूमिका रही है। इससे जहां खाद्य पदार्थों की मात्रा बढ़ाने, भोजन की पौष्टिकता में सुधार लाने में मदद मिलती है, वहीं यह रोज़गार के अवसर पैदा करने और विदेशी मुद्रा अर्जित करने में भी सहायक सिद्ध होता है। वर्ष 1995–96 में 49.9 लाख टन मछली उत्पादन हुआ था जिसे बढ़ाकर 1996–97 में 51.40 लाख टन किए जाने का लक्ष्य रखा गया था।

स्वतंत्रता के बाद कृषि विकास को अत्यधिक महत्त्व देने और अनुसंधानों को बढ़ावा देने के लिए कृषि अनुसंधान और शिक्षा पर विशेष बल दिया गया। 'भारतीय कृषि अनुसन्धान परिषद' की स्थापना कृषि मंत्रालय के अन्तर्गत की गई। परिषद ने कृषि प्रौद्योगिकी के विकास तथा खाद्यान्न में आत्मनिर्भरता लाने के लिए प्रमुख वैज्ञानिक जानकारियां लोगों तक पहुंचाने में प्रमुख भूमिका निभाई है। इसके साथ ही विभिन्न राज्यों में स्थित 28 कृषि विश्वविद्यालयों के जरिए कृषि संबंधी शिक्षा दी जाती है। इसके साथ-साथ भारतीय कृषि अनुसंधान संस्थान, नई दिल्ली; भारतीय कृषि पशु चिकित्सा संस्थान, इज्जतनगर; राष्ट्रीय डेयरी अनुसंधान संस्थान, करनाल; और केन्द्रीय मात्स्यिकीय शिक्षा संस्थान, मुंबई भी शैक्षिक कार्यक्रम चलाते हैं। कृषि क्षेत्र की क्षमता का भरपूर उपयोग करने और देश के विकास के लिए जल बहुत महत्त्वपूर्ण है। अतः देश के जल संसाधनों के कुशल उपयोग और अधिकतम विकास के लिए जल का विशेष महत्त्व है। देश के जल संसाधनों के विकास और नियमन के लिए नीतियां और कार्यक्रम निर्धारित करने की जिम्मेदारी जल-संसाधन मंत्रालय की होती है। राष्ट्रीय जल नीति सितम्बर, 1987 में अपनाई गई थी, जिसमें जल संसाधनों के विकास और आयोजन को राष्ट्रीय परिप्रेक्ष्य में अपनाने का राष्ट्रीय संकल्प व्यक्त किया गया था। राष्ट्रीय जल नीति में इस बात पर ज़्यादा जोर दिया कि 'जल सर्वोपरि प्राकृतिक संसाधन और मूल्यवान प्राकृतिक परिसंपत्ति है। इस नीति में परियोजनाओं के आयोजन, निर्माण और कार्यान्वयन के लिए समन्वित और बहु अनुशासिक उपाय करने की आवश्यकता पर बल दिया गया है ताकि विभिन्न क्षेत्रों की जल-संबंधी आवश्यकताएं पूरी की जा सकें और देश को यथासंभव बार-बार की बाढ़ और अकाल के प्रकोप से बचाया जा सके।'

खाद्यान्नों का उत्पादन बढ़ाने के लिए सिंचाई की पद्धतियों को सुव्यवस्थित बनाने के साथ-साथ अन्य सिंचाई सुविधाओं का विस्तार मुख्य नीति के अंतर्गत आता है। सिंचाई के निरन्तर और व्यवस्थित विकास कार्यों के फलस्वरूप 1951 में पहली पंचवर्षीय योजना शुरू होने के समय सिंचाई की जो क्षमता 22 लाख 6 हज़ार हेक्टेयर वार्षिक थी वह 1996–97 में बढ़कर 917 लाख 9 हजार हेक्टेयर है। लेकिन सिंचाई के लिए किसानों को अभी भी जल मिलने में जो कठिनाई होती है उसका मुख्य कारण यह है कि सिंचाई के लिए मिलने वाले जल का उचित रख-रखाव और उसकी संभाल पूरी तरह नहीं हो पाती। इस कारण उद्‌गम स्थल से चलने वाला जल, अपने पहुंचने के स्थान तक पूरी मात्रा में नहीं पहुंच पाता। वास्तव में सिंचाई के जल के रख-रखाव और संभाल की जिम्मेदारी राज्य सरकारों की होती है, जो पूरी तरह ध्यान नहीं दे पाती हैं क्योंकि उनके पास पर्याप्त धनराशि नहीं होती। जहां तक सिंचाई के जल से मिलने वाले धन की बात है तो चूंकि पानी की दरें इतनी कम हैं कि जो धन मिलता है, वह सिंचाई-प्रणाली की व्यवस्था के लिए अपर्याप्त होता है। उससे संभाल और रख-रखाव का खर्च तो क्या, पानी की लागत तक नहीं निकलती। इसलिए सरकार ने सिंचाई-प्रणाली में सुधार लाने के लिए और सिंचाई सेवा को और अधिक विश्वसनीय बनाने के लिए भारत सरकार ने जून, 1987 में विश्व बैंक की ऋण सहायता से 'राष्ट्रीय जल प्रबंध परियोजना' शुरू की। इस परियोजना के अंतर्गत देश के ग्यारह राज्यों को सहायता दी गयी। 31 मार्च, 1995 को यह परियोजना बंद कर दी गयी।

जलसंसाधनों के विकास का कार्य संचालित और नियन्त्रित करने में 'केंद्रीय जल आयोग' बहुत महत्त्वपूर्ण भूमिका अदा कर रहा है। केन्द्रीय जल आयोग की स्थापना सन् 1945 में की गयी थीं इसे देश में सिंचाई, बाढ़ नियंत्रण, जल-विद्युत उत्पादन और नौसंचालन के लिए जल संसाधनों के नियंत्रण, संरक्षण और उपयोग की योजनाओं को सम्बद्ध राज्यों के साथ विचार-विमर्श करके उनके बारे में पहल करने और तालमेल रखने तथा उन्हें आगे बढ़ाने की जिम्मेदारी दी गई हैं आयोग ने पिछले वर्षो के दौरान जल संसाधनों से संबंधित योजना और अनुसंधान के क्षेत्र में पर्याप्त तकनीकी जानकारी इकट्ठी की है। इस समय आयोग देश में 167 बड़ी और 112 मध्यम परियोजनओं की निगरानी कर रहा है।

इस तरह स्वतंत्रता प्राप्ति के बाद से कृषि विकास कार्यक्रम मे निरन्तर प्रगति हुई है। जो भारतीय किसान भाग्यवादी, परंपरावादी और पुरानी शैली में विश्वास रखने वाले थे, उनके दृष्टिकोण और कार्य पद्धति में बहुत परिवर्तन आया है। उन्होंने न केवल नये मशीनी उपकरणों को अपनाया है, बल्कि कृषि संबंधी विभिन्न वैज्ञानिक अनुसंधानों के परिणाम स्वरूप जो सुझाव आदि उन्हें दिए जाते हैं, उनका वे पालन करते हैं। इसके साथ ही सुधरे और उन्नत किस्म के बीजों, नये फसल-चक्र तथा रासायनिक उर्वरकों आदि के उपयोग, कीटनाशक दवाओं के प्रयोग आदि के प्रति भी वे सजग हुए हैं और इसी का परिणाम है कि उत्पादन में अभूतपूर्व वृद्धि हुई और भारत कृषि में आत्मनिर्भर बना हैं फिर भी गरीबी मिटाने की दिशा में अभी बहुत कुछ करना अपेक्षित है। 'सभी के लिए भोजन' जैसे कार्यक्रम चलाए जाने के बावजूद 80 करोड़ लोग भूख और कुपोषण से पीड़ित हैं। ऐसा नहीं है कि अनाज की कमी है। कमी है तो पर्याप्त आय की है। बढ़ती जनसंख्या ने परिवारों की आय पर इतना बोझ डाला है कि उससे बेरोजगारी और गरीबी बेहद बढ़ गयी है। इस कारण विकास के जितने काम पूरे होते हैं, वे कम पड़ जाते हैं, क्योंकि लक्ष्य के अनुपात से जनसंख्या कई गुना बढ़ जाती है। प्रसिद्ध कृषि वैज्ञानिक डॉ. एम.एस स्वामिनाथन के अनुसार विश्व के वैज्ञानिक और अर्थशास्त्री इस बात से चिंतित हैं कि क्या विश्व की बढ़ती हुई जनसंख्या के लिए हमारी धरती पर्याप्त खाद्यान्न उत्पन्न कर सकती है? जनसंख्या मे वृद्धि जो इस समय विकासशील देशों तक सीमित है, बढ़ी हुई क्रय-शक्ति और बढ़ते शहरीकरण के परिणामस्वरूप खाद्यान्न और तरह-तरह के खाद्य-पदार्थों की मांग इक्कीसवीं शताब्दी में और बढ़ेगी। इस प्रकार एक ओर तो कृषि में तीव्रता और विविधता लानी होगी, विशेष रूप से विकासशील देशों में, और दूसरी ओर पर्यावरण संबंधी आधार, जो फसलों और पशुओं की उत्पादकता बनाए रखने के लिए आवश्यक है, उनको कमज़ोर होने से बचाना होगा। इस स्थिति के कारण विशेषज्ञों ने धरती की पर्याप्त खाद्यान्न उत्पादन क्षमता के बारे में खतरे की घंटी बजानी शुरू कर दी है। लेस्टर ब्राउन का कहना है - धरती की प्राकृतिक व्यवस्था द्वारा लगाये गए बंधन, भूमि और जल-संसाधनों के प्रदूषण और उपज बढ़ाने की टेक्नॉलोजी के निरन्तर घटते प्रभाव के कारण विश्व में खाद्य उत्पादन में कमी आ रही है और यह प्रश्न उठ रहा है कि क्या हमारी धरती बढ़ती जनसंख्या का बोझ वहन कर सकेगी?

गांवों में खुशहाली

'भारत की आत्मा गांवों में बसती है' - गांधी जी ने कहा था। अगर गांवों की उन्नति न हुई तो विकास का कोई अर्थ नहीं रह जाता। आज़ादी के बाद जब गांवों के विकास और ग्रामीण जनता के उत्थान की बात सोची गयी तो निःसंदेह उस समय देश को भुखमरी से बचाना जरूरी था। इसीलिए सबसे ज़्यादा महत्त्व कृषि को दिया गया ताकि खाद्यान्न का उत्पादन बढ़े और देश खाद्यान्नों के लिए विदेशी सहायता के लिए निर्भर न बने, बल्कि आत्मनिर्भर बने। यह भी सच है कि हमने जिस तेजी से कृषि का विकास किया उससे हमें यह आत्मनिर्भरता प्राप्त करने में कठिनाई नहीं हुई। लेकिन आज़ादी के दस वर्षो बाद ही यह अनुभव किया जाने लगा कि केवल कृषि-विकास और खाद्यान्नों की आत्मनिर्भरता से गांवों का सर्वांगीण विकास नहीं हो सकता। उस समय गांव के लोगों को अंधविश्वास, अशिक्षा, गरीबी, स्वच्छता का अभाव आदि अनेक समस्याओं ने घेर रखा था और वे उससे बाहर नहीं निकल पा रहे थे। 'अधिक अन्न उपजाओ' जांच समिति ने केवल कृषि या कृषि से जुड़ी गतिविधियों, जैसे - पशुपालन आदि को ही नहीं, बल्कि इसके साथ-साथ ग्रामीणों के लिए शिक्षा, स्वास्थ्य और अन्य सामाजिक-आर्थिक ज़रूरतों के समन्वित कार्यक्रम को बढ़ावा देने की सिफारिश की। इसी सिफारिश के तहत 'सामुदायिक विकास कार्यक्रम' और 'राष्ट्रीय विस्तार योजना' शुरू की गई। इस कार्यक्रम के अन्तर्गत 100 से 120 गांवों का एक ब्लॉक और समन्वित ग्राम विकास की मूल इकाई बना दिया गया। इसमें कृषि और उससे सम्बद्ध अन्य गतिविधियों जैसे स्वास्थ्य, शिक्षा, समाज-कल्याण, संचार, अनुपूरक रोज़गार आदि भी शामिल किए गये। यह कार्यक्रम लागू करने की जिम्मेदारी ब्लॉक-अधिकारी को दी गई और उसकी मदद के लिए अलग-अलग विभागों के तकनीकी अधिकारी और ग्राम-सेवक तथा ग्राम-सेविकाएं दी गयीं। 'सामुदायिक विकास कार्यक्रम' का मुख्य उद्देश्य था - ग्रामीण क्षेत्रों में उपलब्ध संसाधनों का भरपूर विकास करना। इस कार्य में गांव वालों की भागीदारी पर विशेष बल दिया गया, ताकि ग्रामीण अपने बलबूते पर अपना जीवन स्तर उठा सकें। इस कार्यक्रम को आरंभ में बहुत सफलता मिली। ग्रामीण जनता ने भी इसका स्वागत किया। इसके ही कारण देश के पूरे ग्रामीण-क्षेत्र के लिए एक व्यावहारिक ढांचागत बुनियाद तैयार हो गई। लेकिन बाद में इसमें ढिलाई आ गयी। इसका कारण यह था कि 'सघन कृषि विकास' और 'सघन कृषि क्षेत्र' जैसे कार्यक्रमों पर अधिक ज़ोर दिया गया और किसानों का ध्यान उस ओर बंट गया। सन् 1985 की जी.वी.के.राव समिति की रिपोर्ट में भी यह टिप्पणी की गई है कि कृषि-उत्पादन संबंधी कार्यक्रमों पर अधिक बल दिए जाने के कारण सामुदायिक विकास कार्यक्रम ढीला पड़ता चला

गया। इसके साथ ही 'हरित क्रांति' का सबसे ज्यादा फायदा बड़े किसानों और उन क्षेत्रों को हुआ जिन्हें उपज बढ़ाने वाली किस्मों की तकनीक उपलब्ध हो सकी और जो समझदारी से उनका उपयोग कर सके। नतीजा यह हुआ कि गांवों में जो गरीब जनता थी, वह गरीब ही बनी रही और इस तरह ग्रामीण-विकास का मूल उद्देश्य पूरा नहीं हुआ।

सातवें दशक के अंत और आठवें दशक के आरंभ में सरकार यह महसूस करने लगी थी कि ग्रामीण विकास कार्यक्रम का उद्देश्य केवल कृषि उत्पादन बढ़ाना ही नहीं होना चाहिए, बल्कि ग्रामीणों की अन्य सामाजिक-आर्थिक ज़रूरतों पर भी ध्यान देना चाहिए। तब 'सामुदायिक विकास कार्यक्रम को नए सिरे से शुरू करने की बजाय कुछ नयी योजनाएं शुरू की गयीं। इनमें यूनिसेफ़ की सहायता से पोषण कार्यक्रम, टीकाकरण, स्वास्थ्य-संबंधी देखभाल, पेयजल और स्वच्छ पर्यावरण से संबंधित कार्यक्रम चलाए गये। इसी तरह रोजगार दिलाने के उद्देश्य से 'काम के बदले अनाज' कार्यक्रम चलाया गया। कुछ अन्य कार्यक्रम भी चलाए गये जिनमें राष्ट्रीय कृषि आयोग की सिफारिश पर चलायी गई 'सम्पूर्ण ग्राम विकास योजना' मुख्य थी और इसे कुछ राज्यों में चलाया गया। इस योजना का उद्देश्य था - ग्रामीण विकास कार्यक्रम के ज़रिए आय-संबंधी असमानता दूर करना और ग्रामीण समुदायों में रोजगार के अवसर बढ़ाना। इन सब कार्यक्रमों की समीक्षा करने के बाद सरकार ने पुनः अनुभव किया कि ग्रामीण विकास का जो अपेक्षित लक्ष्य है, उसे एक समन्वित कार्यक्रम के ज़रिए ही प्राप्त किया जा सकता है। इस समय तक ग्रामीण विकास कार्यक्रमों को कृषि-मंत्रालय द्वारा ही चलाया जाता रहा है। लेकिन इस संबंध में नयी सोच के तहत यह जरूरी समझा गया कि इसके लिए एक नया मंत्रालय बनाया जाये। तब 1979 में 'ग्रामीण पुनर्निर्माण मंत्रालय' की स्थापना हुई और ग्रामीण विकास संबंधी सभी कार्यक्रमों को चलाने की जिम्मेदारी इसी मंत्रालय को सौंपी गयी। इस मंत्रालय ने गांवों के परिवारों की आय के बारे में किए गये अध्ययन से देखा कि 'हरित क्रांति' और खाद्यान्नों में आत्मनिर्भरता के बावजूद ग्रामीण विकास मंत्रालय ने ग्रामीण उद्योगों, ग्रामीण विद्युतीकरण, ग्रामीण सड़क, ग्रामीण ऋण आदि कार्यक्रमों को भी अपने हाथों में लिया। इस तरह समन्वित ग्राम विकास कार्यक्रम की शुरूआत हुई।

समन्वित ग्रामीण विकास कार्यक्रम के तहत जिन लोगों को लाभ पहुंचाने का लक्ष्य रखा गया उनमें छोटे और बहुत छोटे किसान, खेतिहर मजदूर, ग्रामीण दस्तकार आदि शामिल हैं जिनकी वार्षिक आय 11,000 रुपये से कम है। आठवीं योजना में 11,000 रु. वार्षिक आय को गरीबी की रेखा माना गया है। इस कार्यक्रम के अन्तर्गत ग्रामीण क्षेत्रों में सड़क, दूरसंचार, बिजली आदि मूलभूत सुविधाओं की स्थिति में सुधार आया और साथ ही पेयजल की आपूर्ति तथा सफाई में भी बढ़ोतरी हुई। लेकिन आर्थिक-सामाजिक विशेषज्ञों की राय में, समन्वित ग्रामीण विकास कार्यक्रम सन् 1950 के बाद शुरू किए गये सामुदायिक विकास कार्यक्रम से भिन्न नहीं था। 'काम के बदले अनाज' कार्यक्रम को नया रूप देकर 'राष्ट्रीय ग्रामीण योजना' और ग्रामीण भूमिहीन रोजगार गारण्टी कार्यक्रम के रूप में शुरू किया गया। इन योजनाओं का उद्देश्य प्रत्येक ग्रामीण भूमिहीन परिवार के एक सदस्य को कम-से-कम सौ दिन का रोजगार उपलब्ध कराना तथा ग्रामीण युवाओं को उत्पाद कुशलता सिखाना

था।

1985 में ग्रामीण विकास और गरीबी उन्मूलन संबंधी प्रशासनिक प्रबंधों की समीक्षा के लिए जी.वी.के. राव समिति का गठन किया गया। समिति ने अपनी रिपोर्ट में कहा कि जिला ग्रामीण विकास एजेंसियों के गठन और एकीकृत ग्रामीण विकास कार्यक्रम के तहत विकास खंडों को मजबूत बनाने से अपेक्षित एकीकरण नहीं हो सका। इसका मतलब यह था कि जिला या विकास-खंड (ब्लाक) स्तर पर पूरी तरह से समन्वय स्थापित नहीं हुआ और कई ऐसे भी उदाहरण मिले जहां अलग-अलग एजेंसियों द्वारा एक समान लक्ष्य-प्राप्ति के लिए एक जैसे ही कई कार्यक्रम चलाए जा रहे थे। ऐसा इसलिए हुआ कि उनमें आपस में किसी तरह का समन्वय नहीं रखा गया था। जबकि कई एशियाई देश ऐसे हैं जिनमें भारत के मुकाबले विकास की क्षमता कम है और उनके पास भारत जैसी वैज्ञानिक विशेषता भी नहीं है, किंतु उन्होंने ग्रामीण क्षेत्रों से भूख और गरीबी को बड़े पैमाने पर समाप्त कर दिया है। किन्तु भारत के अधिकतर हिस्सों में ये समस्याएं अभी तक बनी हुई हैं।

विशेषज्ञों ने इस कमी के कई कारण बताए। उनका कहना था कि सामुदायिक विकास का विचार वास्तव में कई हिस्सों में बंटा रहा है जो कि समन्वित ग्रामीण विकास के दायरे में स्वतः उपयुक्त नहीं है। दूसरा कारण यह बताया गया कि राज्यों में समन्वित ग्रामीण विकास कार्यक्रम को लागू करने के लिए जैसी मजबूत और योग्य प्रशासनिक मदद की ज़रूरत थी, वैसी राज्य सरकारें उपलब्ध नहीं करा पाईं। यह भी महसूस किया गया कि ग्रामीणों को जो सुविधाएं दी गई, केवल उससे ही ग्रामीण निर्धनता को समाप्त नहीं किया जा सकता।

ग्रामीण विकास कार्यक्रमों की सफलता-असफलता के लिए वे लोग भी उत्तरदायी हैं, जिन पर इन्हें चलाने की ज़िम्मेदारी दी जाती है। शासन के आदेशानुसार समन्वित ग्रामीण विकास कार्यक्रम जिला ग्राम विकास एजेंसियों द्वारा लागू किया जाता है। इस जिला ग्राम विकास एजेंसी की प्रबंध-परिषद के अन्तर्गत स्थानीय सांसद, विधायक, जिला परिषदों के अध्यक्ष, जिला विकास विभाग के प्रमुख, अनुसूचित जाति तथा अनुसूचित जनजाति और महिलाओं के प्रतिनिधि होते हैं। अब ग्राम स्तर पर पंचायतों की भूमिका भी महत्त्वपूर्ण हो गई है। यदि ये एजेंसियां निष्पक्ष होकर और निष्ठा से कार्यक्रमों को लागू करें तो योजनाओं का पूरा लाभ ग्रामीण जनता को मिल सकता है। लेकिन ऐसा नहीं हुआ, इसलिए योजनाएं चल नहीं पाईं।

बहरहाल, पिछले वर्षों में जो विकास कार्यक्रम चले और गांव वालों की गरीबी फिर भी बनी रही तो जी. वी. के. राव समिति ने सुझाव दिया कि ग्रामीण विकास के समूचे परिदृश्य पर नये सिरे से विचार किया जाए। हमारे यहां लोकतांत्रिक शासन प्रणाली है, इसलिए नैतिक और कानूनी रूप से आवश्यक है कि ऐसे कार्यक्रमों में जनता द्वारा निर्वाचित प्रतिनिधियों को शामिल करके, कार्य की पारदर्शिता को बनाए रखा जाये। लेकिन यदि जनप्रतिनिधियों की कथनी-करनी में फ़र्क हो, उनके चेहरों पर दो तरह के मुखौटे लगे हों तो ऐसे जनप्रतिनिधियों से न तो किसी कार्यक्रम के पारदर्शी -क्रियान्वयन की आशा की जा सकती है, न ही योजनाओं के सफल होने की संभावना की आशा करनी चाहिए। संभवतः इस सत्य को ध्यान में रखकर ही जी.वी.के. राव समिति ने कहा कि 'केवल

सरकारी तंत्र अकेले सफलता हासिल नहीं कर सकता। इसलिए स्थानीय प्रयासों को बढ़ावा दिया जाना चाहिए। इस संबंध में समिति ने पंचायतीराज संस्थाओं को सक्रिय बनाने की सिफारिश की और सुझाव दिया कि नीति निर्धारण एवं कार्यान्वयन के लिए जिले को मूलभूत इकाई समझा जाय। समिति ने ग्रामीण विकास की देख-रेख के लिए राज्य स्तर पर मुख्य सचिव के समकक्ष एक विकास आयुक्त की नियुक्ति का सुझाव भी दिया था। किन्तु इस समिति की रिपोर्ट पर अपेक्षित ध्यान नहीं दिया गया।'

अब ग्रामीण पुनर्निर्माण मंत्रालय का नाम बदलकर 'ग्रामीण क्षेत्र और रोज़गार मंत्रालय' कर दिया गया है। इसके अन्तर्गत तीन विभाग रखे गए : ग्रामीण रोज़गार और गरीबी उन्मूलन विभाग, ग्रामीण विकास विभाग और बंजर भूमि विकास विभाग। इसके अलावा इस मंत्रालय के ग्रामीण विकास विभाग को 'राष्ट्रीय सामाजिक सहायता कार्यक्रम' लागू करने की भी ज़िम्मेदारी सौंपी गई जिसके अंतर्गत 'राष्ट्रीय प्रसूति लाभ योजना' के अलावा 'ग्रामीण जलपूर्ति और सफाई योजना, भूमि सुधार, पंचायती राज, कृषि विपणन, ग्रामीण प्रौद्योगिकी को प्रोत्साहन देने जैसे कार्यक्रम भी शामिल किए गये। इस तरह से मंत्रालय के पुनर्गठन से ग्रामीण विकास को काफी बल मिला है। ग्रामीण क्षेत्रों में सड़कों, दूरसंचार, बिजली आदि बुनियादी सुविधाओं की स्थिति नें सुधार आया है, साथ ही पेय जल आपूर्ति तथा सफाई सुविधाओं में बढ़ोत्तरी हुई है। किन्तु यह भी सच है कि सभी राज्यों को समान उपलब्धियां हासिल नहीं हुई हैं।

यदि गांवों में खुशहाली लाने की दृष्टि से शुरू की गई योजनाओं को संक्षेप में जान लें तो कम-से-कम यह परिदृश्य तो उपस्थित हो ही सकता है कि सरकार इस दिशा में जितनी निष्ठा से प्रयत्नशील है, यदि उसके इन प्रयत्नों का शत-प्रतिशत लाभ गांवों को मिलने लगे तो गांवों की गरीबी और भुखमरी तथा बेरोज़गारी चमत्कारी ढंग से गायब हो जाये।

15 अगस्त, 1979 को, समन्वित ग्रामीण विकास कार्यक्रम के अन्तर्गत ग्रामीण युवाओं के लिए स्वरोज़गार हेतु एक कार्यक्रम शुरू किया गया जिसका नाम था - 'ग्रामीण युवा स्वरोज़गार प्रशिक्षण कार्यक्रम' (ट्राइसेम)। इस कार्यक्रम का उद्देश्य अठारह से पैंतीस साल की आयु वर्ग के उन ग्रामीण युवकों को, जो गरीबी की रेखा से नीचे बसर करते हैं, तकनीकी तथा अपना रोज़गार चलाने का प्रशिक्षण देना है, ताकि वे अपना रोज़गार चलाकर आत्मनिर्भर बन सकें। इस कार्यक्रम के तहत अब तक इक्तालीस लाख युवक प्रशिक्षित किए गये हैं।

1 अप्रैल, 1989 में 'जवाहर रोज़गार योजना' कार्यक्रम शुरू किया गया। इस योजना का मुख्य उद्देश्य ग्रामीण क्षेत्रों में बेरोज़गार तथा अल्प रोज़गार वाले पुरूषों तथा महिलाओं के लिए अतिरिक्त रोज़गार का सृजन करना है। ये पुरूष-महिलाएं गरीबी रेखा से नीचे बसर करने वाले परिवारों की होती हैं। इनमें अनुसूचित जाति, जनजाति और मुक्त बंधुआ मज़दूरों को प्राथमिकता दी जाती है। महिलाओं के लिए रोज़गार के अवसरों में 30 प्रतिशत स्थान आरक्षित हैं।

गरीबी-रेखा से नीचे रहने वाले अनुसूचित जाति तथा जनजाति के लोगों तथा मुक्त बंधुआ मज़दूरों को निःशुल्क आवास उपलब्ध कराने के लिए 'इन्दिरा आवास योजना' शुरू की गयी थी। आवास को परिवार की महिला सदस्य के नाम अथवा पति-पत्नी के संयुक्त नाम से दिया जाता है।

अब तक इस योजना के तहत 37 लाख आवास इकाइयां दी जा चुकी हैं।

2 अक्टूबर, 1980 को शुरू किए गये 'समन्वित ग्रामीण विकास कार्यक्रम' को इस समय पूरे देश में चलाया जा रहा है। इस कार्यक्रम का उद्देश्य है - गरीबी रेखा से नीचे गुज़र कर रहे परिवारों को ऊपर उठने में समर्थ बनाना है, इसके लिए परिवारो को उत्पादक-परिसंपत्तियां प्रदान करके स्वरोज़गार उपलब्ध कराया जाता है। गरीबी रेखा से नीचे के परिवारों के अलावा इस योजना में लघु सीमांत किसान, कृषि मज़दूर तथा ग्रामीण कारीगर भी शामिल हैं। योजना के अंतर्गत मिलने वाला अनुदान - छोटे किसानों को 25 प्रतिशत, सीमांत किसानों, कृषि मज़दूरों और ग्रामीण कारीगरों के लिए 33.3 प्रतिशत और अनुसूचित जाति एवं जनजाति तथा शारीरिक रूप से विकलांगों के लिए 50 प्रतिशत अनुदान दिया जाता है।

सितम्बर, 1982 से ग्रामीण क्षेत्रों में महिला तथा बाल विकास कार्यक्रम (डवाकरा), समन्वित ग्रामीण विकास कार्यक्रम की एक उपयोजना के रूप में शुरू किया गया। इस कार्यक्रम का उद्देश्य गरीबी-रेखा से नीचे बसर करने वाले ग्रामीण परिवारों की महिलाओं के लिए स्वरोज़गार के उपयुक्त अवसर प्रदान करना है ताकि सामाजिक और आर्थिक स्तर में सुधार लाया जा सके।

समन्वित ग्रामीण विकास कार्यक्रम के अन्तर्गत ग्रामीण दस्तकारों को उन्नत औजार प्रदान करने का कार्यक्रम भी चलाया गया है। इस योजना का उद्देश्य ग्रामीण दस्तकारों (बुनकरों, दर्जियों, कशीदाकारों तथा बीड़ी श्रमिकों को छोड़कर) को उन्नत औज़ारों के किट उपलब्ध कराकर उनके उत्पादों को बेहतर बनाना और उत्पादन तथा आय में वृद्धि लाना हैं, इस कार्यक्रम में गरीबी-रेखा से नीचे रहने वाले सभी परंपरागत कारीगर शामिल किए गये हैं। प्रत्येक ग्रामीण दस्तकार को औसतन 2000 रुपये तक की लागत के औज़ार उपलब्ध कराए जाते हैं, इसका केवल 10 प्रतिशत अंश दस्तकार को चुकाना होता है, शेष 90 प्रतिशत केन्द्र सरकार अनुदान के रूप में देती है।

15 अगस्त, 1995 से 'राष्ट्रीय सामाजिक सहायता कार्यक्रम' शुरू किया गया है। इसके तीन हिस्से हैं। पहला - राष्ट्रीय वृद्धावस्था पेंशन योजना, दूसरा - राष्ट्रीय परिवार लाभ योजना और तीसरा - राष्ट्रीय मातृत्व लाभ योजना। राष्ट्रीय वृद्धावस्था पेंशन योजना के अंतर्गत गरीबी रेखा से नीचे बसर कर रहे 65 वर्ष या इससे अधिक आयु के महिला अथवा पुरुष को 75 रु० प्रतिमाह राष्ट्रीय वृद्धावस्था पेंशन दिए जाने का प्रावधान है। राष्ट्रीय परिवार लाभ योजना के अंतर्गत परिवार के मुख्य आजीविका कमाने वाले पुरुष अथवा महिला की सामान्य मृत्यु होने पर, निर्धन परिवार को 5,000 रु० की एक मुश्त राशि उत्तरजीविका के रूप में दी जाती हें अभी तक ऐसे दो लाख परिवारों को सहायता दी जा चुकी है। राष्ट्रीय मातृत्व लाभ योजना के अन्तर्गत गरीबी-रेखा से नीचे रह रही निर्धन परिवारों की 19 वर्ष और उससे अधिक आयु की महिलाओं को, पहले दो बचों के जन्म पर प्रसव-पूर्व और प्रसव के बाद, मातृत्व देखभाल हेतु 300 रु० की वित्तीय सहायता दी जाती है। अब तक 19 लाख गर्भवती महिलाओं को इस योजना का लाभ मिल चुका है।

ग्रामीण विकास की दिशा में उठाये गए ये सभी महत्त्वपूर्ण कदम योजना-स्तर पर बहुत अच्छे हैं। लेकिन इसके बावजूद गरीबी और बेरोज़गारी की समस्या काफी बनी हुई है। देश में गरीबों की

संख्या में हर साल बढ़ोत्तरी हो रही है। इसका अर्थ यह है कि देश में रोज़गार के समुचित साधनों की अभी कमी है। यही कारण है कि हमारे यहां साक्षर बेरोज़गार भी हैं, काम जानने वाले कुशल लोग भी बेरोज़गार हैं और निरक्षर बेरोज़गार तो हैं ही। दरअसल विकास की विभिन्न योजनाओं द्वारा रोज़गार के अवसर उपलब्ध कराने में कोई कमी नहीं छोड़ी गयी है, फिर भी कुछ तो योजनाओं को लागू करने में कमियों के कारण और कुछ जनसंख्या वृद्धि के कारण गरीबी और बेरोज़गारी की समस्या बनी हुई है।

ग्रामीण विकास के लिए, पंचायती राज व्यवस्था का लागू होना, एक महत्त्वपूर्ण उपलब्धि है। संविधान के 73वें संशोधन से पंचायती राज की स्थापना और जनता के हाथों में सीधे अधिकार सौंपना संभव हो गया। इससे पंचायतों को भी संवैधानिक मान्यता मिल गई। पंचायतों में महिलाओं को एक तिहाई सीटों पर आरक्षण दिया गया है। पंचायती राज व्यवस्था आज पूरे देश में लागू है। लेकिन इसमें अभी भी कुछ कमियां हैं। संविधान में संशोधन द्वारा स्थापित पंचायतों को हालांकि यह अधिकार दिया गया है कि वे अपने स्थानीय मामले स्वयं निपटाएंगी और अपनी ज़रूरतों को पूरा करने के लिए आवश्यक कदम उठाएंगी। लेकिन पंचायतों को अपने इन अधिकारों के प्रयोग के लिए अभी तक सक्षम नहीं बनाया गया। पंचायतों को छोटे-छोटे कामों के लिए अभी भी सरकार के आदेश की प्रतीक्षा करनी पड़ती है। उदाहरण के लिए गांव की सड़क की मरम्मत का काम हो, या कोई और काम, इसके लिए पंचायत फैसला तो कर सकती है, लेकिन खर्च की राशि को मंजूरी जिलाधीश या जिला अधिकारी ही दे सकता है। इसलिए पंचायतों को स्वावलम्बी बनाने के लिए ज़रूरी है कि उन्हें वित्तीय अधिकार भी दिए जाएं। यह भी कहा जा रहा है कि महिलाओं को आरक्षण देकर उन्हें चुन तो लिया गया, किन्तु काम तो उनके पति या परिवार वाले ही करते हैं। हो सकता है, कहीं कुछ सच्चाई भी हो इस बात में। लेकिन इतना अवश्य है कि पंचायतों में महिलाओं की भागीदारी से वे अधिक समझदारी से काम कराती हैं और गांव के मसलों पर अपनी राय देती हैं। अगले चुनाव तक महिलाएं अब से कहीं ज़्यादा जागरूक हो जाएंगी।

देश की बदली हुई तस्वीर

स्वतंत्रता मिलने के बाद हमारे कर्णधारों ने उन बातों पर ध्यान देना बहुत आवश्यक समझा जिनसे न केवल विकास हो, बल्कि उनके दूरगामी परिणाम भी हों और देश का भविष्य सुन्दर बने। औद्योगीकरण की नीति बनाने के पीछे भी यही उद्देश्य था। पं. जवाहरलाल नेहरू ने इस संबंध में उस समय जो कहा था, वह उनकी सोच के साथ-साथ, उनके भविष्य-दृष्टा होने का भी परिचायक है। उन्होंने कहा - 'यदि आप किंचित गतिशील ढंग से विचार करें, तो आप देखेंगे कि हम परिवर्तन के एक बड़े युग से गुजर रहे है, जबकि शक्ति के बिलकुल नए स्रोतों को उपयोग में लाया जा रहा है। आज न सिर्फ औद्योगिक क्रांति या विद्युत क्रांति के ढंग की चेष्टाएं हो रही हैं, बल्कि उससे भी दूर के परिणाम रखने वाली बातें हो रही हैं। अगर औद्योगिक क्रांति के समय कोई उससे पूर्वकाल की स्थिति को ही ध्यान में रखते हुए यह सोचता कि हमें अमुक चीज़ें प्राप्त करनी हैं, तो कुछ समय बाद, जबकि नया युग आ गया और शक्ति के नये साधन अस्तित्व में आ गये, तब नयी व्यवस्थाओं में, उसे अपने लिए कोई जगह दिखाई न दी होती। इसी तरह हम एक नए व्यावसायिक युग के सन्निकट हैं और चाहे दस या पन्द्रह या बीस वर्ष लगें - इससे अधिक समय तो मेरी समझ में क्या लगेगा - उत्पादन के हमारे बहुत से तरीके बिलकुल पुराने ढंग के हो जाएंगे और जिस चीज़ पर आप अधिकार करने की सोच रहे हैं, उसका संभव है,तब कोई मूल्य न रह जाय। इसे चेतावनी समझिए। आज आदमी को बहुत सर्तक रहना पड़ता है। इसलिए बीते हुए समय की बात न सोचकर, आगे की सोचनी चाहिए, क्योंकि अतीत तो बीत चला, वर्तमान भी बहुत तेज़ी से बदल रहा है। यदि आप भविष्य की दृष्टि से देखें तो आपको एक नया पहलू दिखाई देगा और पुराने ढंग की लीक से आप बाहर आ जाएंगे। इसलिए नेहरूजी ने भविष्य के भारत का निर्माण तेज़ी से बदल रहे दुनिया के परिदृश्य को ध्यान में रखकर किया था। आज़ादी से पूर्व अंग्रेजों ने इंग्लैंड के उद्योगों को तो बढ़ाया किंतु भारत के उद्योगों को तहस-नहस कर दिया। देश की अर्थव्यवस्था का नाश करने में उन्होंने कोई कसर नहीं उठा रखी थी। देश का कच्चा माल कौड़ियों के मोल इंग्लैंड जाता था और वहां से वस्तुएं बनकर महंगे दाम पर बिकने भारत आती थीं। इसलिए आज़ादी के बाद जो भारत हमें मिला, उसमें उद्योगों की स्थिति बहुत खराब थी। इसलिए जो भी नीति बनायी जाती थी, उसे वर्तमान और भविष्य का ध्यान रखकर बनाना था। पंडित नेहरू ने अपने आर्थिक चिंतन के फलस्वरूप, देश के औद्योगिक विकास के लिए सार्वजनिक क्षेत्र को आगे बढ़ाया ताकि उसके सहारे निजी उद्योग भी ऊपर उठ सकें।

सन् 1950 में जब औद्योगीकरण की शुरूआत हुई तो उसमें अनेक प्रकार के उद्योग स्थापित करने के लिए बड़े पैमाने पर पूंजी निवेश किया गया। इससे पूर्व 1948 में जो नीति का प्रस्ताव तैयार किया गया था, उसमें न केवल नीति की रूपरेखा परिभाषित की गयी थी, बल्कि इसमें औद्योगिक विकास में राष्ट्र की भूमिका को भी रेखांकित किया गया था। विभिन्न नीतिगत प्रस्तावों में भी सार्वजनिक-क्षेत्र के प्रति अधिक झुकाव दिखाया गया। इसका कारण यह था कि निजी क्षेत्र के पास उतने संसाधन नहीं थे कि वह भाखड़ा जल विद्युत परियोजना या भिलाई इस्पात कारखाने जैसी आधारभूत ढांचे से संबंधित विशाल परियोजना शुरू कर सकता। इसलिए यह काम सार्वजनिक क्षेत्र को सौंपा गया। सन् 1956 के औद्योगिक नीति प्रस्ताव के तहत ऐसे उद्योगों की एक अलग श्रेणी बनाई गयी जो पूर्णतया राज्य की जिम्मेदारी माने गए या जिसे धीरे-धीरे राज्य के नियत्रंण में लाया जाना था। सार्वजनिक क्षेत्र को सर्वोच्च स्थान दिलाने के साथ ही इस प्रस्ताव में राज्य के उद्यमों के साथ-साथ निजी क्षेत्र के विकास की भी व्यवस्था थी। इस तरह नीतिगत ढांचे को लचीलापन दिया गया। दरअसल 1948 के नीतिगत प्रस्ताव में केवल कुछ ही उद्योगों को सार्वजनिक क्षेत्र के तहत उत्पादन के लिए आरक्षित रखा गया था। इनमें हथियार तथा गोला-बारूद का उत्पादन, परमाणु ऊर्जा का उत्पादन-नियंत्रण और रेलवे का स्वामित्व तथा प्रबंधन शामिल रहे हैं। 1956 के औद्योगिक नीति प्रस्ताव में, इस सूची में कुछ और उद्योगों को शामिल कर लिया गया।

पहली पंचवर्षीय योजना में कहा गया था कि औद्योगिक नियोजन का उद्देश्य, आवश्यक औद्योगिक सामान के उत्पादन में कमी को दूर करना और देश में इस तरह से विकास को बढ़ावा देना है, जिससे बुनियादी जरूरत के सामान के उत्पादन में वृद्धि हो। दूसरी योजना तथा उसके बाद की योजनाओं में सार्वजनिक क्षेत्र की दिशा में अधिक ध्यान दिया गया।

सार्वजनिक क्षेत्र का दायरा आज बहुत बड़ा हो गया है। इसमें सरकारी विभाग, सरकारी कपंनियां, सिंचाई और विद्युत-परियोजनाएं, रेलवे, डाकतार, आयुध कारखाने, बैंकिंग, बीमा कम्पनियाँ आदि शामिल हैं। लेकिन आरंभ में सार्वजनिक क्षेत्र के अधिकांश कारखानों का कामकाज ढीला रहा।

1973 के औद्योगिक नीति प्रस्ताव में अन्य बातों के अलावा ऐसे उच्च प्राथमिकता वाले उद्योगों की भी पहचान की गई जिनमें बड़े औद्योगिक घरानों और विदेशी कम्पनियों के निवेश की अनुमति दी जा सकती थी। 1980 की औद्योगिक नीति में घरेलु बाज़ार, टेक्नोलॉजी में सुधार और आधुनिकीकरण के क्षेत्र में प्रतिस्पर्धा बढ़ाने की आवश्यकता पर अधिक ध्यान दिया गया। इस नीति से उच्च प्राथमिकता वाली टेक्नोलॉजी के क्षेत्र में विदेशी निवेश बढ़ाने और निर्यात के लिए और अधिक प्रतिस्पर्धी आधार तैयार करने में मदद मिली। 24 जुलाई, 1991 को सरकार ने एक नई औद्योगिक नीति की घोषणा की। इसमें उदारीकरण तथा प्रतिस्पर्धी वातावरण के निर्माण पर अधिक बल दिया गया। सार्वजनिक क्षेत्र के उद्यमों के लिए कुछ विशिष्ट क्षेत्रों का निर्धारण किया गया तथा इन उद्यमों को इन क्षेत्रों पर बल देने को कहा गया ताकि उनका काम-काज सुधरे और वे अधिक स्पर्धी बन सकें। 1991 की औद्योगिक नीति में कहा गया कि 'देश में तीव्र औद्योगिक विकास के लिए माहौल बना है। बुनियादी उद्योग स्थापित किए जा चुके हैं। कच्चे माल, तैयार माल जैसी अनेक

वस्तुओं में आत्मनिर्भरता प्राप्त कर ली गई है। औद्योगिक गतिविधियों के नये विकास केन्द्र उभर कर आए हैं और उनके साथ-साथ उद्यमियों की नई पीढ़ी भी सामने आई है। बड़ी संख्या में इंजीनियरों, तकनीशियनों और श्रमिकों को प्रशिक्षित किया गया है। इस परिप्रेक्ष्य में, इस नीति में प्रतिस्पर्धा के जरिए आर्थिक विकास की रफ़्तार तेज़ करने के लिए कई परिवर्तन किए गये। उद्योगों को लाइसेंस मुक्त किया गया तथा विदेशी प्रत्यक्ष-निवेश नीति उदार बनायी गयी। 18 उद्योगों को छोड़कर अन्य सभी उद्योगों के लिए औद्योगिक लाइसेंस समाप्त कर दिए गये। ये 18 उद्योग सुरक्षा और सामयिक कारणों, सामाजिक कारणों, खतरनाक रसायनों के जोख़िमों के कारण, पर्यावरण संबंधी अनिवार्य कारणों से तथा सिर्फ अभिजात्य वर्ग के उपभोग की वस्तुओं के उत्पादन तक सीमित होने के कारण, प्रतिबंधित सूची से नहीं हटाए गये। नई औद्योगिक नीति इस तरह बनाई गयी है कि जिससे उद्यमी वाणिज्यिक पहलुओं को ध्यान में रखते हुए, निवेश संबंधी फैसले कर सकें और सरकार की नियंत्रणकारी भूमिका कम हो। इसके फलस्वरूप औद्योगिक विकास की दर 1992–93 में 2.3 प्रतिशत हो गई। विदेशी निवेश भी बढ़ा। उधर सार्वजनिक क्षेत्र में, भारी उद्योगों के विकास में महत्त्वपूर्ण उपलब्धियां हुई हैं। बिजली, रेलवे, कोयला, पेट्रोलियम, इस्पात, उर्वरक जैसे महत्त्वपूर्ण क्षेत्रों में विकास की रफ़्तार तेज़ रही है।

इसी प्रकार औद्योगिक उत्पादन में विविधता लाने, गुणवत्ता में सुधार और उत्पादन बढ़ाने में भी शानदार प्रगति हुई है। विगत पचास वर्षों में देश के औद्योगिक आधार में व्यापक विविधता आई है। एक जमाना था जब मामूली आलपिन तक आयात करनी पड़ती थी। लेकिन आज़ादी के बाद विगत पांच दशकों में हम बहुत-सी वस्तुओं के मामले में आत्मनिर्भर बने हैं। आज देश के बाज़ार में विभिन्न वस्तुओं में स्पर्धा का वातावरण है - साथ ही उपभोक्ता को अपनी पसंद की वस्तु का चुनाव करने के काफी मौके होते हैं। मोटर कार से लेकर सुई तक हम बनाने लगे हैं। घरेलू इस्तेमाल की छोटी-से-छोटी चीज़ देश में बेहतर गुणवत्ता वाली बनती है और उपभोक्ता के लिए सहज उपलब्ध हैं। दूसरी ओर भारी उद्योगों के लिए बुनियादी सामग्री और पूंजीगत साजो-सामान के उत्पादन में आत्मनिर्भरता प्राप्त कर ली गई है। खनन, सिंचाई, बिजली, रसायन, परिवहन और संचार जैसे विभिन्न क्षेत्रों में विकास के लिए स्वेदशी उपकरण सहज उपलब्ध हैं औद्योगीकरण की प्रक्रिया ने उद्यमिता को बढ़ावा दिया है और तरह-तरह के तकनीकी, प्रबंधकीय और क्रियात्मक कौशलों का विकास किया है।

हमारे प्रमुख उद्योगों में कपड़ा, पटसन, रेशम, हथकरघा, सीमेंट, कागज़ और अखबारी कागज़, रबड़ का सामान, इंजीनियरी उद्योग, बिजली से संबंधित भारी उद्योग, मोटर-गाड़ियां, चमड़ा उद्योग, इस्पात, पैट्रों-रसायन आदि हैं।

कपड़ा उद्योग की, देश की अर्थव्यवस्था में प्रमुख भूमिका रही है। देश से किए जाने वाले निर्यातों में 30 प्रतिशत से अधिक हिस्सा कपड़ा उद्योग का है। रोज़गार के अवसर उपलब्ध कराने में भी कपड़ा उद्योग का महत्त्वपूर्ण स्थान है। कपड़ा क्षेत्र में 1990–91 में लगभग 3 करोड़ 90 लाख व्यक्तियों को रोज़गार मिला हुआ था। यह संख्या बढ़कर 1994–95 में 4 करोड़ 70 लाख तक

पहुंच गई। अब 1995–96 में यह 6 करोड़ 42 लाख हो गई है। पिछले पचास सालों में कपड़ा उद्योग का व्यापक विस्तार हुआ है। 1951 में देश की कपड़ा मिलों में तकलियों की कुल संख्या एक करोड़ उन्नीस लाख थी जो जनवरी 1997 में बढ़कर 3 करोड़ 12 लाख हो गई।

कपड़ा उद्योग की सहायता करने और कपड़े की गुणवत्ता बनाए रखने के लिए कपड़ा संबंधी अनुसंधान कार्य भी चलता है। कपड़ा अनुसंधान काम 'अहमदाबाद कपड़ा उद्योग अनुसंधान संघ, अहमदाबाद; बंबई कपड़ा अनुंसधान संघ, बंबई; दक्षिण भारत अनुसंधान संघ, कोयम्बटूर और उत्तरी भारत कपड़ा अनुसंधान संघ, गाजियाबाद' द्वारा किया जाता है और ये कपड़ा मंत्रालय के प्रशासनिक नियंत्रण में काम करते हैं। इन संघों का प्रमुख उद्देश्य अनुसंधान करना तथा कपड़ा उद्योग को कपड़ा प्रौद्योगिकी के विभिन्न पहलुओं के बारे में परामर्श, सेवाएं, गुणवत्ता, प्रबंध सेवा आदि प्रदान करना है।

भारत का पटसन उद्योग पारंपरिक रूप से निर्यातोन्मुख रहा है। कच्ची पटसन और पटसन से बनी वस्तुओं के उत्पादन में भारत दुनिया में पहले स्थान पर है जबकि पटसन से बने सामान के निर्यात में उसका दूसरा स्थान है। सरकार ने पटसन उद्योग में विविधता लाने तथा इसका उपयोग पैकेजिंग सामग्री के अलावा अन्य क्षेत्रों में करने के लिए कदम उठाए हैं। इस काम के लिए संयुक्त राष्ट्र संघ द्वारा 2 करोड़ 30 लाख रुपये की सहायता दी जा रही है। सरकार भी इसमें इतनी ही राशि मिलाती है। अब राष्ट्रीय पटसन विविधीकरण केन्द्र भी स्थापित किया जा रहा है।

रेशम उद्योग को बढ़ावा देने के लिए सरकार ने आठवीं योजना में 901 करोड़ रुपये का प्रावधान किया है। इस अवधि के दौरान इस उद्योग में 10 लाख 50 हज़ार लोगों को रोज़गार देने का लक्ष्य रखा गया है। इस तरह रेशम उद्योग में रोज़गार प्राप्त व्यक्तियों की संख्या कुल मिलाकर 65 लाख हो जाएगी। भारत के कुल कपड़ा निर्यात में रेशमी वस्त्रों का हिस्सा करीब तीन प्रतिशत है। 1995–97 के दौरान करीब 880 करोड़ रुपयों से भी अधिक मूल्य का रेशम निर्यात किया गया।

हथकरघा भी एक महत्त्वपूर्ण उद्योग है। इसमें लगभग एक करोड़ बीस लाख से भी अधिक लोगों को रोज़गार मिला हुआ है। हथकरघा उद्योग कुल कपड़ा उत्पादन में 22 प्रतिशत से अधिक का योगदान करता है। 1994–95 में हथकरघा वस्त्र का उत्पादन 61 अरब 80 करोड़ वर्ग मीटर था, जो कि 1996–97 में बढ़कर 72.49 अरब वर्ग मीटर हो गया। इस तरह इसमें 17.30 प्रतिशत की बढ़ोतरी दर्ज की गयी। हथकरघा वस्त्रों का उत्पादन बढ़ाने और रोज़गार के अवसर बढ़ाने के लिए 1992–93 में एक कार्यक्रम शुरू किया गया था, जिसके तहत 3000 हथकरघा विकास केन्द्रों और 500 कपड़ा रंगाई केन्द्रों का विकास किया जा रहा है।

सीमेंट का महत्त्व बुनियादी ढांचा और भवन निर्माण के लिए बहुत ज्यादा है। एक समय था जब सीमेंट की कमी पूरी करने के लिए इसे आयात करना पड़ता था। इसलिए 1 मार्च, 1989 को जब सरकार ने सीमेंट की कीमतों और बिक्री को नियंत्रण-मुक्त कर दिया तो इस उद्योग में बड़ी तेज़ी से प्रगति हुई। 1950–51 में सीमेंट का उत्पादन 27.3 लाख टन था जो 1995–96 में बढ़कर 6.93 करोड़ टन हो गया। 1995–96 में सीमेंट संयंत्र है जिनकी स्थापित क्षमता करीब 7.9 करोड़ टन है।

इसके अलावा देश में 250 से 300 के करीब लघु सीमेंट संयंत्र भी हैं। इनकी अनुमानित क्षमता लगभग 70 लाख टन है। हमारे देश में कई तरह के सीमेंट का उत्पादन होता है, जैसे - साधारण पोर्टलैंड सीमेंट, पोर्टलैंड पोजोलाना सीमेंट, पोर्टलैंड ब्लास्टर फर्नेस स्लैग सीमेंट, ऑयल वेल सीमेंट, सफेद सीमेंट आदि। हमारी उत्पादन क्षमता अब इतनी बढ़ गई है कि सीमेंट की घरेलू मांग पूरी करने के अलावा हम इसका निर्यात भी करते हैं। 1994–95 में 33.8 लाख टन सीमेंट का निर्यात किया गया था।

आधुनिक दुनिया में कागज़ एक महत्त्वपूर्ण उपयोगी वस्तु है। देश के शैक्षिक, सांस्कृतिक और औद्योगिक क्षेत्र में इसका सबसे ज्यादा उपयोग होता है। किसी देश की जागृति का अनुमान, वहां प्रति व्यक्ति कागज़ की खपत से लगाया जा सकता है। यह कहावत है कि जिस घर में जितनी ज्यादा किताबें होंगी उस घर के बच्चे उतने ही ज्यादा नंबर लाएंगे। कुछ ऐसी ही स्थिति कागज़ और देश की जनता की चेतना और जागरूकता के साथ है। हमारे देश में प्रति व्यक्ति कागज़ की खपत तीन किलोग्राम से भी कम है, जबकि विकसित देशों में यह 300 किलोग्राम से भी ज्यादा है। 1950 में कागज़ का उत्पादन करीब डेढ़ लाख टन था। तब हम अपनी जरूरत पूरी करने के लिए 90 हजार टन कागज़ आयात करते थे। दूसरी योजना से घरेलू उत्पादन में बढ़ोतरी हुई और 1980 में कागज़ का आयात घटकर 60 हजार टन रह गया। इस समय देश में 379 से भी अधिक कागज़ मिलें कागज़ का उत्पादन करती हैं। इन मिलों की वार्षिक उत्पादन क्षमता 37.76 लाख टन से अधिक है। इसके अलावा बड़ी संख्या में छोटी कागज़ मिलें हैं और करीब 33 हजार टन कागज़ का उत्पादन प्रति वर्ष करती हैं। इसका नतीज़ा यह हुआ है - हमारा देश लिखाई और छपाई के लिए इस्तेमाल होने वाले कागज़ के मामले में आत्म-निर्भर हो गया है। जब कुछ विशेष किस्म के कागज़ का ही आयात किया जाता है। 1995–96 में कागज़ तथा गत्ते का उत्पादन 27.10 लाख टन था जो इस शताब्दी के अंत तक 40 लाख टन से भी अधिक हो जाने का अनुमान है।

सूचना माध्यम, अख़बार, आज हर पढ़े-लिखे आदमी की बुनियादी ज़रूरत बन गया है। आज छोटे-छोटे शहरों और कस्बों तक से देश की विभिन्न भाषाओं में अख़बार निकल रहे हैं। इसके लिए अख़बारी कागज़ अत्यंत महत्त्वपूर्ण है और पिछले चार दशकों में इसकी मांग बराबर बढ़ रही है। 1956 में अख़बारी कागज़ की पहली मिल 'नेपा कागज़ मिल' के नाम से स्थापित हुई थी। अब 1996 तक अखबारी कागज़ मिलों की संख्या बढ़कर 26 हो गई। ये मिलें लगभग 6.40 लाख टन कागज़ के वार्षिक उत्पादन की क्षमता रखती हैं। फिर भी देश की अखबारी कागज़ की मांग को पूरा करने के लिए उसका आयात करना पड़ता है।

देश में परिवहन के विकास के साथ-साथ मोटर कारों, बसों, ट्रकों आदि में, स्कूटर, साइकिल, ट्रैक्टर आदि में निरन्तर वृद्धि हो रही है। इन्हीं के साथ-साथ इनमें प्रयोग होने वाले टायरों की मांग और ट्यूबों की मांग भी निरन्तर बढ़ती जा रही है। टायर उद्योग के लिए रबड़ सबसे जरूरी चीज़ है। इसके अलावा रबड़ का उपयोग शल्य चिकित्सा में काम आने वाले दस्ताने, कन्वेयर बेल्ट, वी बेल्ट, होस पाइप, तथा अन्य कई उपकरणों के निर्माण में होता है। लेकिन टायर-ट्यूब इस उद्योग द्वारा तैयार

की जाने वाली सबसे महत्त्वपूर्ण वस्तुएं हैं। देश में इस समय रबड़ की वस्तुएं बनाने वाली इकाइयों में 32 टायर इकाइयां, 220 मझोले दर्जे की इकाइयां, तथा 5500 लघु उद्योग इकाइयां और इतनी ही बहुत-सी छोटी इकाइयां शामिल हैं। इन इकाइयों के ज़रिये करीब सात लाख लोगों का रोज़गार मिलता है। रबड़ उद्योग हर वर्ष लगभग 70 अरब रुपये से अधिक व्यापार करता है। रबड़ के उत्पादों की खपत केवल देश में ही नहीं, विदेशों में भी है। 1994–95 में देश में 6 अरब 44 करोड़ रुपये मूल्य के टायर और ट्यूबों का निर्यात किया। 1995–96 में यह बढ़कर 6 अरब 55 करोड़ हो गया और 1996–97 में इसके सात अरब 50 करोड़ रुपये हो जाने की उम्मीद की गयी।

भारी तथा हलके इंजीनियरी उद्योगों ने विगत वर्षों में उल्लेखनीय प्रगति की है। विभिन्न उद्योगों के लिए आवश्यक भारी मशीनों का निर्माण अब देश में ही होने लगा है। बिजली परियोजनाओं, इस्पात संयंत्रों, सीमेंट के कारखानों, खनन उपकरणों, पैट्रो-रसायन संयंत्रों आदि के लिए भारी मशीनें देश में ही बनने लगी हैं। इसके अलावा डीज़ल इंजनों, कृषि के पंप सेटों और ट्रैक्टरों आदि का भी निर्माण देश में ही होने लगा है।

बिजली पैदा करने, ट्रान्समिशन, जेनरेटर ब्वायलर, टर्बाइन, ट्रान्सफार्मर और स्विच गियर जैसी बिजली की भारी वस्तुओं का निर्माण भी अब देश में होने लगा है। देश का भारी बिजली का सामान बनाने का उद्योग अब देश की जरूरत को पूरा करने में सक्षम बन चुका है। भारत हैवी इलेक्ट्रिकल्स सार्वजनिक क्षेत्र की ऐसी कंपनी है जो बिजली के भारी उपकरण बनाती है।

मोटर वाहनों, ट्रकों, तिपहिया-दुपहिया स्कूटरों आदि के उत्पादन में भी बहुत बढ़ोतरी हुई है। आज कोई भी आदमी अपनी मनपसंद कार या स्कूटर शोरूम में जाकर खरीद सकता है।

चमड़ा उद्योग का मुख्य आधार उसका निर्यात है। सन् 1995–96 में चमड़ा उद्योग ने 57.62 अरब रुपये का निर्यात किया था - इसमें 19 करोड़ 51 लाख रुपये मूल्य के जूते, चप्पल व अन्य सामान था।

इस्पात बनाने के लिए आज़ादी के बाद देश में भिलाई, दुर्गापुर, राउरकेला में दस-दस लाख टन क्षमता वाले तीन संयंत्र लगाए गये। इसके अलावा टिस्को और इस्को के दोनों कारखानों की उत्पादन क्षमता भी बढ़ायी गई इसके बाद बिहार में बोकारो और आंध्र प्रदेश में विशाखापत्तनम् में इस्पात संयंत्र स्थापित किए गये। दुर्गापुर में मिश्र धातु इस्पात संयंत्र और सेलम में स्टेनलेस इस्पात संयंत्र स्थापित किया गया।

भारत में उर्वरक, रसायन तथा कीटनाशक के निर्माण में भी हम न केवल आत्मनिर्भर बने हैं, बल्कि कृषि के विकास में इनसे महत्त्वपूर्ण सहायता भी मिली है। औषधि निर्माण के क्षेत्र में भी हमने अभूतपूर्व प्रगति की। एलोपैथी, होम्योपैथी और आयुर्वेद की दवाएं बड़ी मात्रा में तैयार होकर आम आदमी के लिए सहज सुलभ हैं। हिन्दुस्तान एंटिबायोटिक्स कम्पनी की स्थापना के बाद से औषधि निर्माण उद्योग काफी बड़े पैमाने पर चल रहा है। इसके अलावा अन्य निजी कंपनियां भी औषधि निर्माण करती हैं।

'भारतीय खान ब्यूरो' एक राष्ट्रीय संगठन है। यह कोयला, पेट्रोलियम और प्राकृतिक गैस को

छोड़कर सभी खनिजों के संवर्द्धन और विकास का काम देखता हैं सार्वजनिक क्षेत्र में मिनरल्स एक्सप्लोरेशन कारपोरेशन लिमिटेड, भारत अल्युमिनियम लिमिटेड, नेशनल अल्युमिनियम कंपनी लिमिटेड, भारत गोल्ड माइन्स लिमिटेड, सिक्किम माइनिंग कारपोरेशन लिमिटेड भी उल्लेखनीय प्रगति कर रही हैं और खनिज उत्पादन करके देश को औद्योगिक रूप से समृद्ध बना रही हैं।

इस प्रकार भारत औद्योगिक रूप से बहुत समृद्ध बना है और उसने इस दिशा में चहुमुखी प्रगति की है। आज़ादी से पहले जहां हमें आलपिन और सुई तक आयात करनी पड़ती थी - आज छोटी से छोटी वस्तु से लेकर भारी-भारी मशीनें, रोज़मर्रा के काम में आने वाली वस्तुएं - प्रेशर कुकर, इलेक्ट्रिक प्रेस, एयर कंडीशनर, स्टील के बर्तन आदि सभी कुछ बनाने में आत्म निर्भर बन चुके हैं। इससे जहां हमारी अर्थव्यवस्था में सुधार हुआ है, वहीं आम आदमी के जीवन-स्तर और रहन-सहन में भी बदलाव आया है। लोगों को रोज़गार के अवसर मिले हैं और इससे गरीबी और बेरोजगारी को दूर करने में भी मदद मिली है। उद्योगों के विकास का ही फल है कि शहरों, महानगरों और गांवों की तस्वीर बदल गयी। अधिक कारखाने, बड़े बाज़ार, बड़े मकान, नयी बस्तियां, नयी इमारतें - सब जगह दिखाई देती हैं। आज हमें अपनी ज़रूरत और आराम के लिए सभी सामान सहज सुलभ हैं। यह औद्योगिक विकास से ही संभव हुआ है।

विगत वर्षों में व्यापार के क्षेत्र में भी प्रगति हुई है। देश से आज लगभग 190 देशों को 7500 से भी अधिक वस्तुओं का निर्यात किया जाता है। निर्यात की जाने वाली वस्तुओं में कृषि एवं औद्योगिक उत्पाद, दस्तकारी, हथकरघा तथा कुटीर उद्योग की विभिन्न वस्तुएं शामिल हैं। हाल में इलेक्ट्रॉनिक्स हार्डवेयर और साफ्टवेयर के निर्यात में भी वृद्धि हुई है। आयात की जाने वाली वस्तुओं में पेट्रोलियम और पैट्रो-उत्पाद तथा उर्वरक आदि हैं। मूल्यवान तथा कम मूल्यवान रत्नों का आयात, निर्यात की जाने वाली वस्तुएं बनाने के लिए किया जाता है। पूंजीगत सामान, कच्चा माल, उपभोग वस्तुओं और मध्यवर्ती उत्पादों का आयात, औद्योगिक उत्पादन बढ़ाने एवं प्रौद्योगिक उन्नति के लिए किया जाता है। हाल के वर्षों में आयात से निर्यात बढ़ाने में मदद मिली है। जितनी कीमत का सामान आयात किया गया है, उससे कहीं ज़्यादा कीमत का सामान बनाकर निर्यात किया गया है। आयात में वृद्धि का कारण जहां दलहनों और खाद्य तेल जैसी आम ज़रूरत की चीजों में बढ़ती हुई मांग रही है, वहीं देश में ऊर्जा की खपत में वृद्धि के कारण पेट्रोलियम और पैट्रो-पदार्थों के आयात का खर्च भी बढ़ा है। इसी के साथ निर्यात कार्य में बढ़ोतरी का सिलसिला बनाए रखने के लिए बुनियादी ज़रूरतों में उत्पादों का उचित मूल्य, गुणवत्ता, खरीददार को सामान की सुनिश्चित सप्लाई, मुद्रास्फीति पर नियंत्रण के जरिए मुद्रा विनियम दर में स्थिरता और आसान शर्तों पर ऋण उपलब्ध होना जैसे तथ्य आवश्यक हैं।

वर्तमान आयात-निर्यात नीति का मुख्य जोर निर्यात को बढ़ाने पर है। वास्तव में भुगतान संतुलन बनाए रखने के लिए निर्यात संवर्धन बहुत आवश्यक होता है। इन नीतिगत सुधारों से निर्यात बढ़ाने में काफी मदद मिलती है। इस कारण जहां निर्यात में 18 से 19 प्रतिशत की वृद्धि हुई है, वहीं निर्यात की जाने वाली वस्तुओं में भी विविधता आई है। जिन देशों से निर्यात संबंध बने हैं, उनकी संख्या

भी बढ़ी है। सन् 1995–96 में जहां 13.8 अरब डॉलर मूल्य का सामान निर्यात किया गया, वहीं 1996–97 का लक्ष्य 38 अरब डॉलर था और आशा की गयी है कि सन् 2001 में विश्व व्यापार में भारत का हिस्सा करीब एक प्रतिशत हो जाएगा।

अब सरकार एक नयी आयात-निर्यात नीति तैयार कर रही है। इसमें ब्रांड नाम को लोकप्रिय बनाकर निर्यात बढ़ाने की बात कही गयी है। इसी दृष्टि से 'इंडिया ब्रांड इक्विटी फंड' बनाया गया है। इससे कम समय में कई गुना निर्यात बढ़ाने में मदद मिलेगी। यह कोष विदेशी बाज़ारों में भारतीय ब्रांड के सामान को बढ़ावा देने के लिए काम करेगा। लाइसेंस संबंधी अनेक प्रतिबंधों को समाप्त कर देने के बावजूद, भारत अपनी आयात प्रणाली को और उदार बनाने के लिए वचनबद्ध है। बहुत अधिक नियंत्रणों वाली भारतीय अर्थव्यवस्था को बर्हिमुखी अर्थव्यवस्था में बदलने के बाद से विश्व के कई बड़े देशों की भारत से व्यापार करने की दिलचस्पी बढ़ी है। यह अन्तर्राष्ट्रीय समुदाय में भारत की स्थिति को बेहतर बनाने की दिशा में एक शुभ संकेत भी है।

❑❑❑

मानव कल्याण की दिशा में

देश की वास्तविक उन्नति की पहचान इस बात से होती है कि उसके नागरिक कितने शिक्षित हैं, उनका स्वास्थ्य कैसा रहता है, वे जिस परिवेश में रहते हैं, वह कैसा है और यह कि गरीब-से-गरीब व्यक्ति की भलाई और कल्याण के लिए क्या किया जा रहा है?

आज़ादी से पहले दो सौ वर्ष की गुलामी के दौरान भारत के नागरिक केवल शोषण का ही शिकार होते रहे। अंग्रेजों ने शहरों में उद्योग धन्धे नष्ट कर दिए और गांवों में लोगों से वह उगाने के लिए कहा, जो उनके लिए कच्चे माल के रूप में जरूरी था। जिसने अनाज पैदा किया उससे लगान इतना ज़्यादा वसूल किया गया कि वह गरीब-का-गरीब ही रहा। जो हुनरमंद लोग थे उन्होंने अत्याचारों और ज़ुल्मों से परेशान होकर अपने अंगूठे तक काट डाले थे। न शिक्षा के मौके थे, न रोज़गार था, न खाने को भरपेट अनाज। ऊपर से महामारियों और अकालों का प्रकोप। रहने के लिए स्वच्छ परिवेश नहीं और पीने को साफ पानी नहीं। इतनी दुर्दशा भोगने वाली जनता जब आज़ाद हुई तो सहज ही सोचा जा सकता है कि आज़ादी के बाद देश के निर्माण के लिए आगे आए हमारे कर्णधारों के सामने कितनी ज़बरदस्त चुनौतियां थीं। उनके पास कोई जादू की छड़ी तो थी नहीं कि रातोंरात देश की जनता को खुशहाल बना देते। अंग्रेज़ सरकार देश का खज़ाना भी खाली कर गयी थी। ऐसे में हमारे कर्णधारों के पास केवल सूझ-बूझ और दूर-दृष्टि ही थी, जिसके बल पर उन्होंने भुखमरी, गरीबी को दूर करने के साथ-साथ ऐसे कार्यक्रम शुरू किए कि लोग जितनी जल्दी हो सके शिक्षित बनें, लोगों को जितनी जल्दी हो सके काम और रोज़गार मिले, रोटी-कपड़ा और मकान मिले - और पीने को साफ पानी और सांस लेने को स्वच्छ हवा मिले। आज़ादी के इन वर्षों में हमने शिक्षा, स्वास्थ्य, कल्याण और पर्यावरण के क्षेत्र में क्या पाया, क्या खोया, आइए देखते हैं :

शिक्षा

आज़ादी मिलने के साथ-साथ हमें अंग्रेजों की विरासत के रूप में वह शिक्षा-पद्धति भी मिली, जो अंग्रेजों ने गुलाम भारत पर शासन करने के लिए चला रखी थी। लार्ड मैकाले ने जो शिक्षा-नीति चलाई थी, उसका मुख्य उद्देश्य सरकार चलाने के लिए कुछ ऐसे पढ़े-लिखे लोग तैयार करना था, जो अंग्रेज़ अफसरों के हुक्म का पालन करें और अन्याय के खिलाफ ज़बान खोलने की हिम्मत न जुटा सकें। इसीलिए महात्मा गांधी ने शिक्षा को राष्ट्रीय विकास का एक ज़रूरी हिस्सा बनाया था। भारत

जब आज़ाद हुआ तो उस समय केवल 14 प्रतिशत लोग साक्षर थे और प्रत्येक तीन बच्चों में से सिर्फ एक ही प्राइमरी स्कूल में जाता था। स्कूल जाने वाले और साक्षर लोगों की संख्या काफी कम थी। इसलिए लोगों को साक्षर बनाने और 6 से 14 वर्ष की आयु वर्ग के सभी बच्चों को शिक्षा उपलब्ध कराने की ज़रूरत को समझते हुए, देश के संविधान और पंचवर्षीय योजनाओं में परिभाषित किया गया। लेकिन यह विडम्बना ही कही जाएगी कि हमारे देश के कर्णधार देश को तत्काल कोई शिक्षा-नीति नहीं दे सके और शिक्षा की मैकाले-पद्धति ही चलती रही। भले ही यह कहा जाता रहा है कि शिक्षा-प्रणाली में सुधार किया जा रहा है। सच पूछा जाये तो हमारे शिक्षा शास्त्रियों ने देश के लिए शिक्षा-नीति तैयार करने में पूरे चालीस वर्ष लिए, जबकि देश में दो पीढ़ियां पढ़ाई समाप्त कर चुकी थीं। सन् 1986 में राष्ट्रीय शिक्षा-नीति पहली बार तैयार हुई, जिसमें **'सार्वभौमिक प्राथमिक शिक्षा'** को, शिक्षा का आधार बनाने के साथ-साथ शिक्षा के विकास में केंद्र सरकार के लिए उत्तरोत्तर महत्त्वपूर्ण भूमिका तय की गई। यह नीति में बुनियादी शिक्षा अर्थात् औपचारिक तथा अनौपचारिक प्राथमिक शिक्षा और प्रौढ़ साक्षरता को व्यापक व बेहतर बनाने के लिए मानव संसाधन विकास मंत्रालय के शिक्षा विभाग ने प्राथमिक शिक्षा के विकास में राज्यों की मदद करने के लिए कई केन्द्र निर्देशित एवं संचालित योजनायें शुरू कीं। इसके बाद 1990 में *आचार्य राममूर्ति* की अध्यक्षता में एक समिति ने इस नीति की समीक्षा की। इसकी सिफारिशों पर केन्द्रीय सलाहकार बोर्ड ने विचार किया और 1992 में बोर्ड ने अपनी रिपोर्ट दी। जिसके आधार पर संशोधित कार्य नीति 1992 में तैयार की गई। इस संशोधित कार्य योजना के अंतर्गत 14 वर्ष की आयु तक के सभी बच्चों के लिए वर्ष 2000 तक औसत स्तर की निःशुल्क विद्यालय की व्यवस्था करने का संकल्प व्यक्त किया गया। इस लक्ष्य की प्राप्ति के लिए राज्यों के प्रयासों में सहायता देने के लिए, प्राथमिक शिक्षा के क्षेत्र में केन्द्र द्वारा प्रायोजित कई योजनायें शुरू की गईं।

अब इस बात पर अधिक ध्यान दिया जा रहा है कि प्राथमिक कक्षाओं में दाखिला लेने वाले बच्चे बीच में स्कूल न छोड़ें, बल्कि पढ़ाई जारी रखें। इसके साथ ही प्राथमिक शिक्षा को सर्वसुलभ बनाने के लिए नया कार्यक्रम *'जिला प्राथमिक शिक्षा कार्यक्रम'* तैयार किया गया है। यह एक केन्द्र प्रायोजित योजना है, जिसका उद्देश्य देश में प्राथमिक शिक्षा प्रणाली की जांच करना है।

राष्ट्रीय शिक्षा नीति 1986 में व्यावसायिक शिक्षा को भी उच्च प्राथमिकता दी गई और सन् 2000 तक 95 प्रतिशत विद्यार्थियों को हायर सेकेन्डरी स्तर पर व्यवसायिक शिक्षा की ओर मोड़ने का लक्ष्य रखा गया। इसके अन्तर्गत लगभग 150 व्यसावसायिक पाठ्यक्रम छह प्रमुख क्षेत्रों, जैसे - कृषि, व्यवसाय, अर्द्धनिकायों, गृह-विज्ञान, कला और अन्य क्षेत्रों में शुरू किए गये।

राष्ट्रीय शिक्षा नीति, 1986 में भारत की सांस्कृतिक विरासत की पहचान के बारे में शिक्षा को राष्ट्रीय शिक्षा प्रणाली का एक महत्त्वपूर्ण क्षेत्र माना गया हैं इसके लिए दो उद्देश्य निर्धारित किए गये हैं - पहला, स्कूली और गैर-पांरपरिक शिक्षा प्रणाली में सांस्कृतिक मूल्यों से संबंधित शैक्षिक तत्त्वों को मज़बूत करना और दूसरा कला, शिल्प, संगीत, नृत्य के शिक्षकों के सेवाकालीन प्रशिक्षण को मज़बूत बनाना।

सन् 1989 में, स्कूल छोड़कर जाने वाले और औपचारिक रूप से स्कूल न आ सकने वाले छात्रों को अपनी पढ़ाई जारी रखने की सुविधा देने के लिए *'राष्ट्रीय खुला विद्यालय'* की स्थापना की गयी। इस विद्यालय द्वारा जारी किए गये प्रमाण-पत्र उच्च शिक्षा में दाखिले तथा रोज़गार के लिए मान्यता प्राप्त हैं। विद्यार्थियों को उनकी आवश्यकताओं, रूचियों और योग्यताओं के अनुसार विषयों के साथ, व्यवसायिक विषयों को मिलाकर पढ़ने के लिए भी प्रोत्साहित किया जाता है।

ग्रामीण क्षेत्रों के प्रतिभाशाली छात्रों को अच्छे स्तर की आधुनिक शिक्षा उपलब्ध कराने के उद्देश्य से भारत सरकार ने 1985—90 में प्रत्येक ज़िले में औसतन एक नवोदय विद्यालय स्थापित करने की योजना शुरू की। इन विद्यालयों में आवास तथा सहशिक्षा उपलब्ध होती है। प्रत्येक नवोदय विद्यालय में कम-से-कम एक तिहाई लड़कियों की भर्ती सुनिश्चित करने के प्रयास किए जाते हैं। इन विद्यालयों में कला, वाणिज्य, विज्ञान और व्यावसायिक क्षेत्र की शिक्षा दी जाती है।

आज़ादी के पचास साल पूरे होने पर सरकार ने निर्णय लिया है कि छह से चौदह वर्ष के बच्चों के लिए प्रारंभिक शिक्षा उनके मौलिक अधिकार का हिस्सा बन जाये। इसके लिए संविधान में संशोधन किया जाएगा। इसके साथ ही छह से चौदह वर्ष के प्रत्येक बच्चे को प्रारंभिक शिक्षा दिलवाने को हर माता-पिता का मौलिक कर्तव्य बनाने के लिए संविधान में स्पष्ट प्रावधान किए जायेंगे।

विगत पांच दशकों में महिलाओं को शिक्षा देने के लिए भी कई योजनायें चलायी गई हैं। साथ ही बालिकाओं को औपचारिक एवं अनौपचारिक शिक्षा देने के लिए दाखिला करवाने, शिक्षिकाओं के रूप में ग्रामीण महिलाओं की भर्ती कराने पर भी जोर दिया जा रहा है। सरकार ने स्वतंत्रता के पश्चात् सिद्धांत रूप में तो यह स्वीकार किया कि महिलाओं को शिक्षा के अधिकाधिक अवसर उपलब्ध कराए जायें फिर भी उन प्रयासों के वांछित परिणाम नहीं मिले। स्त्री-पुरूष शिक्षा के तुलनात्मक प्रतिशत में काफी अंतर है। शिक्षा की कमी के कारण महिलाएं रोज़गार और सामाजिक सेवाओं का लाभ उठाने तथा सार्वजनिक जीवन में सक्रिय भागीदारी से वंचित रह जाती हैं। राष्ट्रीय शिक्षा नीति में कहा गया है - *'राष्ट्रीय शिक्षा प्रणाली महिलाओं को सक्षम बनाने में रचनात्मक तथा हस्तक्षेपपूर्ण भूमिका निभायेंगी।'* किंतु अभी इस दिशा में काफी कुछ किया जाना शेष है।

उच्च शिक्षा के क्षेत्र में भी भारत ने उल्लेखनीय प्रगति की है। सन् 1947 तक कॉलेजों और विश्वविद्यालयों में पढ़ने वाले छात्रों की संख्या कुछ हज़ारों में थी, जबकि आज यह लाखों में है। सन् 2010 तक छात्रों की संख्या एक करोड़ हो जाने की आशा है। उच्च शिक्षा देश के आर्थिक विकास के द्वारा जनसाधारण के जीवन की गुणवत्ता बढ़ाने में योगदान देती है। इसी कारण उच्च शिक्षा तथा तकनीकी शिक्षा को और अधिक उद्देश्यपूर्ण तथा सामाजिक, आर्थिक और राजनीतिक परिवर्तनों तथा आकांक्षाओं के अनुरूप बनाने की कोशिश की गई है। स्वतंत्रता प्राप्ति के बाद देश की कृषि-प्रधान अर्थ-व्यवस्था को तेजी से औद्योगिकीकरण करने की चुनौती का सामना करना पड़ा। इसके लिए हमें उच्च तकनीकी शिक्षण संस्थानों, अनुसंधान संस्थानों और प्रयोगशालाओं की स्थापना करना जरूरी हो गया था। इन संस्थानों और कॉलेजों में वर्ष 1995 तक साठ लाख से अधिक छात्र नामांकित हो चुके थे। इस प्रकार स्वतंत्रता प्राप्ति के बाद भारत में तकनीकी शिक्षा का विस्तार काफी प्रभावशाली रहा

हैं, दूसरी ओर उच्च शिक्षा प्राप्त करने के लिए भी छात्रों की संख्या में भारी वृद्धि हुई है। लेकिन पिछले कुछ वर्षों में उच्च शिक्षा के बारे में शिक्षा शास्त्रियों ने एक अलग ही दृष्टिकोण सामने रखा है। उनका कहना है कि आजकल कॉलेजों में प्रवेश के लिए आने वाले छात्रों में जो बढ़ोतरी हुई है, उसका कारण हमारी वर्तमान सामाजिक-आर्थिक स्थिति है। कई छात्र इसलिए कॉलेज जाते हैं, क्योंकि उनके पास करने को कुछ नहीं होता। वे ज्ञान की खोज में कॉलेज नहीं आते बल्कि परिस्थितियों के दबाव से वहां पहुंच जाते हैं। कुछ लोगों का तो यहां तक कहना है कि उच्च शिक्षा केवल उन्हीं को मिलनी चाहिए जो इसमें गहरी रूचि रखते हों। लेकिन जब हम इस बात का ध्यान रखे बिना ही छात्रों को प्रवेश दे देते हैं तो उसका कोई लाभ नहीं होता। दरअसल ऐसे छात्र समय बिताने और डिग्री हासिल करने के लिए कॉलेज में दाखिला लेते हैं। यह डिग्री उनके लिए क्लर्की जैसा काम करने के लिए पासपोर्ट की तरह होती है, जिसका उनकी पढ़ाई-लिखाई से कोई वास्ता नहीं होता। डॉक्टरेट की डिग्री हासिल करने के बावजूद लोग विश्वविद्यालयों और कम्पनियों-दफ्तरों में सहायक की नौकरी करते हैं। ऐसी उच्च शिक्षा से आखिर क्या लाभ है?

यह भी कितना दुर्भाग्यपूर्ण है कि कॉलेजों और विश्वविद्यालयों की संख्या में वृद्धि के बावजूद देश में ऐसी शिक्षा का विकास नहीं हो सका है, जो शिक्षित वर्ग में देश की राष्ट्रीय, सामाजिक, आर्थिक और राजनीतिक स्थिति के प्रति जागरूकता पैदा करे और उसे प्राचीन परंपराओं और विचारों की जकड़ से मुक्त करने में सहायक हो। न तो प्राथमिक शिक्षा का सार्वभौमीकरण हो सका है और न ही प्राथमिक अथवा उच्च स्तरीय शिक्षा को व्यवसायमूलक बनाया जा सका है। इसलिए यह बहुत जरूरी है कि शिक्षा को सही अर्थों में बल्कि सामाजिक विकास में भी वृद्धि हो और राष्ट्र का चरित्र उच्च स्तरीय बन सके।

स्वास्थ्य

स्वतंत्रता के बाद स्वास्थ्य की देखभाल के लिए सरकार ने व्यापक प्रयास किए। लेकिन जनसंख्या वृद्धि के कारण इन सभी उपायों का जो फल मिलना चाहिए था, वह नहीं मिला। यद्यपि संविधान के अनुसार जनस्वास्थ्य और सफाई, अस्पताल व दवाखाने राज्य की सूची के अंतर्गत आते हैं और जनसंख्या नियंत्रण, परिवार-नियोजन, मेडिकल शिक्षा, औषधियां आदि केन्द्र की सूची में आते हैं, फिर भी राष्ट्रीय प्रयासों के अन्तर्गत परिवार कल्याण, प्राथमिक स्वास्थ्य योजनाएं, रोगों की रोकथाम एवं नियंत्रण जैसे विषयों पर केन्द्रीय स्वास्थ्य मंत्रालय द्वारा काम किया जा रहा है।

पहली पंचवर्षीय योजना में प्राथमिक, उच्चतर तथा अन्य प्रकार के चिकित्सा केन्द्रों के निर्माण और उन्हें उचित प्रणाली से जोड़ने के प्रयास आरंभ किए गये थे। आम जनता की प्रमुख स्वास्थ्य समस्याओं के समाधान के लिए कार्यक्रम बनाए गये और उन्हें लागू किया गया। इन प्रयत्नों के फलस्वरूप मृत्यु दर में तो कमी आई, लेकिन छूत की बीमारियों और पोषण की कमी से होने वाली बीमारियों की दर में कमी नहीं आई। इसके अलावा एच.आई.वी. जैसे संक्रामक रोगों के फैलने से

अस्वस्थता दर बढ़ी है।

आरंभ में स्वास्थ्य देखभाल की सेवायें मुख्य रूप से शहरों में थीं, लेकिन बढ़ती हुई जनसंख्या के कारण वे सेवायें अपर्याप्त हो गई हैं। भारत की जनसंख्या का 30 प्रतिशत हिस्सा शहरों में रहता है। पिछले दो दशकों में गांवों से शहर की ओर पलायन के कारण, शहरों की तंग बस्तियों की आबादी तेज़ी से बढ़ी है। इस कारण जितनी भी स्वास्थ्य सेवायें मुहैया कराई जाती हैं, वे कम पड़ जाती हैं। इस कमी को पूरा करने के लिए नगरपालिकाओं, राज्य सरकारों, गैर-सरकारी संगठनों सहित, विदेशी सहायता से चलने वाले संगठनों आदि ने प्रयास शुरू किए और ये प्रयास आज भी जारी हैं। लेकिन जहां एक हज़ार लोगों को स्वास्थ्य-सेवाएं देने की सुविधाएं शुरू की जाती हैं - वहां सुविधाएं देने का समय आते-आते दो हज़ार लोग सुविधा मांगने के लिए आ जाते हैं। पिछले पचास सालों में बढ़ती जनसंख्या ने हमारी स्वास्थ्य सेवाओं के साथ-साथ अन्य तमाम योजनाओं को भी प्रभावित किया है और विकास की गति को कमज़ोर बनाया है।

उधर, ग्रामीण क्षेत्रों में स्वास्थ्य सेवायें मुहैया कराने की दिशा में भी योजनाबद्ध प्रयास किए गये हैं। पिछली आठ योजना अवधियों में पूरे देश में ग्रामीण प्राथमिक देखभाल के मूलभूत ढांचे का निर्माण किया गया है। पर्याप्त संख्या में प्राथमिक चिकित्सा केन्द्र बन गए हैं और पर्याप्त संख्या में सामुदायिक स्वास्थ्य केन्द्र स्थापित किए जाने के प्रयास हो रहे हैं ताकि ग्रामीणों को प्रभावपूर्ण आपात सेवाएं मिल सकें। लेकिन इन प्रयासों में प्रायः कर्मचारियों की कम संख्या एक बड़ी बाधा रही है। कर्मचारियों की इस कमी से स्वास्थ्य तथा परिवार-कल्याण सेवाओं और प्रमुख राष्ट्रीय कार्यक्रमों को प्रभावशाली तरीके से लागू करने में कठिनाई उत्पन्न हुई है।

'सन् 2000 तक सबके लिए स्वास्थ्य' की वचनबद्धता, सरकार के लिए एक चुनौती है। इस लक्ष्य को पूरा करने के लिए निरन्तर प्रयास हो रहे हैं। सन् 1951–52 में, अस्पतालों में रोगी बिस्तरों की संख्या एक लाख तेरह हजार थी, जो 1993 में बढ़कर सात लाख चार हजार हो गई थी। इसी तरह दिसम्बर, 1994 में ग्रामीण क्षेत्र में 21,254 प्राथमिक स्वास्थ्य केन्द्र, 1,31,476 उप केन्द्र, 2,238 सामुदायिक स्वास्थ्य केन्द्र और 6 लाख 13 हजार दाईयों तथा चार लाख सत्रह हजार स्वास्थ्य गाइडों की सेवाएं उपलब्ध कराई गयी थीं। इन सुविधाओं में निरन्तर वृद्धि हो रही है ताकि आने वाले वर्षों में प्रत्येक 30,000 और पर्वतीय तथा आदिवासी क्षेत्रों में 20,000 जनसंख्या के लिए एक प्राथमिक स्वास्थ्य केन्द्र, प्रत्येक 5000 और पर्वतीय तथा आदिवासी क्षेत्रों में 300 जनसंख्या के लिए एक उपकेन्द्र स्थापित किया जा सकें।

जब देश स्वतंत्र हुआ, उस समय अनेक संक्रामक रोग देश में बीमारी और मौत के प्रमुख कारण थे। इन संक्रामक रोगों की रोकथाम के लिए केन्द्र सरकार ने देशव्यापी कार्यक्रम आरंभ किए। इनमें मलेरिया उन्मूलन कार्यक्रम चार दशक से भी अधिक पुराना है। इसकी शुरूआत 1953 में की गई थी और मलेरिया से होने वाली बीमारी तथा मौत की दर को कम करने में इस कार्यक्रम को विशेष सफलता प्राप्त हुई थी। इसका प्रमाण यह है कि स्वतंत्रता प्राप्ति के समय मलेरिया के कारण अनुमानतः करीब सात लाख इकयावन हजार लोग मौत के मुंह में जाते थे। जबकि मलेरिया उन्मूलन

कार्यक्रम लागू होने के बाद सन् 1965 में मलेरिया रोगियों की संख्या दस हजार थी और मृत्यु-दर शून्य थी। दुर्भाग्य से हाल के वर्षों में मलेरिया फिर से बढ़ने लगा है और सामान्य रूप से इस्तेमाल की जाने वाली मलेरिया निरोधी दवाएं, मलेरिया के जीवाणुओं को समाप्त करने में बेअसर सिद्ध हो रही हैं। सरकार इस बारे में चिंतित है और इस बारे में अनुसंधान और प्रयास जारी हैं। इसी के साथ अन्य रोगवाहक बीमारियों पर भी उचित ध्यान दिया जा रहा है। लेकिन शहरी और ग्रामीण क्षेत्रों में निरंतर बिगड़ती सफाई की स्थिति, शुद्ध पीने के पानी का अभाव तथा कचरे के निपटान की उचित व्यवस्था के अभाव के कारण अनेक संक्रामक रोग फैल रहे हैं - जिनमें एक डेंगू भी है। इसके अलावा जांडिस, हैजा, काला अज़ार, आत्रंशोध जैसी अनेक बीमारियां बराबर उभर रही हैं। इसके साथ ही, अनेक जीवाणुओं की दवा प्रतिरोधी क्षमता बढ़ जाने से कीटनाशी दवाओं के बेअसर हो जाने से भी संक्रामक रोगों के नियंत्रण की समस्या अधिक गंभीर हो गई है।

आठवीं योजना में जिन अन्य प्रमुख राष्ट्रीय योजनाओं पर विशेष जोर दिया गया है, वे हैं - टी. बी., कुष्ठ रोग तथा एच.आई.वी. संक्रमण की रोकथाम संबंधी योजनाएं। लेकिन विशेषज्ञों की राय है कि अगर पर्यावरण और सफाई की स्थिति में निरंतर इसी तरह गिरावट होती रही तो भविष्य में संक्रामक रोगों की पूर्ण रोकथाम असंभव हे जाएगी। निरंतर बढ़ती जनसंख्या, शहरीकरण, कृषि, औद्योगिकीकरण तथ जल-संसाधन के प्रबंध में कमी आदि के कारण पर्यावरण और स्वास्थ्य पर बड़ा ही प्रतिकूल असर पड़ा है। इसलिए पर्यावरण की बिगड़ती स्थिति के परिणामस्वरूप स्वास्थ्य पर पड़ने वाले प्रतिकूल असर को रोकने तथा उसका उचित प्रबंध करने की दिशा में अधिक ध्यान दिया जा रहा है।

स्वास्थ्य एवं परिवार कल्याण कार्यक्रमों के लिए आज तक जो सबसे बड़ी चुनौती है, वह है - जनसंख्या में निरन्तर वृद्धि। बढ़ती जनसंख्या ने न केवल स्वास्थ्य अपितु विकास की सभी योजनाओं को प्रभावित किया है, चाहे वह कृषि हो, उद्योग हो, रोज़गार हो या कोई अन्य। देश की ऐसी विकराल समस्या आज भी बनी हुई है और निश्चय ही इससे हमारी उन्नति अपेक्षाकृत बाधित हुई है। एक अनुमान के अनुसार आज देश की जनंसख्या 100 करोड़ है और वह प्रति मिनट ४४ बच्चों की दर से बढ़ रही है। इक्कीसवीं सदी में इसके एक अरब से भी अधिक हो जाने की संभावना है।

सन् 1951 में भारत की जनसंख्या 36 करोड़ 11 लाख थीं 1991 में यह बढ़कर 84 करोड़ 63 लाख हो गई। इस तरह प्रति वर्ष हमारे देश की जनसंख्या 1 करोड़ 70 लाख बढ़ जाती है। जनसंख्या नियंत्रण के लिए हमारे देश में परिवार नियोजन कार्यक्रम 1951 में शुरू किया गया था। इसका उद्देश्य जन्म-दर को घटाकर जनसंख्या को उस स्तर पर स्थिर रखना था, जो केवल राष्ट्रीय आवश्यकताओं को देखते हुए जरूरी हो। लेकिन यह कार्यक्रम आज तक सफल नहीं हो सका और जनसंख्या वृद्धि अपनी अबाध गति से जारी है। गरीबी, निरक्षता तथा मजबूरी में दिन काट रहे परिवारों में परिवार नियोजन कार्यक्रम के प्रति कोई उत्साहजनक प्रभाव नहीं दिखाई दिया। केवल उच्च शिक्षित, सम्पन्न तथा जागरूक परिवारों ने ही परिवार नियोजन का महत्त्व समझा। इससे कोई विशेष फर्क नहीं पड़ा, क्योंकि देश की बहुसंख्य गरीब और निरक्षर जनता आबादी को निरन्तर बढ़ाती रही।

अब यह अच्छी तरह समझ लिया गया है कि यदि व्यक्ति को रोटी, कपड़ा और मकान जैसी सुविधाएं तथा सुरक्षा प्राप्त होगी, तभी वह परिवार को सीमित रखने की बात सोच सकता है, क्योंकि गरीब आदमी सोचता है कि अधिक बच्चे यानि अधिक आर्थिक आय जो कि परिवार के भरण-पोषण के लिए ज़रूरी है - खासकर बढ़ती महंगाई और अभावों के कारण। इस सत्य को ध्यान में रखकर परिवार नियोजन कार्यक्रम को अब परिवार कल्याण कार्यक्रम में परिवर्तित कर दिया गया है। अब प्रौढ़ शिक्षा, समन्वित ग्रामीण विकास कार्यक्रम तथा ऊर्जा एवं संचार माध्यमों को विकसित किया जा रहा है ताकि लोग परिवार नियोजन के महत्त्व को समझने योग्य बनें। इसके साथ ही पंचायतों से भी आशा की गई है कि वे छोटे परिवारों के महत्त्व को समझाएगी और लोगों में चेतना पैदा करेंगी।

आवास

स्वतंत्रता प्राप्ति के बाद आवास की समस्या हल करने की दिशा में बराबर प्रयत्न होते रहे हैं। एक अनुमान के अनुसार इस समय देश के लगभग चार करोड़ दस लाख व्यक्ति बेघर हैं। बीसवीं शताब्दी के अंत तक आवासीय इकाइयों की कमी बढ़कर छह करोड़ चालीस लाख हो गई थी। आवास की समस्या हल करने के लिए सन् 1988 में एक राष्ट्रीय आवास नीति बनाई गई। इसमें ग्रामीण आवास की जरूरतों पर विशेष बल दिया गया। *राष्ट्रीय आवास नीति* का लक्ष्य है - बेघरों को घर दिलाना, अपर्याप्त सुविधाओं के मकानों में रहने वालों की आवासीय स्थिति में सुधार लाना और सभी बुनियादी सेवाओं और सुविधाओं का न्यूनतम स्तर उपलब्ध कराना। आठवीं योजना के कार्यक्रमों में सामाजिक आवास योजनाओं पर बल दिया गया है। जिसमें न्यूनतम आवश्यकता कार्यक्रम के अन्तर्गत ग्रामीण क्षेत्रों में योजनाएं, आवास तथा शहरी विकास निगम और राष्ट्रीय आवास बैंक की भूमिका को मज़बूत करने, बेघरों को आश्रय, प्रौद्योगिकी हस्तांतरण, आवास सूचना प्रणाली और केन्द्र सरकार के कर्मचारियों के लिए आवास कार्यक्रम पर जोर दिया गया है।

सन् 1954 में शहरी विकास मंत्रालय द्वारा *'राष्ट्रीय भवन संगठन'* की स्थापना की गई थी। इसका मुख्य कार्य कम लागत के भवनों के डिज़ाइनों के अनुसंधान तथा सामाजिक, आर्थिक पहलुओं सहित भवनों और आवासीय स्थितियों में सुधार करना है। इस संगठन को 1992 में पुनर्गठित किया गया ताकि वह सामाजिक, आर्थिक प्रबंध, सूचना प्रणाली और आंकड़ा बैंक का काम संभाल सके।

गांवों के गरीब लोगों को अपना घर देने के उद्देश्य से *'इन्दिरा आवास योजना'* शुरू की गई। इसके अंतर्गत बेघर ग्रामीणों को सरकार से आर्थिक और तकनीकी सहायता मिलती है इसका लक्ष्य अनुसूचित जाति-जनजाति के परिवार, विधवा और अविवाहित स्त्रियों, बाढ़ पीड़ितों और गरीबी रेखा से नीचे रहने वाले परिवारों की मदद करना है। इन्दिरा विकास योजना में अब विस्थापितों, भूकंप पीड़ितों, विकलांगों तथा आदिवासी और घुमंतू जातियों को भी शामिल कर लिया गया है। इन्दिरा आवास योजना के तहत बन रहे मकानों में धुआं रहित चूल्हे, भंडारण और मवेशियों को बांधने की जगह की भी व्यवस्था की जा रही है। इंदिरा विकास योजना के अंतर्गत सम्पूर्ण प्रौद्योगिकी और

स्थानीय स्तर पर मिलने वाली सामग्री के उपयोग से स्थानीय लोगों के कल्याण पर विशेष ज़ोर दिया जा रहा है। लाभार्थियों की सहायता के लिए जो सूत्र तैयार किए गये हैं, उसके अनुसार निर्माण कार्यों में ठेकेदारों की कोई ज़रूरत नहीं रह जाएगी। लोगों को अनुकूल लागत के मकान बनाने और उनके उपयोग का प्रशिक्षण मिल सकेगा। उन पर कोई डिज़ाइन नहीं थोपा जायेगा। ये स्थानीय संस्कृति में ढले होंगे और सुविधाजनक होंगे तथा इनकी मरम्मत भी आसानी से की जा सकेगी।

इस तरह आज़ादी के बाद विगत पचास वर्षों में हमने विकास की दिशा में अनेक उपलब्धियां प्राप्त की हैं। लेकिन सबसे भयानक समस्या जनसंख्या की है। जब तक हम जनसंख्या-वृद्धि पर नियंत्रण नहीं पा लेते हैं, हमारी विकास की गति न तो तेज़ हो सकेगी और न ही उसका प्रतिफल हमारे लिए पर्याप्त होगा। जनसंख्या वृद्धि ने हमारे अनेक प्रयासों और परिणामों को बेअसर बना दिया है। हम अपनी अनेक समस्याएं केवल जनसंख्या वृद्धि पर नियंत्रण करके हल कर सकते हैं। तभी हमारा भविष्य उज्ज्वल बन सकेगा।

पर्यावरण

मनुष्य ने सैकड़ों सालों से प्राकृतिक सम्पदा का दोहन किया है। उसके इस विनाशकारी दोहन के फलस्वरूप प्रकृति में जो असंतुलन पैदा हुआ है, उसने अन्य जीवों के साथ-साथ स्वयं मनुष्य को भी खतरे में डाल दिया है। आज पर्यावरण का प्रश्न हमारी वर्तमान और भावी पीढ़ी के सामने एक चुनौती बनकर खड़ा है। आज अनेक सरकारी और गैर-सरकारी संगठन इस बात का विशेष प्रयत्न कर रहे हैं कि लोगों को इस चुनौती की समय रहते जानकारी दे दी जाये, ताकि पर्यावरण-रक्षा की दिशा में लोग सक्रिय हो सकें और भविष्य में होने वाले महाविनाश से बचा जा सके।

विगत वर्षों में पर्यावरण-सुरक्षा के लिए जहां करीब दो सौ कानून बनाए गये हैं, वहीं सन् 1974 में *'केन्द्रीय प्रदूषण नियंत्रण बोर्ड'* गठित किया गया। यह संस्था प्रदूषण नियंत्रण का संदेश देश भर में फैलाने का काम करती है।

वास्तव में आज़ादी के बाद भी हमने शुरू में पर्यावरण रक्षा की ओर ध्यान नहीं दिया और प्राकृतिक संसाधनों का लम्बे समय से हो रहा दोहन जारी रहा। उद्योगों और कृषि के मामले में भी हमारा ध्यान उत्पादन बढ़ाने पर रहा। यह ठीक है कि विकास और पर्यावरण को एक-दूसरे का विरोधी नहीं बल्कि पूरक मानना चाहिए, क्योंकि मानव समाज और राष्ट्र के लिए दोनों ही आवश्यक हैं, लेकिन हमें यह न भूलना चाहिए कि एक संतुलित पर्यावरण के माध्यम से ही विकास के प्रयास जारी रह सकते हैं। वातावरण स्वच्छ होगा तो प्रदूषण कम होगा और उससे बीमारी और दुःख दूर होंगे, जिससे उत्पादकता बढ़ेगी और विकास में गति आयेगी। इसलिए पर्यावरण के महत्त्व को समझना और समझाना बहुत जरूरी हो गया है।

हमारे देश में तेज़ी से हो रहे औद्योगीकरण एवं शहरीकरण के कारण और अपशिष्ट निस्तारण की समस्याओं और वाहनों जैसी नागरिक सुविधाओं के अधिक इस्तेमाल ने महानगरों में प्रदूषण के

स्तर को काफी खतरनाक सीमा तक पहुंचा दिया है। इस कारण शहरों में लोग कई खतरनाक बीमारियों के शिकार हो रहे हैं।

दूसरी ओर गांवों में जल-प्रदूषण की समस्या है। पीने के साफ पानी का उपलब्ध न होना, वहां अनेक रोगों का कारण बन गया है। तालाबों का गन्दा होना, कुंओं की सफाई न होना आदि अनेकानेक समस्याएं हैं। इसके लिए सरकार ने पर्यावरण कार्य योजना और राष्ट्रीय वन नीति तैयार की है। इसके साथ ही ग्रामीण और जनजातीय समुदायों को लाभ पहुंचाने के लिए तथा उनके लिए जलाऊ लकड़ी, चारा और वृक्षों की उपलब्धता बढ़ाने के लिए पारिस्थिति की विकास योजना शुरू की गई है।

वनस्पतियों और जीव-जंतुओं को बचाने के लिए वन मंत्रालय ने शिकार और तस्करी के लिए दिए जाने वाले दंडों को और अधिक कठोर बनाने के उद्देश्य से *'वन जीवन अधिनियम'* संशोधित किया है।

पिछले वर्षों में बढ़ती जनसंख्या, शहरीकरण और औद्योगीकरण ने हमारी नदियों में अपशिष्ट की मात्रा को बढ़ाया है और उनका जल प्रदूषित हो गया है। ऐसी नदियों का जल न तो पीने के लायक रह गया है, न ही सिंचाई के योग्य रह पाया है। इस तथ्य को ध्यान में रखकर 1995 में राष्ट्रीय नदी संरक्षण योजना शुरू की गई है। इसके द्वारा गंगा, यमुना, दामोदर और गोमती नदी को प्रदूषण मुक्त किए जाने का काम शुरू हुआ है। इसी तरह देश के शहरों, स्थित झीलों को साफ करने के लिए *राष्ट्रीय झील संरक्षण योजना* तैयार की गई है। इसके अंतर्गत पहले चरण में चुनी गई छब्बीस झीलों में से ग्यारह झीलों पर कार्य शुरू किया गया है। इसी तरह 'हिमालय कार्य योजना' के तहत, हिमालय क्षेत्र में वनों के अधिक दोहन के फलस्वरूप भू-क्षरण में जो बढ़ोतरी हुई है, जलाशयों में पानी की कमी हुई है और मौसम अनियमित हो गया है, उसे रोकने की दिशा में काम शुरू किया गया है।

उद्योगों द्वारा फैलाने वाले प्रदूषण को रोकने के लिए पर्यावरण मंत्रालय ने सर्वाधिक प्रदूषण फैलाने वाली लगभग 1500 इकाइयों को बंद करने के आदेश दिए हैं। 29 तरह के उद्योगों को, स्थापना के पूर्व पर्यावरण स्वीकृति लेना अनिवार्य कर दिया गया है। अब उद्योगों को पर्यावरण संबंधी सावधानियों के बारे में एक स्व-परीक्षण रिपोर्ट प्रस्तुत करना अनिवार्य बना दिया गया है।

अंतर्राष्ट्रीय स्तर पर पर्यावरण-संरक्षण के लिए हो रहे प्रयासों में भी भारत सक्रिय भागीदार रहा है। भारत ने जैव विविधता और संयुक्त राष्ट्र के तहत वातावरण परिवर्तन, 1992 पर हस्ताक्षर किए। ओज़ोन परत के संरक्षण के लिए अंतर्राष्ट्रीय स्तर पर किये जा रहे प्रयासों के समर्थन में भारत ने मान्ट्रियल प्रोटोकोल को स्वीकार किया है।

कल्याण की दिशा में पहल

हमारा देश संवैधानिक रूप से एक कल्याणकारी राष्ट्र है। संविधान द्वारा इस देश के समस्त नागरिकों के कल्याण हेतु उपायों के लिए राष्ट्र उत्तरदायी है। हमारे संविधान में लोगों के लिए आव

पद और अवसर की समानता का प्रावधान है। इसमें कमज़ोर वर्गों की ओर विशेष ध्यान देने की भी बात है। स्वतंत्रता से पूर्व समाज सुधार के कार्यों को सम्पन्न करने की जिम्मेदारी केवल राष्ट्रीय संस्थाओं की थी। सरकार चूंकि विदेशी थी, इसलिए वह सभी हस्तक्षेप करती थी, जबकि ये संस्थायें उससे कानूनी मदद की अपेक्षा करती थीं।

उस समय ब्रह्म समाज, आर्यसमाज और रामकृष्ण मिशन जैसी महत्त्वपूर्ण स्वैच्छिक संस्थाओं ने समाज-सुधार,सती-प्रथा समाप्ति, विधवा विवाह, वृद्धों की सेवा, अनाथों के लिए अनाथाश्रमों की व्यवस्था और अनाथ महिलाओं के लिए आश्रमों की स्थापना तथा उनके लिए शिक्षा और व्यवसाय की व्यवस्था जैसे महत्त्वपूर्ण काम किए थे। लेकिन आज़ादी के बाद ये सभी काम संविधान के प्रावधानों और कानूनों के कारण राज्य की समाज कल्याण ज़िम्मेदारियों के अंतर्गत आ गये हैं। आज इन कार्यक्रमों के अंतर्गत शारीरिक और मानसिक रूप से विकलांग लोगों, वृद्धजनों, मादक पदार्थों और ड्रग्स के आदि व्यक्तियों, अव्यवस्थित लोगों, अनुसूचित जातियों, जनजातियों तथा अन्य पिछड़े और कमज़ोर वर्गों को निरोधक, विकासपूर्ण और पुनर्वास सेवाएं प्रदान करने जैसी बातें भी शामिल हो गई हैं। इसके अलावा युवकों की समस्याओं के समाधान भी प्रस्तुत करने के उपाय किए गये हैं। इन सारे कार्यक्रमों को समेकित रूप से लागू करने तथा उनके प्रतिफलन का पूरा जायज़ा लेने के उद्देश्य से सरकार ने *'कल्याण मंत्रालय'* के नाम से एक नया मंत्रालय बना दिया है। कल्याण मंत्रालय के काम प्रमुख रूप से पांच हिस्सों में बंटे हैं : विकलांग कल्याण, सामाजिक सुरक्षा कल्याण, अल्पसंख्यक वर्ग, जनजाति विकास और अनुसूचित जातियां तथा पिछड़े वर्ग।

1991 की जनगणना के अनुसार देश की जनसंख्या का 16.48 प्रतिशत भाग अनुसूचित जातियों का है। इनके लिए अभी बहुत कुछ किया जाना शेष है। अनुसूचित जाति वर्ग समाज में व्याप्त छुआछूत की भावना के चलते उपेक्षित रहा है। इनमें आयी गरीबी और इनका सामाजिक-आर्थिक पिछड़ापन इसी कारण रहा है। इसलिए इनकी गरीबी दूर करने के साथ-साथ, इन्हें शिक्षित और स्वावलम्बी बनाने की दिशा में भी प्रयास किए जा रहे हैं। राष्ट्रीय अनुसूचित जाति एवं जनजाति आयोग तथा राष्ट्रीय सफाई कर्मचारी आयोग द्वारा इन्हें कानूनी सुरक्षा प्रदान की जाती है। राष्ट्रीय अनुसूचित जाति एवं जनजाति वित्त एवं विकास निगम का उद्देश्य अनुसूचित जाति एवं जनजाति के सदस्यों के आर्थिक विकास को गति प्रदान करना है। यह निगम कृषि, बागवानी, पशुपालन, डेयरी, लघु सिंचाई, लघु उद्योग, व्यापार तथा सेवाओं और परिवहन आदि क्षेत्रों के लिए वित्त पोषण करता है तथा रियायती दरों पर राज्य निगमों अथवा एजेंसियों के माध्यम से धनराशि प्रदान करता है। इसी प्रकार राष्ट्रीय सफाई कर्मचारी आयोग सफाई कर्मचारियों को वैकल्पिक रोज़गार एवं प्रशिक्षण उपलब्ध कराता है। इस आयोग ने सन् 1995–96 में 90 करोड़ रुपयों की धनराशि राज्य सरकारों को दी तथा 50 हज़ार सफाई कर्मचारी प्रशिक्षित किए तथा एक लाख सफाई कर्मचारी पुनर्वासित किए गये। आयोग के कार्यों में सफाई कर्मियों को प्राप्त सुविधाओं तथा अवसरों में व्याप्त असमानताएं दूर करने हेतु सरकार से सिफारिश करना, उनके पुनर्वास कार्यक्रमों का अध्ययन तथा मूल्यांकन करना भी शामिल है।

आज़ादी के बाद अनुसूचित जातियों तथा जनजातियों के विकास हेतु तो कार्यक्रम शुरू किए गये, उन पर होने वाले अत्याचारों को रोकने के उपाय भी किए गये हैं। इसके लिए सरकार ने अनुसूचित जाति तथा अनुसूचित जनजाति (अत्याचारों की रोकथाम) अधिनियम, 1989 बनाया जो 30 जनवरी 1990 से लागू हो गया। इसमें बताया गया है कि किन अपराधों को अत्याचार माना जायेगा। इनके लिए कड़े दंड की भी व्यवस्था की गई है। इसी के साथ संविधान (पैंसठवां संशोधन) अधिनियम, 1990 के अंतर्गत *'राष्ट्रीय अनुसूचित जाति तथा अनुसूचित जनजाति आयोग'* बनाया गया है। इसमें राष्ट्रपति द्वारा नियुक्त एक अध्यक्ष, एक उपाध्यक्ष और पांच अन्य सदस्य होंगे। आयोग के कर्तव्य हैं - संविधान में अथवा किसी और कानून में अनुसूचित जाति तथा जनजातियों के लिए बनाए गये सुरक्षा-संबंधी मामलों की आयोग द्वारा जांच करना और मूल्यांकन करना, उनको इन अधिकारों से वंचित किए जाने की विशेष शिकायतों की जांच करना, इन जातियों के सामाजिक व आर्थिक विकास की योजनाएं तैयार करने में भाग लेना तथा सलाह देना और राष्ट्रपति को यह रिपोर्ट देना कि सुरक्षा उपायों पर होने वाले कार्य तथा आयोग कितने कारगर ढंग से काम कर रहा है।

इसी प्रकार अस्पृश्यता विरोधी कानून का दायरा बढ़ाने और इसके तहत दंड के और कड़े प्रावधान करने के लिए 1955 के अस्पृश्यता (अपराध) अधिनियम में व्यापक संशोधन किए गये और इसका नाम बदलकर *नागरिक अधिकार संरक्षण अधिनियम,* 1958 कर दिया गया। संशोधित अधिनियम 19 नवम्बर, 1976 से लागू हो गया है। इसके अनुसार उन लोगों को दंड की व्यवस्था की गई है जो अस्पृश्यता उन्मूलन के अंतर्गत प्राप्त अधिकारों का उपयोग नहीं करने देते।

कल्याण मंत्रालय, अल्पसंख्यकों के हितों की रक्षा के लिए भी कारगर उपाय करता है। संविधान में धार्मिक दृष्टि से अल्पसंख्यकों की सुरक्षा के समुचित उपाय आंकने और सभी सुरक्षा उपायों को प्रभावी ढंग से लागू करने की पक्की व्यवस्था के बारे में सिफारिशें देने के लिए जनवरी, 1978 में *'अल्पसंख्यक आयोग'* का गठन किया गया। यह आयोग अल्पसंख्यकों के प्रति केन्द्र और राज्य सरकारों की नीतियों के कार्यान्वयन की समीक्षा करता है। इसमें अध्यक्ष के अलावा विभिन्न अल्पसंख्यक समुदायों के सदस्य भी हैं। अब संसद ने *'राष्ट्रीय अल्पसंख्यक आयोग अधिनियम, 1992'* पारित करके इस आयोग को राष्ट्रीय दर्जा दे दिया है। इसके साथ ही सरकार ने एक *'राष्ट्रीय अल्पसंख्यक विकास और वित्त निगम'* स्थापित किया है, जो अल्पसंख्यकों के पिछड़े वर्गों को लाभ पहुंचाने के लिए उन्हें आर्थिक और विकास गतिविधियों में सहयोग प्रदान करता है। इसमें अल्पसंख्यकों की महिलाओं और व्यावसायिक समूहों को प्राथमिकता दी जाती है।

विकलांगों के कल्याणार्थ सरकार ने कई कार्यक्रम चलाये हैं। सन् 1991 में राष्ट्रीय नमूना सर्वेक्षण संगठन द्वारा कराए गये सर्वेक्षण के अनुसार देश में 161 लाख लोग शारीरिक विकलांगता से ग्रस्त हैं, जो देश के कुल आबादी का 1.9 प्रतिशत है। इस संगठन ने 1991 में एक और सर्वेक्षण एक से चौदह वर्ष की आयु तक के उन बच्चों के बारे में किया, जिनका मानसिक विकास देर से होता है। इसके अनुसार शहरी क्षेत्रों में ऐसे बच्चों की संख्या 29 प्रति हज़ार और ग्रामीण क्षेत्रों में 30 प्रति हज़ार हैं इसी प्रकार करीब चालीस लाख लोग कुष्ठ रोग के शिकार हैं। विकलांग व्यक्तियों को समान

अवसर, अधिकार संरक्षण तथा पूर्ण भागीदारी दिलाने के उद्देश्य से बने विकलांग जन अधिनियम, 1955 को नया रूप देकर 7 फरवरी 1996 से पुनः लागू किया गया, जिसमें शिक्षा, रोज़गार, प्रशिक्षण, आरक्षण, अनुसंधान, जनशक्ति विकास, पुनर्वास, बेराज़गारी भत्ता दिलाने, विशेष बीमा योजना, गृह स्थापना आदि कार्यों का प्रावधान किया गया है।

सामाजिक सुरक्षा कार्यक्रमों के तहत वृद्ध व्यक्तियों के कल्याण के लिए 1992–93 में एक योजना शुरू की गई। इनके अंतर्गत उन स्वयंसेवी संगठनों को अनुदान दिया जाता है जो कम-से-कम दो साल से वृद्ध आश्रमों का संचालन कर रहे हों, वृद्धों के लिए दिन में देखभाल-केन्द्र चला रहे हों और अन्य ऐसे ही काम कर रहे हों। वृद्ध आश्रमों में साठ वर्ष और उससे अधिक आयु के कम-से-कम 25 निर्धन-बेसहारा लोगों को रखा जाता है।

भिक्षावृत्ति की समस्या से निबटने के लिए, भिखारियों की देखभाल, उपचार और पुनर्वास के लिए सन् 1992–93 में एक नई केन्द्रीय योजना लागू की गई। इसके अंतर्गत भिक्षुक गृहों में कार्यशालायें स्थापित करने के लिए वित्तीय सहायता दी जाती है, ताकि भिक्षुकों को व्यावसायिक प्रशिक्षण और तकनीकी शिक्षा दी जा सके।

□□□

आज़ादी का संघर्ष : हमें याद रखना है

स्वतंत्रता के 54वें वर्ष में, जबकि हम 'स्वतंत्रता स्वर्ण जयन्ती' का समापन कर चुके है, यह उचित ही है कि हम उन सच्चाइयों का पुनरावलोकन कर लें, जिनके कारण हम दो सौ वर्षों तक गुलाम रहे और हमने अपना बहुत कुछ खोया। हमारी आज़ादी का इतिहास संघर्षों और बलिदानों का इतिहास है। हमारी हर नयी पीढ़ी को, इस संघर्ष भरी कहानी को याद रखना ज़रूरी है और उस पर गर्व भी करना है - ताकि वह स्वतंत्रता का मूल्य समझे और उसकी रक्षा के लिए सदैव तत्पर और सजग रहे। हमारी स्वतंत्रता को अभी 54 वर्ष ही तो हुए हैं और हमने अभी कुछ मंज़िलें तय की हैं। अभी हमारे राष्ट्र के सामने अनेक चुनौतियां हैं, अनेक लक्ष्य हैं, जिन्हें हमें पाना है। इसलिए यह याद रखना है कि हम जिस स्वतंत्र भूमि पर खड़े हैं, उसे स्वतंत्र कराने के लिए अपना बलिदान देने वालों को याद रखें, उनके समर्पण, देश-प्रेम और राष्ट्र-भक्ति का अनुकरण करें। इसलिए स्वतंत्रता का यह 54वां वर्ष, उन लोगों को याद करने का समय है जिन्होंने हमारे स्वतंत्रता के स्वप्न को साकार बनाने में अपनी आहुति दी, साथ ही उन असंख्य लोगों को भी नहीं भूलना है जिन्होंने विदेशी शासकों के विरूद्ध अपने-अपने तरीके से लड़ाई जारी रखकर स्वतंत्रता-संग्राम को सफल बनाया।

भारत के स्वतंत्रता-संग्राम की गौरव-गाथा बड़ी मार्मिक और प्रेरणादायक है। पिछले वर्षों में जन्मी और बड़ी हुई पीढ़ियों के लिए यह अनुमान लगाना कठिन है कि एक गुलाम देश में, दासता के बंधनों में जीने का क्या अर्थ होता हैं विदेशी शासक के ज़ुल्म कितने भयावह होते हैं - इसकी कल्पना कर पाना भी असंभव है। तब जिन लोगों ने उस बर्बर शासन और उसके ज़ुल्मों के खिलाफ आवाज़ उठाकर स्वतंत्रता की मांग की होगी, उन्हें बदले में कितनी भीषण यातनाएं भोगनी पड़ी होगीं - इसकी बात सोचना, आज की पीढ़ी के वश की बात नहीं है। यह एक लम्ब्रा इतिहास है। पूरे देश में अंग्रेजों का शासन किस तरह अपना दमन-चक्र चलाता रहा, इसका पूरा ब्यौरा लिखा जाए तो मोटी-मोटी किताबों के कई भाग तैयार हो जाएंगे। फिर भी यहां कुछ पृष्ठों में उस कहानी का परिचय देने का प्रयास किया गया है, ताकि इतिहास न पढ़ने वाले लोग भी इतिहास की इस गौरव-गाथा का आभास तो प्राप्त कर ही सकें, क्योंकि स्वतंत्रता-संग्राम की कहानी से परिचित होना, हर व्यक्ति का राष्ट्रीय धर्म है।

भारत में विदेशियों का आगमन उस समय शुरू हुआ जब 20 मई, 1498 को वास्को-डि गामा

नामक एक पुर्तगाली यात्री, लंबी और जोखिम भरी यात्रा करके, भारत के पश्चिमी तट पर कालीकट पहुंचा था। इसके बाद पुर्तगालियों ने अपना व्यापार फैलाया और सन् 1500 में तो कालीकट के पास उन्होंने अपनी कोठी भी बना ली थी। तीन साल बाद वह कोठी किले के रूप में बदल गयी। बहाना यह बनाया कि उन्होंने कोठी की किलेबंदी और सिपाहियों की नियुक्ति अपनी सुरक्षा के लिए की है। लेकिन जब उन्होंने एक पुर्तगाली फौजी अफसर अल्बुकर्क को किलेदार बनाया, तो उनके इरादे साफ हो गए थें सन् 1506 में उन्होंने गोआ को कब्जे में कर लिया, साथ ही अपना व्यापार फैला लिया। पुर्तगालियों की सफलता देखकर इंग्लैंड की अंग्रेज़ जाति के मन में भारत से व्यापार करने और 'सोने की चिड़िया' को लूटने की इच्छा जागी। तब सन् 1600 में इंग्लैंड की महारानी एलिज़ाबेथ से आज्ञा लेकर कुछ अंग्रेज़ व्यापारियों ने एक कंपनी बनाई जिसका नाम रखा गया - 'ईस्ट इंडिया कम्पनी'।

अंग्रेज व्यापारियों को लेकर सन् 1608 में 'हेक्टर' नामक एक जहाज़ इंग्लैंड से भारत के लिए चला। यह जहाज़ सूरत के बंदरगाह पर आकर रूका। जहाज़ के कप्तान का नाम 'हॉकिन्स' था। यह पहला अंग्रेज था जिसने भारत भूमि पर कदम रखा था। हॉकिन्स, इंग्लैंड के सम्राट जेम्स प्रथम की ओर से मुगल सम्राट जहांगीर के नाम एक पत्र लाया था। वह पत्र उसने आगरा आकर जहांगीर को दिया। पत्र देने से पहले हॉकिन्स ने घुटने टेककर ज़मीन चूमी थी और जहांगीर को सम्मान दिया था। कौन जानता था कि आज जो अंग्रेज़ घुटने टेककर ज़मीन चूम रहा है, कल इसी के वंशज भारत पर राज करेंगे और यहां की जनता को घुटने टेकने पर मज़बूर करेंगे। 6 फरवरी, 1613 को जहांगीर द्वारा जारी किए गये शाही फ़रमान के ज़रिए, अंग्रेजों ने सूरत में अपनी कोठी बनाकर व्यापार करना शुरू कर दिया। इसके बाद जहांगीर ने इसके लिए भी अनुमति दे दी कि मुगल दरबार में इंग्लैंड का एक राजदूत रहा करे और फिर सर टामस रो राजदूत बनकर भारत आ गया। सन् 1616 में अंग्रेजों को कालीकट और मछलीपट्टनम में कोठियों बनाने की इजाज़त मिल गई। इस तरह अंग्रेजों ने भारत में व्यापार शुरू करके धीरे-धीरे यहां की राजनीति में भी दखल देना शुरू कर दिया। सन् 1797 में मुगल सम्राट की मृत्यु के बाद देशी शासकों के आपसी संघर्ष इतने बढ़े कि अंग्रेजों ने इस फूट का फायदा उठाया और उन्हें मदद देने और लड़वाने में अपनी अहम भूमिका निभाई। साथ ही अनेक इलाकों पर वे अपना कब्ज़ा कर बैठे। देश की हालत देखकर उन्होंने यहां शासन करने का न सिर्फ मन बनाया, बल्कि इंग्लैंड से सेना बुलाकर अपनी ताकत भी बढ़ाई और बहाना यह बनाया कि वे यह सेना अपनी व्यापारिक कोठियों को दूसरे विदेशी व्यापारियों से रक्षा करने के लिए बुला रहे हैं। उस समय तक पुर्तगाली और फ्रांसीसी व्यापारी भी भारत में अपने पैर जमा चुके थे। इसलिए तीनों में आपस में भी संघर्ष चल रहे थे।

अंग्रेजों ने धीरे-धीरे बंगाल पर कब्ज़ा करने की योजना बनाई। उस समय उन्होंने कलकत्ते में अपना गढ़ बना रखा था। बंगाल में उस समय नवाब अलीवर्दी खां का शासन था। उन्होंने अमीरचंद नामक एक व्यापारी से मिलकर नवाब अलीवर्दी खां का शासन उखाड़ फेंकने का षड्यंत्र किया, लेकिन अलीवर्दी खां को इसका पता चल गया और उसने अंग्रेजों की सारी चाल नाकाम कर दी। अलीवर्दी खां बूढ़ा हो चुका था। उसका अपना कोई बेटा न था। इसलिए उसने अपने नवासे

सिराजुद्दौला को गोद ले लिया था। एक दिन उसने सिराजुद्दौला को बुलाकर समझाया - 'बेटे! अब लगता है, मेरा आख़िरी वक्त आ गया है। इसलिए जो मैं कहता हूँ, उसे ध्यान से सुनो। बेटे, मुल्क के अंदर यूरोपियन कौमों की ताकत पर नज़र रखना। यदि खुदा मेरी उम्र बढ़ा देता तो मैं तुम्हें इस डर से भी आज़ाद कर देता। मेरे बेटे, अब यह काम तुम्हें करना होगा। रियासतों के घरेलू झगड़ों के बहाने इन लोगों ने मुगल शंहशाह का मुल्क और शहंशाह की रिआया का धन-माल छीनकर आपस में बांट लिया है। इन तीनों यूरोपियन क़ौमों को एकसाथ कमज़ोर करने का ख़याल न करना। अंग्रेजों की ताकत बढ़ गई है। पहले उन्हें खत्म करना। तब बाकी क़ौमें तुम्हें तकलीफ नहीं देंगी। मेरे बेटे, उन्हें किले बनाने या फौज़े रखने की इजाज़त न देना। यदि तुमने यह गलती की तो मुल्क तुम्हारे हाथ से निकल जाएगा।'

10 अप्रैल, 1756 को अलीवर्दी खां की मृत्यु हो गई। इसके बाद सिराजुद्दौला अपने नाना की गद्दी पर बैठा। उस समय तक मुगल साम्राज्य की नींव कमजोर हो चुकी थी। अंग्रेजों के हौसले बढ़ने लगे थे। उन्होंने न सिर्फ सिराजुद्दौला को अपमानित किया और उसकी उपेक्षा की, बल्कि उसके खिलाफ पूर्णिया के नवाब शौकतगंज को भड़काया और उसे सिराजुद्दौला से लड़ाकर मुर्शिदाबाद की गद्दी पर बिठाना चाहा। किंतु सिराजुद्दौला को इसका पता चल गया। वह सेना लेकर पूर्णिया की ओर बढ़ा, तब शौकतगंज ने आगे बढ़कर अंग्रेजों की चाल का खुलासा किया और सिराजुद्दौला से माफी मांगी। अंग्रेजों को मुंह की खानी पड़ी। दरअसल अंग्रेज जान गये थे कि वे सिराजुद्दौला से सीधे मुकाबले में कभी नहीं जीत सकते। इसलिए उन्होंने धोखे और साजिशों के द्वारा ही उसे कमजोर बनाने की नीति अपनाई। इन साजिशों की रचना करने में एक अंग्रेज अफसर क्लाइव बहुत चुस्ती से जुटा हुआ था। उसने सिराजुद्दौला के विश्वासपात्र सेनापतियों को लालच देकर अपनी ओर मिला लिया। इनमें मीर जाफ़र सबसे महत्त्वपूर्ण था। वह सिराजुद्दौला का रिश्तेदार भी था। सिराजुद्दौला को जब इस राज़ का पता चला तो उसने मीर जाफ़र को बुलाया। उसके सामने अपनी पगड़ी उतारकर रख दी और बोला - 'मीर जाफ़र! इस पगड़ी की लाज तुम्हारे हाथों में है।' मीर जाफ़र ने बड़े आदर से पगड़ी वापस सिराजुद्दौला को दी। उसने अपने दोनों हाथ सीने पर रखकर सिराजुद्दौला के सामने सिर झुकाया और वफ़ादारी की कसम खाई। लेकिन यह सब झूठा नाटक था। आखिर वह दिन भी आया जब सिराजुद्दौला एक बड़ी सेना लेकर, अंग्रेजों से युद्ध के लिए निकल पड़ा। मुर्शिदाबाद के पास पलाश के पेड़ों का एक जंगल था। उसे 'पलाशी बाग' कहते थे। इसी के पास पलाशी-मैदान (जो इतिहास की किताबों में 'प्लासी' के नाम से मशहूर है) में 23 जून, 1757 को अंग्रेजों और सिराजुद्दौला की सेनाओं का मुकाबला हुआ। मीर जाफ़र और दूसरे सेनापति अंग्रेजों से मिले हुए थे। इसलिए युद्ध में सिराजुद्दौला की हार हुई। वह अंत में एक फकीर का वेश बनाकर चला गया। अंग्रेजों ने मीर जाफर को मुर्शिदाबाद की गद्दी पर तो बिठाया, पर उसे अपने हाथों की कठपुतली बनाकर रखा और बाद में उसे भी गद्दी से उतार दिया। इस तरह प्लासी के युद्ध से भारत में अंग्रेजों के पैर जमने लगे।

सन् 1759 में मुगल बादशाह शाहआलम दिल्ली की गद्दी पर बैठा। लेकिन वह बहुत निकम्मा था। अंग्रेजों ने अपनी चालाकियों से उसके महत्त्वपूर्ण अधिकार ले लिए थे। कम्पनी का काम अब देशी

राजाओं को लड़ाना, एक को गद्दी पर बिठाना और उससे नज़राना वसूल करना, दूसरे को पहले के खिलाफ भड़काना ही मुख्य था। अंग्रेजों ने इस दौरान देश को खूब लूटा और देशी राजाओं में फूट डालकर अपनी जड़ें मज़बूत की।

उधर दक्षिण में मराठों को कमज़ोर करने की कोशिशें भी चल रही थीं। मैसूर के हैदरअली ने अंग्रेजों की नाक में दम कर दिया था। मराठों की ताकत भी काफी मज़बूत थी। उस समय पेशवा की गद्दी पर रघुनाथ राव बैठा था। गद्दी का असली मालिक नारायण राव पेशवा तब नाबलिग था। अंग्रेजों ने पेशवा दरबार में घुसपैठ करने के लिए रघुनाथ राव को युद्ध का झूठा भय दिखाकर अपनी ओर मिला लिया। पेशवा दरबार में तब नाना फड़नवीस एक दूरदर्शी व्यक्ति था। वह अंग्रेजों के प्रति सावधान था। उसने रघुनाथ राव को अंग्रेजों के प्रति सावधान किया, पर वह नहीं समझा। अंग्रेजों की साजिश में फंसकर रघुनाथ राव ने नारायण राव की हत्या कर दी। इस तरह वह अंग्रेजों के हाथों की कठपुतली बन गया। इतिहासकार लिखते हैं कि नाना फड़नवीस और हैदरअली उस समय दक्षिण में दो ऐसे लोग थे, जिन्हें यदि अपनी ताकत का इस्तेमाल करने का पूरा मौका मिलता तो उस समय ही देश से विदेशी सत्ता समाप्त हो गई होती। पर अपने ही लोगों के विश्वासघात के कारण यह संभव न हुआ।

हैदरअली की वीरता और दूरदर्शिता के कारण मैसूर के राजा ने उसे एक मामूली सिपाही से बढ़ाते-बढ़ाते मैसूर की सेना का प्रधान सेनापति बना दिया था। फिर वह राज्य का प्रधानमंत्री भी बना। अंग्रेजों ने दक्षिण में पैर जमाने के लिए हैदरअली से छेड़-छाड़ शुरू की। लेकिन हैदरअली ने उन्हें सही जवाब दिया। हैदरअली की ताकत के सामने अंग्रेजों ने हर युद्ध में मात खाई। उसका बेटा टीपू सुलतान बचपन से ही हथियार चलाना सीख गया था। जवान होकर पिता के साथ कई युद्ध किए। हैदरअली की मृत्यु के बाद टीपू सुल्तान ने भी अंग्रेजों के पैर नहीं जमने दिए। टीपू कर्नाटक का शासक बना था। उसकी वीरता से अंग्रेज कांपते थे। अंततः उसके साथ भी धोखा और छल की साजिशें चलीं। टीपू के कुछ अमीरों और सरदारों को अंग्रेजों ने अपनी ओर मिला लिया। फिर टीपू से अंग्रेजों ने युद्ध किया। अपने ही लोगों के विश्वासघात के कारण टीपू मारा गया और दक्षिण में अंग्रेजों के पैर जम गए। मराठों के साथ भी, उनके ही सरदारों से विश्वासघात कराकर, अंग्रेजों ने उनकी ताकत को कमज़ोर कर दिया।

उत्तर भारत में मुगल सम्राट को बराबर कमज़ोर किया जाता रहा। जब सन् 1837 में बहादुरशाह ज़फर बादशाह बना तो उस वक्त मुगल बादशाह से अपनी मर्जी का युवराज चुनने का अधिकार छीन लिया था। बाद में तो लार्ड डलहौज़ी ने यह तक कहने की हिम्मत कर ली थी कि बहादुरशाह से कहो कि वह लालकिला खाली करके कुतुबमीनार में जाकर रहें। इस अपमान से दिल्ली की जनता और सेना दोनों में असंतोष छा गया था। लार्ड डलहौज़ी ने बेदखली की नीति लागू करके तमाम भारतीय नरेशों पर यह पाबन्दी लगा दी थी कि अगर उनका अपना कोई पुत्र न हो तो वे कम्पनी की इजाज़त के बगैर किसी और को न गोद ले सकते हैं, न ही रियासत का उत्तराधिकारी बना सकते हैं। इस नीति के तहत लॉर्ड डलहौज़ी ने बहुत-सी देशी रियासतों को किसी-न-किसी बहाने से कम्पनी शासन में

मिला लिया। इस तरह जैसे-जैसे भारत के अधिकांश भाग पर कम्पनी का शासन फैलता जा रहा था, उसी के साथ भारतीय जनता का आर्थिक शोषण भी बढ़ता जा रहा था।

अंग्रेजी राज की स्थापना के साथ-साथ भारत का आर्थिक शोषण इतना जबरदस्त हुआ कि देश का आर्थिक ढांचा चरमरा गया। भारत का धन बड़ी मात्रा में इंग्लैंड पहुंचने लगा। भारत के घरेलू उद्योग, जो कि अर्थव्यवस्था के महत्त्वपूर्ण आधार थे, नष्ट कर दिए गये। नतीजा ये हुआ कि भारत के धन से इंग्लैंड के उद्योग फलने फूलने लगे और भारत के उद्योग नष्ट कर दिए गये। भारत से केवल कच्चा माल इंग्लैंड जाने लगा और वहां बने माल को कई गुना ज़्यादा कीमत पर भारत में बेचा जाने लगा। अंग्रेजों ने ईसाई धर्म का प्रचार भी किया। भारतीयों को धर्म परिवर्तन के लिए मजबूर किया जाने लगा। सर थॉमस मुनरो के शब्दों में - 'भारतीयों के साथ यों तो प्रत्येक आक्रांता ने हिंसा और क्रूरता का व्यवहार किया, किंतु किसी ने भी उनसे इतनी घृणा का व्यवहार नहीं किया जितना कि अंग्रेजों ने।' अंग्रेजों से पीड़ित भारतीयों में विद्रोह की आग धीरे-धीरे सुलगने लगी थी। विद्रोह के लिए संगठित रूप से तैयारी की गई। 31 मई, 1857 को विद्रोह शुरू करने की तिथि तय की गई। बिठूर में नाना साहब (नाना धुन्धूपंत पेशवा) ने यह सारी योजना बनाई थी। उनका विचार यह था कि भारत की सभी जातियों और धर्मों के लोग, अपने मतभेद भुलाकर सम्राट बहादुरशाह ज़फर के झंडे के नीचे मिलकर अंग्रेजों को देश से बाहर निकालें और फिर सम्राट के नीचे अपने-अपने क्षेत्रों का शासन प्रबंध नए सिरे से करें। सन् सत्तावन के युद्ध पर टिप्पणी करते हुए लंदन के 'टाइम्स' के विशेष प्रतिनिधि सर विलियम हावर्ड रसेल ने लिखा था - 'वह एक ऐसा युद्ध था, जिसमें लोग अपने धर्म के नाम पर, अपनी कौम के नाम पर बदला लेने के लिए और अपनी आशाओं को पूरा करने के लिए उठे थे। उस युद्ध में समूचे राष्ट्र ने अपने ऊपर से विदेशियों के जुए को फेंककर, उसकी जगह देशी नरेशों की पूरी सत्ता और देशी धर्मों का पूरा अधिकार फिर से कायम करने का संकल्प लिया था।'

सन् सत्तावन की क्रांति का प्रचार, आधुनिक जनसंचार साधनों के अभाव में भी, जितनी तेज़ी से किया गया, वह एक आश्चर्यजनक बात है। बैरकपुर से पेशावर तक और लखनऊ से सतारा तक हज़ारों राष्ट्रीय फकीरों और संन्यासियों ने घूम-घूमकर एक-एक गांव, एक-एक पलटन में आज़ादी की लड़ाई का प्रचार किया था। विशेष बात तो यह थी कि तैयारी इतनी गुप्त थी कि अंग्रेजों को आखिरी समय तक इसकी भनक न मिली थी। सारे देश में क्रांति की तैयारी हो रही थी और सभी को निश्चित तिथि 31 मई की प्रतीक्षा थी। लेकिन बैरकपुर छावनी में चर्बी वाले कारतूसों के प्रयोग को लेकर जो असंतोष भड़का उसकी सज़ा देने के लिए अंग्रेजों ने 19 नंबर पल्टन के भारतीय सिपाहियों से हथियार रखवाने और उन्हें नौकरी से हटाने का फैसला किया। 29 मार्च, 1857 को जब इस सज़ा के लिए 19 नम्बर पल्टन को परेड मैदान में खड़ा किया गया तो मंगल पांडे नामक एक सिपाही ने विद्रोह कर दिया। उसने अंग्रेज सार्जेंट ह्यूसन को मार गिराया। इसके बाद लेफ्टीनेंट वाघ आया तो उसे भी मंगल पांडे ने गोली मार दी। इसके साथ ही मंगल पांडे ने स्वयं को गोली मार ली। वह घायल होकर गिर पड़े। उन्हें गिरफ्तार कर लिया गया। पहले इलाज कराया गया। फिर मुकद्दमा चलाकर 8 अप्रैल, 1857 को मंगल पांडे को फांसी दे दी गयी।

मंगल पांडे के बलिदान ने लोगों में ज्यादा गुस्सा भर दिया। कुछ ऐसी ही बात कारतूसों को लेकर मेरठ छावनी में हुई। चर्बी वाले कारतूसों का प्रयोग करने से इनकार करने वाले, मेरठ छावनी के 85 सिपाहियों को 9 मई की सुबह परेड मैदान में खड़ा किया गया और सबके सामने उनकी वर्दियां उतरवा कर, बेड़ियां डाल दी गईं और हथकड़ियां पहना दी गईं। इसके बाद उन्हें जेलखाने भेज दिया गया। इस गुस्से ने मेरठ छावनी में 10 मई को विद्रोह भड़का दिया। यह सशस्त्र विद्रोह था। जेलखाने से कैदियों को मुक्त किया और अनेक अंग्रेजों की हत्या की गई। मेरठ विजय कर विद्रोही सेना दिल्ली पहुंची और दिल्ली पर कब्ज़ा कर लिया। मुगल बादशाह बहादुरशाह जफर की जय, के नारे से लालकिला गूंज उठा। 16 मई, 1857 को दिल्ली कंपनी के अधिकार से पूरी तरह मुक्त हो गई। बहादुरशाह जफर का झंडा, क्रांतिकारियों का झंडा बन गया।

इसके बाद तो सारे देश में विद्रोह की आग फैल गयी। लेकिन उत्तरी भारत में इसका ज़ोर सबसे ज्यादा था। मई से सितम्बर, 1857 की अवधि में दिल्ली पर विद्रोहियों का शासन रहा। फिर 24 सितम्बर, 1857 को अंग्रेजों ने सिख फौजों की सहायता से दिल्ली पर आक्रमण किया। दिल्ली पर फिर से अंग्रेजों का कब्ज़ा हो गया। बादशाह के बेटों के सिर काटकर, उसे ही नज़राना भेजा गया। बहादुरशाह जफर अपने ही समधी इलाहीबख्श के विश्वासघात के कारण बंदी बन गए। दिल्ली में अंग्रेजों ने लूटपाट और हिंसा का तांडव किया। फिर तो अन्य स्थानों पर भी दमन चक्र चला। 4 जून, 1857 को झांसी में क्रांति शुरू हुई। किले पर कब्ज़ा हो गया। झांसी आज़ाद हो गई। बालक दामोदर राव के पालक की हैसियत से रानी लक्ष्मीबाई गद्दी पर बैठीं। कानपुर, लखनऊ, बिहार आदि सभी जगह क्रांति भड़क चुकी थी। दूसरी ओर अंग्रेज क्रांति को दबाने की पूरी कोशिश कर रहे थे।

सन् 1857 का स्वाधीनता संग्राम मुख्य रूप से उत्तर भारत में लड़ा गया। दिल्ली, कानपुर, बांदा, बरेली, लखनऊ आदि में विद्रोहियों ने अपनी सरकारें बनायीं। उस समय के प्रमुख क्रांतिकारी नेता थे - नाना साहब, बेगम हज़रत महल, तात्या टोपे, रानी लक्ष्मीबाई, बाबू कुंवरसिंह आदि। इन वीरों के साहसपूर्ण युद्धों और हज़ारों लोगों के बलिदान के बावजूद 1857 का विद्रोह असफल हुआ। इसका मुख्य कारण था - भारतीयों मे आपसी फूट, देश के प्रति विश्वासघात और स्वार्थपरता। अंग्रेज भी समझ गए थे कि वे भारत में फूट और घृणा पैदा करके ही अपना शासन चला सकते हैं और वही उन्होंने किया भी।

लेकिन स्वतंत्रता की आग बुझी नहीं थी। वह भीतर-ही-भीतर सुलगती रही। सन् 1885 में एक अंग्रेज अफसर ए.ओ. ह्यूम ने इंडियन नेशनल कांग्रेस की स्थापना की। उसका उद्देश्य यह था कि देश की जनता में अंग्रेजी शासन के प्रति बढ़ता असंतोष उग्र रूप धारण न कर लें। बल्कि उसे एक उदारवादी दिशा दी जा सके। इस प्रकार शुरू में कांग्रेस एक सुधारवादी संगठन के रूप में उभरी और इसमें सुरेन्द्रनाथ बनर्जी, दादा भाई नौरोजी और गोपाल कृष्ण गोखले जैसे उदारवादी राष्ट्रीय नेताओं का प्रभाव था। ये नेता भारतीय राष्ट्रवाद के एक तरह से जन्मदाता थे, क्योंकि उस समय इन्हीं के विचारों को पढ़-सुनकर जनता में नयी राजनीतिक चेतना आयी।

लेकिन उन्नीसवीं सदी के समाप्त होते-होते भारतीय राजनीति में एक नयी विचारधारा ने जन्म

ले लिया, जिसे राष्ट्रवादियों ने 'उग्रवाद' की संज्ञा दे दी। इस उग्रवाद के समर्थक थे - महाराष्ट्र में लोकमान्य तिलक, बंगाल में अरविंद घोष और विपिनचन्द्र पाल, पंजाब में लाला लाजपत राय। इनका कहना था कि हमें किसी चीज़ के लिए हाथ फैलाना या प्रार्थना करना शोभा नहीं देता। हम अपना अधिकार मांग रहे हैं और इसके लिए हम गिड़गिड़ाएं क्यों? हम अपने अधिकार लेने के लिए आंदोलन चलाएंगे और क्रांतिकारी कदम उठाएंगे। नेता से इसीलिए उग्रवादी कहलाए क्योंकि उनका स्वर उदारवादी या सुधारवादी न होकर, क्रांतिकारी था। ये नेता ब्रिटिश सरकार और ब्रिटिश साम्राज्यवाद के सक्रिय विरोध करने पर ज़ोर देते थे। तभी लोकमान्य तिलक ने उद्घोष किया था - 'स्वतंत्रता हमारा जन्म सिद्ध अधिकार है।' यही नारा आगे चलकर स्वतंत्रता आन्दोलन का मूलमंत्र बना था। जबकि ब्रिटिश वायसराय लॉर्ड कर्ज़न ने इसके जवाब में 'फूट डालो और राज करो' की नीति चलाई ताकि लोग एक होकर आज़ादी की आवाज़ न उठा सकें। इस दिशा में 'बंगाल विभाजन' लार्ड कर्ज़न का पहल कदम था। सन् 1905 में 'बंग-भंग' के खिलाफ देश भर में ज़बरदस्त आन्दोलन हुआ। इससे स्वतंत्रता आन्दोलन को ही लाभ हुआ। उग्रवादी नेताओं ने ब्रिटिश सरकार के खिलाफ 'स्वदेशी' के पक्ष में और ब्रिटेन की वस्तुओं के बहिष्कार का आन्दोलन चलाया। उदारवादी नेता इस तरह के उग्र आंदोलन से संतुष्ट न थे। इसलिए सन् 1907 में सूरत के कांग्रेस अधिवेशन में कांग्रेस-संगठन 'नरम दल' यानी उदारवादी नेताओं और 'गरम दल' यानी उग्रवादी नेताओं के दो दलों में बंट गया। लोकमान्य तिलक के नेतृत्व में उग्रवादी संगठन ने मांग की कि कांग्रेस का यह अधिवेशन 'स्वराज की मांग', 'देश में राष्ट्रीय शिक्षा के प्रसार-प्रचार' और विदेशी वस्तुओं के 'बहिष्कार' के संबंध में प्रस्ताव पास करे। लेकिन उदावादियों ने इन प्रस्तावों का विरोध किया और तब दोनों दलों में काफी झगड़ा हुआ। उदारवादी नेताओं ने उग्रवादी नेताओं को कांग्रेस से निकाल दिया लेकिन उग्रवादी नेता शांत नहीं बैठे।

उग्रवादी विचारधारा से आंतकवादी क्रांतिकारी विचारधारा का जन्म हुआ और उसमें कहा गया कि ब्रिटिश शासन से मुक्ति पाने का एक ही तरीका है - हिंसात्मक कार्यवाही। महाराष्ट्र, बंगाल, पंजाब आदि में क्रांतिकारी संगठन बनाये गए। महाराष्ट्र में सावरकर बंधु, बंगाल में विरेन्द्र कुमार घोष और भूपेन्द्रनाथ दत्त जैसे लोगों ने क्रांतिकारी संगठनों का नेतृत्व किया। पंजाब में सरदार अजीत सिंह, भाई परमानंद, लाला हरदयाल जैसे लोगों ने क्रांतिकारी दल बनाए। भारत के बाहर भी इसी दौरान श्याम जी कृष्ण वर्मा, मैडम भीकाजी कामा, लाला हरदयाल जैसे लोगों ने स्वतंत्रता आंदोलन को गतिशील बनाने में सक्रिय भूमिका अदा की।

ब्रिटिश सरकार स्वतंत्रता आन्दोलन का दमन करने के लिए पूरी तरह कटिबद्ध थी। सन् 1907 में पंजाब में लाला लाजपत राय और सरदार अजीत सिंह को बिना मुकद्दमा चलाए, बर्मा की मांडले जेल में बंद कर दिया गया। समाचार-पत्रों की स्वतंत्रता पर रोक लगा दी गई। महाराष्ट्र में लोकमान्य तिलक पर 'केसरी' अखबार में लिखे एक लेख के लिए छह साल कैद की सजा दे दी गई। उन्हें भी कैद करके बर्मा की मांडले जेल भेज दिया गया। इस तरह ब्रिटिश सरकार ने अपनी मनमानी तो की, लेकिन राष्ट्रीय आन्दोलन उतना ही प्रबल होता जा रहा था। आखिर सन् 1911 में सम्राट जॉर्ज

पंचम ने दिल्ली आकर 'बंग-भंग' के आदेश को रद्द कर दिया। ब्रिटिश सरकार की इस पराजय से राष्ट्रीय आन्दोलन और तेज़ हो गया।

लोकमान्य तिलक मांडले जेल से छूटकर आ गए। सन् 1914 में एक आयरिश महिला एनीबेसेन्ट भी भारतीय राजनीति में सक्रिय रूप से काम करने भारत आई। सन् 1916 में लोकमान्य तिलक और एनीबेसेन्ट ने 'होमरूल' आन्दोलन चलाया। इस आन्दोलन का उद्देश्य था - ब्रिटिश साम्राज्य के अंदर भारतीयों के लिए 'स्वशासन' और 'राष्ट्रीय शिक्षा' की मांग की गयी। सारे देश में होमरूल आन्दोलन फैल गया। तब ब्रिटिश सरकार ने सन् 1917 में एनीबेसेन्ट को गिरफ्तार कर लिया। इससे आग और भड़की। हारकर सरकार ने एनीबेसेन्ट को शीघ्र ही रिहा कर दिया। सन् 1917 में कांग्रेस ने एनीबेसेन्ट को अपना अध्यक्ष चुन लिया।

सन् 1914 में प्रथम विश्व-युद्ध शुरू हो गया था और उसकी समाप्ति के साथ ही भारतीयों को आशा थी कि भारत को 'स्वशासन' अवश्य प्राप्त हो जायेगा। प्रथम महायुद्ध में भारतीय सैनिकों ने भी अंग्रेजों की तरफ से लड़कर वीरता दिखाई थी, और बलिदान किए थे। इसलिए युद्ध समाप्त होने के बाद श्रीमती एनीबेसेन्ट ने कहा - 'भारत युद्धकालीन राजनीति का इनाम नहीं मांगता। वह अपने बेटों के रक्त और बेटियों के आंसुओं के बदले स्वतंत्रता की किस्तों का सौदा नहीं करता। भारत तो एक राष्ट्र है और वह अपने अधिकार चाहता है।'

इसी बीच भारतीय स्वतंत्रता संग्राम के इतिहास में एक और घटना हुई। सन् 1915 में मोहनदास करमचन्द गांधी अफ्रीका से भारत आए। वह अफ्रीका में भारतीयों के लिए और रंगभेद नीति के खिलाफ जबरदस्त आंदोलन चला चुके थे। मोहनदास करमचंद गांधी, गोपालकृष्ण गोखले को अपना राजनीतिक गुरु मानते थे, क्योंकि अफ्रीका के आंदोलन के दौरान गोखले ने उन्हें गुरु मंत्र दिये थे। गांधी जी ने भारत आकर पहले परिस्थितियों को स्वयं अनुभव करने और उनका जायज़ा लेने के लिए देश भर का दौरा किया। उन्होंने हालात का जायज़ा लिया और स्वतंत्रता आंदोलन के स्वरूप को समझा। इसी दौरान गांधी जी ने अहमदाबाद में 'साबरमती आश्रम' की स्थापना की। उन्होंने दक्षिण अफ्रीका में आजमाए हुए 'सत्याग्रह' अस्त्र का प्रयोग सबसे पहले 1917 में बिहार के चंपारण जिले में नील बागानों के किसानों की मुक्ति के लिए किया। दरअसल नील बागानों के यूरोपीय मालिक, किसानों को नील की खेती करने के लिए मज़बूर करते थे और उपज को कम दाम पर बेचने के लिए मजबूर करते थे। गांधी जी ने किसानों का साथ दिया और उन्हें न्याय दिलाने में सफल हुए।

गांधी जी ने अपने राजनीतिक कार्यक्रम में सत्याग्रह को विशेष महत्त्व दिया। 'सत्याग्रह' शब्द 'सत्य' और 'आग्रह' - दो शब्दों से बना है और इसका अर्थ है - 'सत्य पर डटे रहना'। सत्याग्रही स्वयं कष्ट और अपमान सहकर अत्याचारी के अंतःकरण को प्रभावित करता है।

गांधी जी ने भारतीय राजनीति में सक्रिय रूप से प्रवेश किया। सन् 1919 में 'रॉलैट ऐक्ट' के मसले को लेकर। जस्टिस रॉलैट को ब्रिटिश सरकार ने ऐसे कानून बनाने का काम सौंपा था, जिससे क्रांतिकारी गतिविधियों को रोकने में मदद मिले। जस्टिस रॉलैट ने दो विधेयक तैयार करके दे दिए, जिनका देश की जनता ने बहुत विरोध किया। लेकिन इसके बावजूद 17 मार्च, 1919 को एक

विधेयक पारित हो गया। इस कानून के जरिए देश में आतंरिक शांति बनाए रखने के बहाने, अंग्रेज नौकरशाही जिसको चाहे, जब तक चाहे, बिना कोई मुकद्दमा चलाए, जेल में डालकर रख सकती थी। इस 'रॉलैट एक्ट' ने आग में घी का काम किया। इसे 'काला कानून' कहा गया और देश भर में इसका ज़ोरदार विरोध हुआ। गांधी जी ने भी इस विरोध में हिस्सा लिया और कहा कि 6 अप्रैल, 1919 को देश भर में इस कानून के प्रति विरोध प्रदर्शित करने के लिए हड़ताल रखी जाये। जवाब में अंग्रेजों ने भी दमन चक्र चलाया। पंजाब के लोकप्रिय नेता डॉ. किचलू और डॉ. सत्यपाल को गिरफ्तार कर लिया गया। उनकी गिरफ्तारी के विरोध में अमृतसर में 10 अप्रैल को निकले जुलूस पर पुलिस ने गोली चलाई और कई लोग शहीद हुए। फिर तो आग और भड़क उठी। 12 अप्रैल को अमृतसर शहर सेना को सौंप दिया गया। 13 अप्रैल को अमृतसर के जलियांवाला बाग में एक शांतिपूर्ण सभा का आयोजन किया गया था। सभा का मैदान चारों ओर से मकानों की ऊंची-ऊंची दीवारों से घिरा था। आने-जाने के लिए केवल दो छोटे दरवाजे थे और मैदान में आने के लिए एक ही संकरा रास्ता था। जब शांतिपूर्ण सभा चल रही थी तभी सेना के जनरल डायर ने इस संकरे रास्ते पर फौज लगा दी और बिना किसी चेतावनी के भीड़ पर धड़ाधड़ गोलियां चलाना शुरू कर दिया। घायलों को एक-एक बूंद पानी के लिए तरसता छोड़ दिया गया। कितने ही लोगों ने वहां बने कुंए में कूदकर जान दे दी। कितने ही लोग दीवारों के सहारे घायल होकर गिरे और प्राण दे दिए। जनता अपने बचाव के लिए कुछ न कर सकी। सरकारी रिपोर्ट के अनुसार दस मिनट तक गोलियां चलाई गयीं जिससे 379 व्यक्ति मारे गए और 1200 लोग घायल हुए। बहुत से गंभीर रूप से घायल लोग डॉक्टरी मदद न मिलने से मर गए। 'ब्रिटिश हाउस ऑफ कॉमन्स' में एक सदस्य ने कहा था कि ऐसी बर्बरता की मिसाल संसार में कहीं भी मिलना कठिन है। जबकि जनरल डायर कहता था कि अगर मुझे मौका मिला तो मैं यही काम दुबारा करके ज्यादा खुश होऊंगा। दीनबंधु सी.एफ. एन्ड्रयूज़ ने जलियांवाला बाग हत्याकांड को 'जान-बूझकर की गयी क्रूर हत्या' की संज्ञा दी। सारे देश में दुःख और आक्रोश की लहर छा गयी थी। गांधी जी ने 18 अप्रैल को सविनय अवज्ञा आंदोलन वापस ले लिया। रवीन्द्रनाथ ठाकुर ने 'सर' की उपाधि लौटा दी।

जलियांवाला बाग हत्याकांड के बाद उल्लेखनीय बात यह हुई कि इसके बाद से राष्ट्रीय स्वतंत्रता आंदोलन का रुख और रूप ही बदल गया। सन् 1920 में कलकत्ता में लाला लाजपतराय की अध्यक्षता में हुए कांग्रेस अधिवेशन में कांग्रेस में पहली बार भारत में विदेशी शासन के खिलाफ सीधी कारवाई करने, विधान परिषदों का बहिष्कार करने और असहयोग आंदोलन शुरू करने के प्रस्ताव पास किए। उधर ब्रिटिश सरकार ने अपने अत्याचार और दमन-कार्य ज़्यादा तेज कर दिए। सभाओं पर रोक लगा दी और चालीस हज़ार से भी ज्यादा लोगों को गिरफ्तार करके जेलों में ठूंस दिया गया। लेकिन इसके बावजूद गांधी जी का 'असहयोग आन्दोलन' सन् 1920 में, सारे देश में बड़े ज़ोर-शोर से चला। 'असहयोग आंदोलन' के दो मुख्य भाग थे। एक रचनात्मक था, दूसरा नकारात्मक। राष्ट्रीय विद्यालयों तथा पंचायती अदालतों की स्थापना, अस्पृश्यता का अंत, हिन्दू मुस्लिम एकता, स्वदेशी का प्रचार-प्रसार और कताई-बुनाई का काम रचनात्मक थे। सरकारी उपाधियों,

उत्सवों, विधानसभाओं, स्कूल-कॉलेजों, अदालतों, विदेशी वस्तुओं आदि का बहिष्कार नकारात्मक काम थे। गांधी जी के अनुसार आंदोलन की प्रेरणा और नीति 'सत्य' थी और उसका सिद्धांत 'अहिंसा' था।

असहयोग आंदोलन पूरे देश में बहुत ज़ोर से चला। इसमें हिन्दू-मुसलमानों ने एक जुट होकर हिस्सा लिया। जैसे-जैसे आन्दोलन तेज हुआ, देश भर में इसकी जबरदस्त प्रतिक्रिया हुई। काशी विद्यापीठ, गुजरात विद्यापीठ, जामिया-मिलिया, बिहार विद्यापीठ, तिलक महाराष्ट्र विद्यापीठ आदि अनेक राष्ट्रीय विद्यालयों की स्थापना हुई। बहुत से विद्यार्थियों ने सरकारी स्कूलों-कॉलेजों में पढ़ाई छोड़ दी। कई प्रमुख वकीलों ने वकालत छोड़ दी और वे राष्ट्रीय आंदोलन में शामिल हो गए। इनमें से प्रमुख थे - मोतीलाल नेहरू, लाला लाजपतराय, सरदार वल्लभ भाई पटेल, अली बंधु - मौलाना मौहम्मद अली और मौलाना शौकत अली, डॉ. राजेन्द्र प्रसाद, मौलाना अबुल कलाम आज़ाद, डॉ. अन्सारी आदि। असहयोग आंदोलन के दौरान जगह-जगह विदेशी कपड़ों की होली जलाई गयी। शराब और विदेशी कपड़ों की दुकानों पर कांग्रेस के स्वयंसेवकों ने देशभर में धरने दिए। जैसे-जैसे आंदोलन तेज़ होता गया, उसे नियन्त्रित करना ब्रिटिश सरकार के लिए मुश्किल हो गया। तब ब्रिटिश सरकार ने अपनी पूरी ताकत से आंदोलन को कुचल डालने का निश्चय किया। जगह-जगह सत्याग्रहियों के शांतिपूर्ण जुलूसों पर पुलिस का कहर टूटा।

इसी दौरान 17 नवम्बर, 1921 को प्रिंस ऑफ वेल्स भारत आए। तब सरकार की क्रूर दमन नीति के प्रति विरोध प्रकट करनेके लिए कांग्रेस ने प्रिंस ऑफ वेल्स का बहिष्कार किया। जब प्रिंस ऑफ वेल्स बंबई पहुंचे तो वहां पूर्ण हड़ताल थी। सड़के सूनी थीं। इससे सरकार और चिढ़ गई। जगह-जगह सत्याग्रहियों पर गोलियां चलीं अली बंधु, मोतीलाल नेहरू, चितरंजनदास, लाजपतराय, मौलाना आज़ाद आदि बहुत से बड़े नेताओं को जेल में बंद कर दिया गया। देशभर में कोई पचास हजार लोग गिरफ्तार हुए थे।

5 फरवरी, 1922 को गोरखपुर के पास चौरी-चौरा गांव में एक सभा को रोकने के लिए पुलिस ने भीड़ पर गोलियां चलाईं, लेकिन भीड़ शांत न हुई। पुलिस के पास गोलियां खत्म हो गईं तो सिपाही भागकर थाने में जा छिपे। उत्तेजित भीड़ ने थाना घेर लिया और इमारत में आग लगा दी। घबराकर सिपाही बाहर निकले तो उत्तेजित भीड़ ने उन पर हमला करके उन्हें मार डाला। फिर उनके शवों को आग में झोंक दिया। इस तरह कुल 21 लोग मारे गए। इस घटना से गांधी जी को बहुत दुख हुआ। वह अहिंसा में विश्वास रखते थे। देश में गुस्से की लहर देखकर गांधी जी ने असहयोग आंदोलन वापस ले लिया।

इस समय तक गांधी जी देश के एक बड़े नेता के रूप में उभर आए थे। लोकमान्य तिलक का देहांत हो चुका था, इसलिए तिलक के बाद गांधी जी कांग्रेस के नेता बने। इससे असहयोग आंदोलन और साथ ही राष्ट्रीय आंदोलन में नये युग का शुभारंभ हुआ। इसे 'गांधी युग' कहा गया है। असहयोग आन्दोलन के जरिए एक नयी राष्ट्रीय विचारधारा जागी कि अंग्रेजों से सुधारों की भीख मांगने की बजाय, विदेशी सरकार के सामने खुल्लमखुल्ला सीधी कार्यवाही की जाये। इस विचारधारा का सूत्रपात एक क्रांतिकारी कदम था जिसने कांग्रेस के पूरे स्वरूप को बदल दिया। कांग्रेस एक

प्रजातांत्रिक विचारों वाली तथा भारत में विदेशी शासन के विरुद्ध अहिंसात्मक विद्रोह का माध्यम बन गयी। अब कांग्रेस को किसानों और मज़दूरों का भी समर्थन मिलने लगा था। जनता में अपने अंदर के विद्रोह को मुखरित करने का साहस आया। उसके दिल से अंग्रेज सरकार की शक्ति का डर निकल गया और वह उससे टक्कर लेने के लिए अपने अंदर साहस जगाने में समर्थ हुई। गांधी जी की सारी शिक्षा का सार यही था कि लोगों के दिल से डर निकाले, उनके आत्मसम्मान को जगाओ और उन्हें निर्भीक बनाओ। 'निर्भयता' और 'सत्य' ये दो मूलमंत्र थे जिन्हें लोगों ने अपनाया। खादी (हाथ के बने सूत से बुना स्वदेशी कपड़ा) स्वाधीनता के सिपाहियों की बहु बनी और जेल को ससुराल कहा जाने लगा। यही वह भावना थी जितनी शक्ति ने आगे चलकर लोगों को जेल की यातनाएं हंसते-हंसते सहने का साहस दिया। हंसते-हंसते फांसी का फंदा गले में डालने और 'वन्देमातरम्' कहकर बलिदान देने का जज़्बा पैदा किया।

एक अंग्रेज विद्वान कूपलैंड ने असहयोग आन्दोलन और उसके बाद देश की राजनीति पर पड़े गांधी जी के प्रभाव का आकलन करते हुए लिखा है - 'गांधी जी ने भारत के इतिहास का रुख बदल दिया। उन्होंने वह काम कर दिखाया जो तिलक भी नहीं कर सके थे। उन्होंने राष्ट्रीय आंदोलन को क्रांतिकारी बनाया, स्वतंत्रता के लक्ष्य की ओर बढ़ना सिखाया, सरकार के ऊपर संवैधानिक दबाव डाला, वाद-विवाद और अहिंसात्मक क्यों न रही हो। उन्होंने राष्ट्रीय आंदोलन को क्रांतिकारी ही नहीं बनाया बल्कि लोकप्रिय भी बनाया। अभी तक जो आंदोलन नगर के बुद्धिजीवियों तक सीमित था, अब वह देहातों की आम जनता तक पहुंच गया और जागृति पैदा करने लगा।'

असहयोग आंदोलन की समाप्ति के तुरंत बाद सरकार ने गांधी जी को छह साल के लिए कारागार में डाल दिया था। किंतु बाद में बीमारी के कारण उनकी बिगड़ती हालत से भयभीत होकर सरकार ने 1924 मे ही उन्हें रिहा कर दिया। परंतु गांधी जी ने नैतिक आधार पर, सजा की छह वर्ष की अवधि पूरी होने तक सक्रिय राजनीति से दूर रहने का निश्चय किया। उनके नेतृत्व के अभाव में कोई कार्यक्रम न चल सका। गांधी जी इस निश्चय पर पहुंच चुके थे कि सविनय अवज्ञा जैसे शांतिपूर्ण कार्यक्रम के लिए देश अभी पूरी तरह तैयार नहीं है। अतः उन्होंने देश को ऐसे आंदोलन के लिए तैयार करने हेतु तीन सूत्रीय कार्यक्रम बनाया। इसमें तीन मुद्दे थे - खादी प्रचार, हिन्दू-मुस्लिम एकता और छुआछूत का अंत। इसके लिए गांधी जी ने सारे देश का भ्रमण भी किया। गांधी जी का विश्वास था कि यदि उनका तीन सूत्री कार्यक्रम सफल हो गया तो देश में सच्चे अर्थों में राम राज्य की स्थापना हो सकती है।

सन् 1919 के भारतीय शासन अधिनियम में कहा गया था कि अधिनियम के पारित होने के दस वर्ष बाद एक संवैधानिक आयोग की नियुक्ति की जाएगी, जो इस बात की जांच करेगा कि अधिनियम व्यवहारिक रूप से कहां तक सफल रहा। लेकिन ब्रिटिश सरकार ने दो वर्ष पहले ही यानि सन् 1927 में ही, देश में बढ़ते हुए राजनीतिक तनाव के कारण आयोग बैठाने की घोषणा कर दी और एक ब्रिटिश-नेता सर जॉन साइमन की अध्यक्षता में सात अंग्रेजों का एक कमीशन लंदन से भारत भेजने की घोषणा कर दी। यह 'साइमन-कमीशन' चूंकि सिर्फ अंग्रेजों को लेकर गठित किया गया था,

इसलिए लोग इस बात से बहुत नाराज़ हुए कि इसमें भारत के किसी प्रतिनिधि को नहीं रखा गया है। भारतवासी क्या चाहते हैं, यदि यह न जान गया तो कमीशन की रिपोर्ट का क्या महत्व होगा? इसलिए सारे देश मे कमीशन का विरोध करने का निश्चय किया गया। कांग्रेस ने कमीशन का बहिष्कार करने का निश्चय किया तो हिन्दू महासभा और मुस्लिम लीन ने भी इसका समर्थन किया।

भारतीय स्वतंत्रता संग्राम में जब-जब शिथिलता आई, तब-तब क्रांतिकारी तत्त्वों ने ज़ोर पकड़ा और उन्होंने अपने प्रयासों से आंदोलन की मशाल को बराबर प्रज्वलित रखा। सन् 1922 में असहयोग आंदोलन के समाप्त हो जाने से, किसी रचनात्मक कार्यक्रम के अभाव में देश के क्रांतिकारी युवक पूरी तरह सक्रिय हो उठे थे। क्रांतिकारी कार्यक्रम बंगाल से आरंभ हुआ और वहां इसे 'अनुशीलन' और 'युगान्तर' जैसी क्रांतिकारी संस्थाओं ने आगे बढ़ाया। उत्तर भारत में 'हिन्दुस्तान रिपब्लिकन पार्टी' क्रांतिकारियों की प्रमुख संस्था थी। इन गतिविधियों के संचालक थे - रामप्रसाद बिस्मिल। इन क्रांतिकारियों का उद्देश्य, सशस्त्र क्रांति द्वारा देश को दासता से मुक्त कराना था। हथियारों और गोला-बारूद के लिए धन एकत्र करना भी ज़रूरी था इसलिए इन्होंने डकैती और लूट का सहारा लिया। 9 अगस्त, 1925 को लखनऊ के पास काकोरी स्टेशन पर सरकारी खज़ाना लूटा गया। बाद में इस सिलसिले में रामप्रसाद बिस्मिल, अशफाकउल्ला खां, रोशनलाल और राजेन्द्रनाथ लाहिड़ी को फांसी की सजा हुई, बाकी लोगों को चौदह-चौदह साल कैद की सजा दी गयी। काकोरी कांड के बाद क्रांतिकारी संगठन कुछ कमजोर पड़ गया, लेकिन सन् 1928 में युवा देशभक्तों ने मिलकर एक बार फिर एकजुट होकर 'हिन्दुस्तान सोशलिस्ट रिपब्लिकन एसोसिएशन' की स्थापना दिल्ली के फिरोजशाह कोटला मैदान में आयोजित सभा में की। देश के महान क्रांतिकारी चन्द्रशेखर आज़ाद इसके प्रधान चुने गए थे। भगतसिंह, भगवती चरण, बटुकेश्वर दत्त, कुन्दनलाल, सुखदेव आदि क्रांतिकारी भी इस संगठन में जुड़े थे।

उधर 3 फरवरी, 1928 को जब साइमन-कमीशन ने मुंबई में कदम रखा तो सारे देश में हड़ताल रखी गयी। कमीशन जहां भी गया, वहां उसका 'काले झंडों' और 'साइमन कमीशन वापस जाओ' के नारों से स्वागत किया गया। 30 अक्टूबर को लाहौर में साइमन का विरोध करने वाले जुलूस का नेतृत्त्व लाला लाजपत राय ने किया। यहां हुए लाठीचार्च में लाला लाजपतराय गंभीर रूप से घायल हुए और 17 नवम्बर, 1928 को उनका देहांत हो गया। अपने अन्तिम समय में उन्होंने कहा था - 'मेरे ऊपर हुआ लाठी का एक-एक प्रहार, एक दिन ब्रिटिश साम्राज्य के ताबूत को एक-एक कील बनेगा।' साइमन कमीशन के विरोध ने बिखरे हुए भारतवासियों को संगठित कर दिया था और उनमें राष्ट्रीय भावना पूरी तरह जागृत हो गई थी। लाला लाजपतराय की हत्या से पंजाब के लोगों में जो गुस्सा था, उसने क्रांतिकारियों की भावनाओं को भी जगाया। नये क्रांतिकारी संगठन ने लाला जी पर लाठियां बरसाने वाले पुलिस कमीश्नर सैंडर्स की हत्या की योजना बनाई। 17 दिसम्बर, 1928 को भगतसिंह और बटुकेश्वर दत्त ने केन्द्रीय विधान सभा में बम फेंककर देश में तहलका मचा दिया। देश में उस समय चले क्रांतिकारी आंदोलन को स्पष्ट करते हुए भगतसिंह ने एक बयान में कहा था

'क्रांति से हमारा मतलब कभी भी कुछ व्यक्तियों के खून-खराबे से नहीं रहा। हमारा उद्देश्य मनुष्य

द्वारा मनुष्य के शोषण की वर्तमान व्यवस्था को समाप्त करना है। अपने देश के लिए स्वयं निर्णय लेने का पूर्ण अधिकार प्राप्त करना है। हमारी क्रांति के आदर्श के यही अंतिम लक्ष्य हैं - आज़ादी मनुष्य का जन्मसिद्ध अधिकार है। इस आदर्शवाद और इसकी आस्था के प्रति हम हर कष्ट और बलिदान का स्वागत करते हैं।' 23 मार्च, 1931 को लाहौर में भगतसिंह, सुखदेव और राजगुरु को गुप्त रूप से फांसी दे दी गयी। देश भर में इन महान् क्रांतिकारियों के बलिदान पर शोक सभाएं हुईं और अंग्रेजों के दमन चक्र के बावजूद राष्ट्रीय आन्दोलन पूरे जोश के साथ चलता रहा।

बीसवीं सदी के तीसरे दशक की एक महत्त्वपूर्ण घटना थी - भारत में समाजवादी विचारधारा का उदय। इस विचारधारा को लेकर देश में कई सोशलिस्ट और कम्युनिस्ट संगठनों का जन्म हुआ। इन संगठनों में भारतीय युवा वर्ग ने विशेष रुचि ली। यह वर्ग क्रांति से प्रभावित था। मानवेन्द्रनाथ राय और श्रीपाद अमृत डांगे इस नयी समाजवादी विचारधारा के प्रमुख नेता थे। इन्हीं के प्रयासों से सन् 1925 में कम्युनिस्ट पार्टी का जन्म हुआ।

इस नयी चेतना का असर कांग्रेस पर भी पड़ा। जवाहरलाल नेहरू और सुभाषचंद्र बोस इस समाजवादी विचारधारा के प्रमुख समर्थक के रूप में आगे आए। उनका विचार था कि आर्थिक और सामाजिक स्वतंत्रता के बिना राजनीतिक स्वतंत्रता बेकार है। दोनों नेताओं ने देशभर का भ्रमण करके इस विचार को जनमानस तक पहुंचाया। इन लोगों ने साम्राज्यवाद, पूंजीवाद और ज़मींदारी प्रथा की तीव्र आलोचना की। इसका असर किसान और मज़दूरों पर भी पड़ा और वे अपने अधिकारों के प्रति जागरूक हो गए। तब ट्रेड यूनियनों की गतिविधियां भी बढ़ी और देश में कई बड़ी हड़तालें हुईं। इससे राष्ट्रीय आन्दोलन को काफी बल मिला। यों भी इस नई विचारधारा को जनसमर्थन मिलने से सरकारी कार्यक्रम के अन्तर्गत काम करना ठीक समझा। सन् 1928 के कलकत्ता अधिवेशन में कांग्रेस के युवा नेता जवाहरलाल नेहरू और सुभाष चंद्र बोस ने 'डोमीनियन स्टेट्स' की मांग का विरोध किया। इस प्रस्ताव पर काफी मतभेद था। इसे लेकर बड़ी गरम बहस हुई। नेहरू और सुभाष 'पूर्ण स्वराज' की मांग का प्रस्ताव पास कराना चाहते थे। तब गांधी जी के हस्तक्षेप से इस बात पर समझौता हो गया कि सरकार को एक वर्ष का समय इस चेतावनी के साथ दिया जाये कि यदि इस अवधि में सरकार ने भारत को 'डोमीनियन स्टेट्स' का दर्जा न दिया तो फिर कांग्रेस 'पूर्ण स्वराज' की मांग से कम पर कोई बात न करेगी और आंदोलन छेड़ने के लिए मज़बूर हो जाएगी। लेकिन ब्रिटिश सरकार ने डोमीनियन स्टेट्स की मांग को ठुकरा दिया। तब दिसम्बर, 1929 के लाहौर अधिवेशन में कांग्रेस ने 'पूर्ण स्वराज' का प्रस्ताव रखने का फैसला किया। इस अधिवेशन में युवकों की भावनाओं के नेता जवाहरलाल नेहरू को 'राष्ट्रपति' चुना गया। 31 दिसम्बर, 1929 को ठीक आधी रात के समय जब एक नया वर्ष शुरू हो रहा था, रावी के तट पर कांग्रेस अधिवेशन में जवाहरलाल नेहरू के सभापतित्व में 'पूर्ण स्वराज' का ऐतिहासिक प्रस्ताव स्वीकार किया गया। प्रस्ताव में कहा गया था कि हमारा ध्येय 'पूर्ण स्वराज' है; यह कि भावी चुनावों में भाग न लिया जाये तथा विधानमंडलों में जो कांग्रेस सदस्य हैं, वे इस्तीफा दे दें और अंत में यह कहा गया कि कांग्रेस कार्य समिति यह निर्णय करे कि सविनय अवज्ञा आंदोलन कब शुरू किया जाये। अधिवेशन में यह भी तय किया गया कि

कांग्रेस कार्य समिति यह निर्णय करे कि सविनय अवज्ञा आंदोलन कब शुरू किया जाये। अधिवेशन में यह भी तय किया गया कि 26 जनवरी को हर वर्ष 'स्वाधीनता दिवस' मनाया जाये। इस अधिवेशन में तिरंगा फहराते हुए जवाहरलाल नेहरू ने कहा था - 'अंग्रेजी हुकूमत के सामने अब अधिक झुकना, मानव और ईश्वर - दोनों के प्रति अपराध है।' लाहौर अधिवेशन की एक महत्त्वपूर्ण घटना थी - खान अब्दुल गफ्फार खान का कांग्रेस में शामिल होना। यह पहला अवसर था जबकि खान अब्दुल गफ्फार खान और उनके समर्थकों ने कांग्रेस अधिवेशन में भाग लिया था। वह गांधी जी और कांग्रेस की नीतियों से बहुत प्रभावित हुए थे और उन्होंने असहयोग आन्दोलन मे पूर्ण विश्वास व्यक्त किया था। उनके संगठन का नाम 'खुदाई खिदमतगार' था। गांधी जी के सिद्धांतों में अटूट विश्वास करने और उनके अहिंसा - मार्ग पर चलने के कारण खान अब्दुल गफ्फार खान 'सरहदी गांधी' के नाम से प्रसिद्ध हुए थे।

सन् 1930 का वर्ष शुरू होते-होते देश की हालत बड़ी चिंताजनक हो गयी थी। मन्दी और बेकारी के कारण देशभर में आर्थिक संकट छा गया था। मज़दूर, किसान और व्यापारी सभी परेशान थे। कांग्रेस की कोई बात ब्रिटिश सरकार मानने को तैयार न थी। गांधी जी ने तब आंदोलन शुरू करने का फैसला किया। सबसे पहले उन्होंने नमक कानून का उल्लंघन करने की घोषणा की। इसके लिए गुजरात के समुद्र तट पर स्थिति दांडी गांव को चुना गया। 12 मार्च, 1930 को सुबह साढ़े छह बजे गांधी जी अपने 18 अनुयायियों को साथ लेकर अपनी ऐतिहासिक दांडी यात्रा पर निकले। 5 अप्रैल को 200 मील की पैदल यात्रा पूरी करके गांधी जी सूर्यास्त के समय दांडी पहुंचे। 6 अप्रैल, 1930 की सुबह नमक कानून तोड़कर गांधी जी ने इस अवसर पर कहा था - 'ब्रिटिश शासन ने इस महान देश की नैतिक, भौतिक, सांस्कृतिक और आध्यात्मिक क्षति की है। मैं इस शासन को अभिशाप मानता हूँ। मैं शासन की इस प्रणाली को समाप्त करने के लिए दृढ़ संकल्प हूँ। राजद्रोह मेरा धर्म बन गया है। हमारा संघर्ष अहिंसात्मक है। हमें किसी व्यक्ति को मारना नहीं है, परंतु यह देखना हमारा धर्म है कि इस सरकार रूपी अभिशाप को मिटा दिया जाये।'

सरकार ने नमक पर दुगुना टैक्स लगा दिया और आंदोलन को दबाने के लिए दमनचक्र चल पड़ा। गांधी जी को 5 मई को गिरफ्तार कर लिया गया। इससे आंदोलन और भड़का। देशभर में खुलेआम नमक बनाने का काम शुरू हो गया। आन्दोलन में शराबबन्दी और विदेशी वस्त्रों के बहिष्कार को विशेष स्थान दिया गया। इस बार महिलाएं भी घर से बाहर निकलीं और परदा छोड़कर आंदोलन में शामिल हो गईं। हज़ारों की तादाद में महिलाएं जेल गयीं। सरकार ने आंदोलन को सख्ती से दबाया। लगभग 75,000 व्यक्ति गिरफ्तार किये गए। तब वायसराय लॉर्ड इर्विन ने, लंदन को भेजे एक पत्र में लिखा, 'सविनय अवज्ञा आंदोलन की जड़े बहुत गहरी हैं। उसने भारतीय समाज के हर स्तर को प्रभावित किया है। उसने भारतीयों की कल्पनाशक्ति को जकड़ लिया है और उनको असंतुलित कर दिया है। उसके परिणाम निश्चित ही घातक हो सकते हैं। मेरा विश्वास है कि हम वास्तविक समस्या का हल सिर्फ दमन से नहीं निकाल पाएंगे। अतः भविष्य की संभावी घटनाओं को ध्यान में रखते हुए किसी रचनात्मक उपाय की संभावनाओं का परखना आवश्यक है।'

ब्रिटिश सरकार ने तब भारत के भावी संविधान के सिद्धांतों पर विचार करने के लिए लंदन में एक गोलमेज़ सम्मेलन बुलाया। किंतु कांग्रेस के प्रतिनिधियों की अनुपस्थिति में यह सम्मेलन बिना दूल्हे की बारात सिद्ध हुआ। तब जनवरी, 1931 में महात्मा गांधी और कांग्रेस कार्यकारिणी के सब सदस्यों को जेल से बिना शर्त रिहा कर दिया गया। तेजबहादुर सप्रू और एम.आर. जयकर के प्रयत्नों से महात्मा गांधी और वायसराय लॉर्ड इरविन के बीच बातचीत शुरू हुई और 5 मार्च, 1931 को एक समझौते पर हस्ताक्षर हुए जिसे 'गांधी इर्विन समझौता' कहा गया। इसके अनुसार सभी राजनीतिक बंदियों को, जिनके विरूद्ध हिंसा के आरोप नहीं थे, रिहा कर दिया गया। विदेशी कपड़े और शराब आदि की दुकानों पर शांतिपूर्ण धरना देने का अधिकार स्वीकार कर लिया गया। समुद्र के निकटवर्ती प्रदेशों में, बिना कर दिए नमक बनाने की इजाज़त दे दी गयी। इसके साथ ही सविनय अवज्ञा आंदोलन बंद करने और गांधी जी के गोलमेज़ सम्मेलन में भाग लेने की सहमति भी समझौते में शामिल थी। लेकिन देश के युवावर्ग को गांधी जी का यह समझौता पंसद नहीं आया था। उन्होंने गांधी जी की बहुत आलोचना की थी।

दूसरा गोलमेज सम्मेलन लंदन में 7 सितम्बर, 1931 से 1 दिसम्बर, 1931 तक चला। गांधी जी भी इसमें हिस्सा लेने गए थे। लेकिन सम्मेलन में भारत की मांगों के अनुसार कोई फैसला न हुआ। गांधी जी खाली हाथ भारत लौटे। उन्होंने वापस आकर सविनय अवज्ञा आंदोलन फिर शुरू कर दिया। गांधी इर्विन समझौते का कोई महत्व न रह गया। सरकार ने भी आंदोलन को पूरी तरह कुचलने के लिए कमर कस ली। गांधी जी और कांग्रेस कार्यकर्ता गिरफ्तार कर लिए गये।

एक ओर भारत में ब्रिटिश सरकार दमन-चक्र चला रही थी, तो दूसरी ओर लंदन के हुक्मरां भारत मे अलगाववादी तत्वों को बढ़ावा देकर, देश की एकता में दरार पैदा कर रहे थे। 10 अगस्त, 1932 को ब्रिटिश प्रधानमंत्री रैमज़े मैक्डोनाल्ड ने साम्प्रदायिक-निर्णय (कम्युनल अवार्ड) की घोषणा कर दी। इसके अनुसार जिन अल्पसंख्यक वर्गों को मान्यता दी गयी थी, वे थे - मुसलमान, दलित वर्ग, पिछड़े वर्ग, भारतीय ईसाई, एंग्लोइंडियन, यूरोपियन व्यापारी और उद्योगपति, ज़मींदार, मज़दूर और सिख। अलगाववादी तत्वों के इस फैसले से भारतीयों में भारी असंतोष फैला। गांधीजी ने जेल में रहते हुए ही इसका विरोध शुरू कर दिया और मज़बूर होकर 20 सितम्बर से आमरण अनशन शुरू कर दिया। इससे सारे देश में खलबली मच गई। आखिर मदनमोहन मालवीय के प्रयासों से हिन्दू और दलितों के नेताओं में एक समझौता हुआ, जिसे 'पूना पैक्ट' के नाम से जाना जाता है। पूना समझौते के बाद गांधी जी ने छुआछूत के विरुद्ध अभियान तेज कर दिया। दूसरी ओर गांधी जी को महसूस हुआ कि आंदोलन में हिंसा का पुनः प्रवेश हो रहा है। सरकार के अत्याचारों और लोगों की पीड़ा में निरन्तर बढ़ोतरी हो रही है। साम्राज्यवादी लोग आन्दोलन को गलत रास्ते पर ले जाने की कोशिश कर रहे हैं। ऐसी स्थिति में अप्रैल, 1934 में सत्याग्रह आंदोलन स्थगित कर दिया गया।

1935 के भारतीय शासन अधिनियम के अंतर्गत फरवरी, 1937 में निर्वाचन हुए। कांग्रेस ने जुलाई, 1937 में छह प्रान्तों में अपने मंत्रिमंडल बनाये। लेकिन जब ब्रिटिश सरकार ने भारत की सहमति लिए बिना उसे द्वितीय विश्वयुद्ध में झोंक दिया तो अक्टूबर-नवम्बर, 1937 में कांग्रेस

मन्त्रिमंडल ने विरोध स्वरूप त्याग-पत्र दे दिया। जुलाई, 1940 में कांग्रेस कार्य समिति ने घोषणा की कि यदि ब्रिटेन उसकी पूर्णस्वतंत्रता की मांग को स्वीकार कर ले और केन्द्र में ऐसी राष्ट्रीय सरकार की स्थापना के लिए तैयार हो जाए जिसे विधानमंडल के सभी निर्वाचित सदस्यों का विश्वास प्राप्त हो, तो वह देश के रक्षा संगठन में अपना पूरा सहयोग दे सकती है। तब ब्रिटिश सरकार ने एक नयी नीति का घोषणा की जिसे 'अगस्त प्रस्ताव' कहा गया। लेकिन चूंकि इस प्रस्ताव को सभी प्रमुख राजनीतिक दलों ने स्वीकार नहीं किया था, इसलिए यह लागू नहीं हुआ। इस बीच अगस्त, 1940 में मुस्लिम लीग ने अपने लाहौर अधिवेशन में 'पाकिस्तान प्रस्ताव' पास किया और मुस्लिम बहुसंख्यक प्रान्तों का एक अलग पूर्ण प्रभुत्व संपन्न मुस्लिम राज्य स्थापित किए जाने की मांग पेश की। इस प्रस्ताव की पृष्ठभूमि का निर्माण करने में तत्कालीन वायसराय की भी महत्त्वपूर्ण भूमिका थी।

उधर, द्वितीय महायुद्ध में ब्रिटेन शासन के पूर्वी उपनिवेशों को जीतना शुरू कर दिया और कुछ महीनों में फिलीपींस, इंडोनेशिया, मलाया, सिंगापुर, इंडोचाइना और बर्मा पर विजय पा ली। रंगून पतन के बाद तत्कालीन ब्रिटिश प्रधानमंत्री चर्चिल ने घोषणा की कि वह सर स्टेफोर्ड क्रिप्स को भारत भेज रहे हैं ताकि भारत के वैधानिक और राजनीतिक गतिरोध को दूर किया जा सके। सर स्टेफोर्ड क्रिप्स को भारत के शुभचिन्तकों में माना जाता था। वह देश के कई बड़े नेताओं के मित्र थे। क्रिप्स 22 मार्च, 1942 को भारत पहुंचे। भारतीय नेताओं से उन्होंने 20 दिन तक बातचीत की। लेकिन क्रिप्स के प्रस्ताव भारत को स्वीकार न थे। गांधी जी ने क्रिप्स के प्रस्तावों पर टिप्पणी की - 'क्रिप्स योजना एक ऐसे बैंक के पोस्ट डेटेड चेक के समान है जो फेल होने वाला है।' नेहरू जी ने अपने मित्र क्रिप्स को 'शैतान का वकील' कहा। क्रिप्स के प्रस्ताव मुस्लिम लीग ने भी अस्वीकार कर दिए, क्योंकि उसमें साम्प्रदायिक आधार पर देश के विभाजन की बात नहीं मानी गयी थी। इस तरह क्रिप्स मिशन असफल हो जाने से ब्रिटिश सरकार और भारतीय नेताओं के बीच की दूरी और ज़्यादा बढ़ गई।

सुभाषचंद्र बोस ने, द्वितीय विश्वयुद्ध में भारत को शामिल किए जाने का विरोध शुरू से ही किया था। उन्होंने अप्रैल, 1940 में सरकार के खिलाफ आंदोलन शुरू कर दिया। इस कारण उन्हें बंदी बना लिया गया था। लेकिन स्वास्थ्य खराब होने के कारण उन्हें जेल से निकालकर घर में ही नज़रबंद कर दिया गया। 17 जनवरी, 1941 को आधी रात के समय सुभाषचंद्र बोस, पुलिस को चकमा देकर निकल गए और सीधे काबुल जा पहुंचे। काबुल से वह मास्को गए और वहां से बर्लिन चले गए। बर्लिन में वह अंग्रेजों के शत्रु देशों से भारत को आज़ाद कराने की योजना बनाने लगे।

इधर, क्रिप्स मिशन की असफलता और ब्रिटिश सरकार द्वारा भारत के हितों की उपेक्षा देखकर गांधी जी के विचारों में भी उग्रता आने लगी थी। वह इस निष्कर्ष पर पहुंचे कि 'भारत में ब्रिटिश साम्राज्य का तुरंत समाप्त होना आवश्यक है।' गांधी जी का ब्रिटिश सरकार के वायदों से विश्वास उठ गया था। वह चाहते थे कि अंग्रेज शासकों को तुरंत भारत से चले जाना चाहिए ताकि भारत अपनी समस्याएं स्वयं सुलझा सके और अपनी रक्षा स्वयं कर सके। यही था 'भारत छोड़ो' आन्दोलन का मूल विचार।

7 अगस्त, 1942, मुंबई का ग्वालिया टैंक मैदान। यहां आयोजित कांग्रेस के अधिवेशन में देश

की सभी समस्याओं पर विचार किया गया। 8 अगस्त, 1942 को जवाहरलाल नेहरू ने 'भारत छोड़ो' प्रस्ताव रखते हुए कहा - 'अगर आप पूरी कीमत देने के लिए तैयार हैं तो इस प्रस्ताव को पास करें, वरना इसे पास न करें।' प्रस्ताव पर काफी वाद-विवाद हुआ। कुछ साम्यवादी नेताओं ने इसका विरोध किया। लेकिन 8 अगस्त की रात को 'भारत छोड़ो' प्रस्ताव भारी बहुमत से पास हो गया। प्रस्ताव में अहिंसात्मक प्रणाली से चलाया जाने वाला एक ऐसा आंदोलन शुरू करने को कहा गया था जो देशभर में हलचल पैदा कर दे और वह आंदोलन भारत की स्वतंत्रता और मुक्ति के द्वार पर पहुंचकर ही दम ले।

8 अगस्त, 1942 की रात गांधी जी ने कहा - 'अगर आज़ादी मिल सके तो मैं तुरंत और इसी रात को, सुबह होने से पहले, आज़ादी चाहता हूँ। मैं पूर्ण स्वतंत्रता को छोड़कर उससे कम किसी और चीज से संतुष्ट होने वाला नहीं हूँ। यहां पर मैं तुम्हें एक छोटा-सा मंत्र देता हूँ तुम उसे अपने हृदय में बैठा लो ताकि तुम्हारी हर सांस उसकी अभिव्यक्ति करे। मंत्र है - 'करो या मरो' या तो हम भारत को स्वतंत्र करेंगे या इस कोशिश में अपनी जान दे देंगे। हम अपनी दासता के स्थायित्व का दिन देखने के लिए जीवित नहीं रहेंगे।'

उसी रात से ब्रिटिश सरकार का दमन-चक्र शुरू हो गया। 9 अगस्त को सवेरा होने से पहले ही साढ़े चार बजे सुबह गांधी जी, कांग्रेस अध्यक्ष मौलाना आज़ाद और कार्यसमिति के सारे सदस्यों को गिरफ्तार कर लिया गया। कांग्रेस पार्टी को अवैध घोषित कर दिया गया और प्रांतों के लगभग दस हजार सक्रिय कार्यकर्ताओं तथा नेताओं को हिरासत में ले लिया गया। सरकार ने इस आंदोलन को शुरू से ही दबाने की कोशिश की। लेकिन इससे आंदोलन और उग्र हो उठा। देश में हिंसा का वातावरण पैदा हो गया। प्रदर्शनों को कुचला गया, लाठियां बरसीं, गोलियां चलीं तो प्रदर्शनकारी भी हिंसा पर उतर आए। इस तरह आंदोलन दबने की बजाय उग्र से उग्रतर होता गया। जनता और पुलिस के बीच सड़कों पर खुली लड़ाई शुरू हो गई। हर जगह 'करो या मरो' का नारा गूंजने लगा। बड़े शहरों से लेकर कस्बों और गांवों तक में जुलूस निकलने लगे। लोगों में राष्ट्रीय भावना का संचार ऐसा कभी नहीं देखा गया था चूंकि सभी पुराने और वरिष्ठ अनुभवी नेता जेलों में थे, इसलिए आंदोलन का नेतृत्व युवक कर रहे थे। युवा शक्ति ने ब्रिटिश हुकूमत को जड़ से उखाड़ फेंकने के लिए जो बन पड़ा, करने के लिए जुट गई। इससे आंदोलन अहिंसक न रह सका। देश के बंबई, अहमदाबाद, बंगलौर, मद्रास, कानपुर आदि तमाम औद्योगिक नगरों में हड़तालें हो जाने से उत्पादन रुक गया। इससे ब्रिटिश शासन को युद्ध सामग्री मिलना बंद हो गयी।

सन् 1942 के आंदोलन को कुचलने के लिए ब्रिटिश शासन ने अपनी पूरी शक्ति लगा दी थी। मजे की बात यह थी कि उसकी शक्ति भारतीय अफसरों और सिपाहियों की थी। 1857 की तरह 1942 का विद्रोह भी भारतीयों की ही मदद से अंग्रेजों ने कुचलने में सफलता पा ली। पर सन् 1857 के विद्रोह और सन् 1942 के विद्रोह में एक मूलभूत अंतर यह था कि यह सही अर्थों में जन-आंदोलन था और यह जनता के दिल से प्रेरित होकर शुरू हुआ था।

ब्रिटिश सरकार ने सन् 1942 के आंदोलन के लिए उसके कारण हुई हिंसा का दोष महात्मा

गांधी के सिर मढ़ा। गांधी जी ने इसका कड़ा विरोध किया। उन्होंने आत्मशुद्धि के लिए 10 फरवरी से 3 मार्च, 1943 तक 21 दिन का उपवास किया। इस कारण उनका स्वास्थ्य गिरने लगा। आखिर सरकार ने 5 मई को गांधी जी को रिहा कर दिया। इसके बाद से राजनीति में गांधी युग का प्रभाव कम होने लगा था। स्वतंत्रता आंदोलन का नेतृत्व युवा नेताओं के हाथों में आ गया था। गांधी जी का अधिकांश समय सामाजिक सुधार के कामों में बीतने लगा था।

उधर जो भारतीय सैनिक अंग्रेजों की ओर से जापान से लड़े थे, अंग्रेजों की हार के बाद उन्हें में बदा बना लिया गया था। नेताजी सुभाषचंद्र बोस उस समय बर्लिन में रहकर भारत को ब्रिटिश शासन से मुक्त कराने के प्रयासों में लगे थे। जापान में इन्हीं दिनों रासबिहारी बोस ने सन् 1942 में टोकियो में एक सम्मेलन किया जिसमें 'आज़ाद हिन्द फौज' की स्थापना का प्रस्ताव पास किया। जापान ने युद्ध बंदी बनाए भारतीय सैनिक आज़ाद हिंद फौज को सौंप दिए। सन् 1943 में रासबिहारी बोस ने नेताजी सुभाषचंद्र बोस को जापान बुलाया और उन्हें आज़ाद हिन्द फौज की कमान संभालने के लिए कहा। नेता जी जापान आए और उन्होंने आज़ाद हिन्द फौज की कमान संभाल ली। उस अवसर पर नेताजी ने कहा था - 'हमारे सामने भयंकर संघर्ष है, क्योंकि शत्रु शक्तिशाली है, अनैतिक है और निष्ठुर है। स्वतंत्रता के लिए इस अंतिम प्रयास में तुम्हें भूख, कष्ट, लंबा सफर और मृत्यु का सामना करना पड़ेगा। जब तुम इस परीक्षा में सफल होगे, तभी 'स्वतंत्रता' तुम्हारी होगी।' सुभाषचंद्र बोस के व्यक्तित्व, त्याग और अथक परिश्रम के फलस्वरूप भारतीय स्वाधीनता के प्रति दक्षिण-पूर्व एशिया में बसे भारतीयों में राष्ट्रीय चेतना का संचार हुआ और उन्होंने हर संभव सहयोग दिया। नेताजी ने 'दिल्ली चलो' और 'जयहिन्द' के नारे दिए थे। 21 अक्टूबर, 1943 को नेताजी ने अस्थायी आज़ाद हिन्द सरकार की स्थापना की। शीघ्र ही आठ राष्ट्रों ने उसे मान्यता दे दी।

नेताजी के नेतृत्व में आज़ाद हिन्द फौज भारत की ओर बढ़ी। शुरू में भारी सफलता मिली और वह इम्फाल तक पहुंच गयी। लेकिन बरसात और ब्रिटिश फौजों के भारी हमले के कारण आज़ाद हिन्द फौज को पीछे हटना पड़ा। 1945 में हिरोशिमा और नागासाकी पर अमरीका द्वारा बम गिराए जाने से जापान की हिम्मत टूट गयी। इससे आज़ाद हिन्द फौज का भी मनोबल टूट गया। सिपाही और अफसर बंदी बना लिए गए। नेताजी 16 अगस्त, 1945 को बैंकाक के लिए रवाना हुए। कहा जाता है कि सैगोन से टोकियो जाते हुए एक हवाई जहाज़ दुर्घटना में वे गंभीर रूप से घायल हुए और उनकी मृत्यु हो गई।

देश में उस समय राष्ट्रीय आंदोलन के नेताओं और ब्रिटिश सरकार के बीच गतिरोध उत्पन्न हो गया था और समस्या का कोई हल नहीं निकल रहा था। तत्कालीन वायसराय लॉर्ड वेवेल ने इस गतिरोध को दूर करने और समस्या का निदान खोजने की दृष्टि से शिमला में भारतीय नेताओं का एक सम्मेलन बुलाया। इस सम्मेलन में भाग लेने वाले प्रमुख नेता थे - महात्मा गांधी, जिन्ना, प्रांतों के मुख्यमंत्री; केन्द्रीय विधानसभा में कांग्रेस, यूरोपीय ग्रुप तथा नेशनलिस्ट पार्टी के नेता, मुस्लिम लीग के नेता, उच्च सदन में कांग्रेस और लीग के नेता, एक अनुसूचित जातियों के तथा एक सिक्खों के नेता। 25 जून, 1945 को बड़ी उम्मीदों के साथ शिमला सम्मेलन शुरू हुआ था। लेकिन जिन्ना

की हठधर्मिता के कारण वह असफल हो गया। जहां तक कांग्रेस का सवाल था, वह बराबर झुकती रही और उसकी पूरी कोशिश थी कि सम्मेलन न केवल सफल हो, बल्कि समस्या कोई हल भी निकल आए। लेकिन जिन्ना की अनुचित मांगों के कारण कोई समाधान न निकला।

शिमला सम्मेलन के बाद सरकार ने कांग्रेस पर लगी पाबन्दी उठा ली। पंडित नेहरू, सरदार पटेल आदि नेता जेल से रिहा कर दिए गए। नेहरू और पटेल ने जेल से छूटकर कहा कि सन् 1942 में मज़दूरों, किसानों, छात्रों, युवकों ने जो भी हिंसात्मक या अहिंसात्मक, सही या गलत कार्यवाही की, उसकी जिम्मेदारी हम दोनों नेता लेते हैं। उन्होंने सन् 1942 के शहीदों को श्रद्धांजलि अर्पित की और आंदोलन में शामिल लोगों के साहस और उत्साह की तारीफ की। इससे देश के लोगों में राष्ट्रीय नेतृत्व के प्रति नया विश्वास जागा।

इंग्लैंड में जुलाई, 1946 में चुनाव हुए, जिसमें अपनी युद्ध-नीति के कारण प्रधानमंत्री विन्स्टन चर्चिल चुनाव हार गए। उनके स्थान पर लेबर पार्टी के लॉर्ड क्लीमेंट एटली प्रधानमंत्री बने। लेबर पार्टी के शासक भारत के प्रति संवेदनशील थे। उन्होंने न सिर्फ आम चुनाव कराकर देश का वातावरण बदलने की कोशिश की, बल्कि जनवरी, 1946 में भारतीय नेताओं से अनौपचारिक स्तर पर विचार-विनिमय करने के लिए एक संसदीय-मंडल भेजा। इस मंडल को इस उद्देश्य से भेजा गया था कि वह भारत में मैत्रीपूर्ण वातावरण पैदा करे और राष्ट्रीय नेताओं तथा सरकार के बीच शांतिपूर्ण समझौते की ज़मीन तैयार करे। इस मंडल ने भारत में एक माह तक रहकर सारी बातों को समझा और लंदन जाकर अपनी रिपोर्ट दी। इस रिपोर्ट के आधार पर भारत की समस्याएं हल होने की आशाएं बंधीं। इसके बाद ब्रिटिश हुकूमत ने मंत्रिमंडल स्तर के मंत्रियों का एक कमीशन भारत भेजा। 15 मार्च, 1946 को ब्रिटिश प्रधानमंत्री एटली ने 'हाउस ऑफ कामन्स' में एक महत्त्वपूर्ण वक्तव्य दिया, जिसमें 'मंत्रि-मिशन' की भारत यात्रा के उद्देश्यों को स्पष्ट किया गया। एटली के वक्तव्य का सार यह था कि मिशन इस बात की भरसक कोशिश करेगा कि वह भारत को शीघ्र-से-शीघ्र आज़ादी दिलाने में मदद करे। मंत्रि-मिशन ने भारत आकर एक प्रस्ताव रखा, जिसमें कांग्रेस के संयुक्त भारत और मुस्लिम लीग के पाकिस्तान के आदर्शों का समन्वय किया गया था। कांग्रेस और मुस्लिम लीग दोनों ने मिशन-योजना को पहले तो मान लिया, लेकिन 27 से 29 जुलाई तक हुए सम्मेलन में मुस्लिम लीग परिषद ने घोषणा कर दी कि उसे प्रस्ताव मंजूर नहीं है। वह 'स्वतंत्र' प्रभुत्व सम्पन्न पाकिस्तान राज्य की स्थापना के लिए सीधी कार्यवाही करेगी। 16 अगस्त सीधी 'कार्यवाही' करने की तारीख तय हुई। सीधी कार्यवाही करने का सीधा अर्थ था - साम्प्रदायिक दंगे फैलाकर आतंक का वातावरण बनाना। साथ ही, यह सिद्ध करना कि हिन्दू-मुसलमान साथ नहीं रह सकते और इस तरह 16 अगस्त को देश में व्यापक दंगे-फसाद हुए। हिन्दुओं के विरुद्ध भड़काने वाले भाषण दिए गये। लूट-पाट और मार-काट का राज छा गया। सारे देश में सांप्रदायिक दंगे फैल गए। उधर वायसराय ने कुछ नये प्रस्ताव तैयार किए और अंतरिम सरकार का गठन करने का निश्चय किया। उन्होंने इस कोशिश में नेहरू और जिन्ना से सहयोग मांगा। लेकिन जिन्ना ने अंतरिम सरकार में शामिल होने से इंकार कर दिया। आखिर वायसराय ने केवल नेहरू को आमंत्रण दिया कि वह अंतरिम सरकार बनाएं। इसके अध

यक्ष वायसराय थे, उपाध्यक्ष पंडित नेहरू, अन्य लोगों में - डॉ० राजेन्द्र प्रसाद, सरदार वल्लभ भाई पटेल, आसफ अली, राजगोपालचारी आदि थे। 2 सितम्बर, 1946 को सभी ने अपने-अपने पद की शपथ ली। मुस्लिम लीग के लिए फिर भी पांच स्थान रिक्त रखे गए कि वे जब चाहें, परिषद में शामिल हो सकते हैं।

वायसराय के सामने एक अन्य समस्या संविधान-सभा में मुस्लिम लीग का सहयोग प्राप्त करने की थी। इस मामले में भी मुस्लिम लीग ने पहले तो सहयोग करने की स्वीकृति दे दी, फिर बाद में मना कर दिया। तब 9 दिसम्बर, 1946 को डॉ. राजेन्द्र प्रसाद की अध्यक्षता में 'संविधान-सभा' का गठन कर दिया गया। इसमें 205 सदस्य थे। सभी ने तुरंत ही अपनी बैठकें शुरू कर दीं।

20 फरवरी, 1947 को तत्कालीन ब्रिटिश प्रधानमंत्री एटली ने 'हाउस ऑफ कॉमन्स' में एक वक्तव्य दिया - 'कैबिनेट' मिशन योजना के अनुकूल ब्रिटिश सरकार संविधान द्वारा संस्थापित और दलों द्वारा स्वीकृति सत्ता को सौंपना चाहती है। दुर्भाग्यवश इस समय इस तरह के संविधान और सत्ता के पनपने की कोई संभावना नहीं है। वर्तमान अनिश्चितता की स्थिति भयावह है और इसे अनिश्चित काल तक नहीं चलाया जा सकता। ब्रिटिश सरकार यह स्पष्ट करना चाहती थी कि उसका दृढ़ निश्चय ऐसा कदम उठाने का है जिससे कि जून, 1948 से पहले सत्ता को जिम्मेदार भारतीय हाथों में सौंप दिया जाये। किंतु यदि इस प्रकार का संविधान निश्चित समय से पहले तैयार नहीं होता है, तो ब्रिटिश सरकार को यह सोचना पड़ेगा कि सत्ता किसको सौंपी जाए।' एटली के इस वक्तव्य से कांग्रेस को लगा कि ब्रिटिश सरकार 'संयुक्त भारत' चाहती है और मुस्लिम लीग को लगा कि वह 'पाकिस्तान' देना चाहती है।

मार्च, 1947 में लॉर्ड माउन्टबेटेन नये वाससराय बनकर भारत आए। वह इस निष्कर्ष पर बहुत जल्दी ही पहुंच गए कि यदि साम्प्रदायिक दंगों को और ज़्यादा बढ़ने से रोकना है तो भारतीय हाथों में सत्ता सौंपने में और भी जल्दी करनी चाहिए। उन्होंने एटली के वक्तव्य के अनुसार भारत-विभाजन की एक योजना तैयार की। गांधी जी अंत तक विभाजन के खिलाफ रहे। उन्होंने कड़े शब्दों में यहां तक कह दिया कि 'अगर सारा भारत भी आग की लपटों में घिर जाये, फिर भी पाकिस्तान नहीं बनेगा।' उन्होंने यह भी कहा कि 'भारत का विभाजन मेरे शव पर ही हो सकेगा।'

लेकिन लॉर्ड माउन्टबेटेन ने विभाजन के अलावा कोई दूसरा रास्ता न देखकर नेहरू, पटेल आदि प्रमुख नेताओं को विभजित भारत स्वीकार करने के लिए मना लिया था। इसलिए माउन्टबेटेन की योजना के अनुसार 18 जुलाई, 1947 को ब्रिटिश संसद ने 'भारतीय स्वतंत्रता अधिनियम 1947' पास किया। इसके अनुसार 15 अगस्त, 1947 से भारत और पाकिस्तान नाम से दो स्वतंत्र डोमीनियन बनने थे। 14–15 अगस्त की मध्य रात्रि के समय भारत स्वतंत्र हो गया। भारत दो सौ वर्षों की गुलामी से मुक्त हो गया। इतिहास के युग का अंत हुआ और दूसरे का आरम्भ हुआ।

□□□

अब तो जागो

एक प्रजातांत्रिक राष्ट्र जब पचास से अधिक वर्ष की उम्र का हो जाये, तो उसे प्रौढ़ समझा जाता है। उसमें न तो बचपन की अबोधता रहती है, न किशोरावस्था की अल्हड़ता, न यौवन की उद्दंडता और न तरुणाई की मस्ती। तब वह धीर-गंभीर हो जाता है। बीते हुए पचास वर्षों की भूलों को सुधार कर वह एक उत्तरदायी व्यक्ति के रूप में व्यवहार करता है। उसकी सोच स्पष्ट हो जाती है और उसके निर्णय बड़ी गंभीरता से लिए गये होते हैं। किंतु भारत के जब पचास वर्ष पूरे हुए, तो विश्व का सबसे बड़ा लोकतंत्र कहलाने वाला यह देश, पचास वर्ष की उम्र में कही अधिक कुरूप, भ्रष्ट और पतित दिखाई दिया। इसके रहनुमा राजनेता भ्रष्ट और मुखौटों वाले नज़र आये जिन्होंने देश को, पचास वर्ष का होते-होते, कई बुरी लतें लगा दीं। समाज ने अपने सारे आदर्श इन राजनेताओं से प्रेरणा लेकर बदल डाले। आदर्श यह हो गया कि गुंडे और अपराधी ही असली राजनेता हो गये। जो जितने ज्यादा गुंडों का सरताज है, जो जितना बड़ा अपराधी है, वह उतना ही सफल नेता है और सबसे मज़ेदार बातें दो हैं। एक यह कि ऐसा नेता आदर्श की बातें करता है, ईमानदारी और चरित्र की रक्षा की बात करता है और उसके बाद ऐसे-ऐसे जघन्य अपराध कराता है कि दिल दहल जाये। अपराधियों को संरक्षण देता है और स्वयं विलासिता के हर रूप का आनंद रात के अंधेरे में लेता है। दूसरी बात यह है कि जनता ऐसे नेताओं के समर्थन में भीड़ बनकर आती है, उनकी जय-जयकार करती है, उनको मालायें पहनाती है और अपना कर्णधार कहकर उन्हें वोट देती है। वह यह सब तब भी करती है, जबकि उसे मालूम है कि वह नेता किस तरह का है और उसकी काली करतूतें कैसी हैं। जनता ऐसा या तो डर के कारण करती है, या उसे आदर्श बताकर, स्वयं भी वैसा ही कुछ करने का लाइसेंस पाना चाहती है। दरअसल समाज में आज जो कुछ हो रहा है, उसमें दूसरी बात ज्यादा ठीक लगती है, क्योंकि सारी बातों का विश्लेषण करने पर एक पुरानी कहावत बेसाख्ता मुंह से निकल पड़ता है - *'यथा राजा तथा प्रजा'*। लेकिन आज राजा तो रहे नहीं। राजा तो अब खुद प्रजा है जो अपने में से ही किसी एक को राजा चुनती है, तो फिर क्यों नहीं इस कहावत को अब इस तरह कहा जाये - *'यथा प्रजा तथा राजा'*। यानी प्रजा को चूंकि भ्रष्टाचार, आपराधिक वातावरण वाली राजनीति और दुराचारी समाज पसंद है, तभी तो वह वैसा राजा चुनती है और यदि वह कहती है कि नहीं, हम ऐसा नहीं चाहते हैं, बल्कि कुछ ताकत वाले लोग मिलकर हमें डरा देते हैं और वे हमारी

जगह वोट दे आते हैं, तो ऐसी प्रजा को निकम्मा या डरपोक ही तो कहा जायेगा, क्योंकि उसमें अपने साथ हो रहे अन्याय का विरोध तक करने का दम नहीं है। लेकिन ऐसा कब तक चलेगा? प्रजा की सोई शक्ति कब जागेगी? कब प्रजा में वह ताकत आएगी कि वह मुट्ठीभर गुंडों को बूथ लूटने या वोट देने से रोक सके या भ्रष्ट और बुरे रहनुमाओं को हटा सके?

यह कैसी विडम्बना है कि आज हमारे पास गांधी, नेहरू, सुभाष, राजेन्द्र प्रसाद, सरदार पटेल जैसे लोग नहीं हैं जिन्हें हम अपना आदर्श बना सकें और जब हमारे युवक अठारह साल के होकर, वोट डालने जाते हैं - तो वे अपने आदर्श के रूप में देखते हैं - भ्रष्ट नेताओं को, क्योंकि जनता उनकी जय-जयकार कर रही होती है और वे युवक समझते हैं कि यह व्यक्ति जो कहता है, वो करता है जैसा इसका चरित्र है, यही तो आदर्श है। यदि ये आदर्श नहीं हैं, तो लोग इनकी जय-जयकार क्यों कर रहे हैं, इन्हें मालायें क्यों पहना रहे हैं, और हमारी युवा पीढ़ी भी उसके समर्थन में खड़ी हो जाती है। ठीक भी तो है, अपने से बड़ी पीढ़ी को भी तो वे उस तथाकथित *'आदर्श'* की जय-जयकार करते देखते हैं, उसके तलवे चाटते देखते हैं, तो फिर वे भी वही क्यों न करें।

आज़ादी के बाद जो राजनेता आये, उनके चरित्र की विशेषता थी - *'त्याग'*। आज जो राजनेता हैं, उनके चरित्र तो हैं ही नहीं या चलिए जो हैं, उसे ही यदि *'चरित्र'* की संज्ञा दे लें, तो कह सकते हैं कि उसकी विशेषता है - *'स्वार्थ'*. इस स्वार्थ की व्याख्या बड़ी व्यापक है, जो द्विअर्थी है। यानी सुनने वाले को लगे कि उसके हित की बात कही जा रही है, जबकि कहने वाला अपनी जेब भरता जाता है।

हमारी आज़ादी का पचासवां साल, हमारे लोकतंत्र के पचास वर्षीय प्रौढ़ - *'सन् 1997'* ने जितना निराश किया, जितना उसने शर्म से देश का सिर झुकाया, उतना शायद पहले कभी नहीं हुआ। भ्रष्टाचार की थैली खुली तो मामूली कर्मचारी यानी टेलिफोन के, बिजली के लाइनमैन से लेकर सर्वोच्च सत्ताधिकारी, तथाकथित *'प्रजातंत्री-राजा'* तक को उसमें लिप्त पाया गया। जब घोटालों की पिटारी खुली और छोटे-बड़े कितने ही अजगर निकलने शुरू हुए, तो घबराकर बोरी ही बंद करनी पड़ी कि पहले हमारे सपेरे इतनों से निपट लें। इसके बाद कुर्सियों का सवाल आया तो कितने ही शत्रु मित्र हो गए और मिलकर कुर्सी संभालने को राजी हो गये। लेकिन उनमें जो सबसे बड़े अखाड़े का पहलवान था, वो धमकियां देने लगा - *'देखो, चूं-चपड़ न करना, वरना कुर्सी से नीचे गिरा दूंगा'*। फिर उसने एक पटकी देकर, दूसरे को सावधान कर दिया। तब शिष्यों ने कहा - 'गुरू ! दूसरे की कुर्सी को सहारा देने से अच्छा है, तुम खुद इस पर बैठो।' गुरू को लगा - बात तो ठीक है। बस, गुरू ने दूसरी कुर्सी तो क्या, पूरा सिंहासन भी क्या - पूरे मंच को ही उलट दिया। अब फिर से मंच बनाया जा रहा है और उसके अभिनेता, भूमिका पाने के लिए दर्शकों के सामने तरह-तरह की मुद्राएं बना रहे हैं, नाच रहे हैं, वादे कर रहे हैं और यह जताने की कोशिश कर रहे हैं कि हमसे अच्छा कोई नहीं। दूसरी तरफ दर्शक जनता है जिसका ज़िक्र ऊपर हो चुका हैं वह अपने इन अभिनेताओं के मुखोटों को भी खूब पहचानती हैं देखना यह है कि उसे इनका भय सताता है या इनकी अब तक ही चमचागिरी के लिए उसकी अपनी आत्मा धिक्कारती है या उसका अपना विवेक जागता है जो इन्हें

इस बार कोई सबक सिखाकर रहेगी कि *''हम भी कुछ कम नहीं। अब तक तुम्हें देखा, अब हमारा भी धोबीपछाड़ पैंतरा देखो।''*

उधर, समाज का चेहरा भी देखिए। महिलाओं की अस्मिता को नष्ट करने के सारे कारनामें बदस्तूर चलते रहे और उनका ग्राफ पहले से कहीं ज्यादा पर जाकर, स्वर्ण जंयती वर्ष की गौरवशाली उपलब्धि के रूप में मुस्कुरा उठा। जहाँ महिलाओं के साथ बलात्कार की घटनाओं में वृद्धि हुई, वहीं अबोध बच्चियों के साथ बलात्कार की घटनायें भी बढ़ीं और उल्लेखनीय बात यह रही कि *'बाप-बेटी'* तक के यौन-संबंधों और यौन-शोषण की घटनाएं सामने आयी फिर भी पुरुषत्व का दम्भ भरने वाले *'पुरुषवादी समाज'* का सिर शर्म से उठा ही रहा। दहेज के लिए महिलाओं पर पहले जैसे ही अत्याचार जारी रहे ताकि लोग यह न कहें कि अपनी इस शानदार परंपरा को भारत ने क्यों बंद कर दिया। इसके अलावा हिंसा, हत्या, जातिगत विद्वेष, कालाबाजारी आदि भी समाज में पूरी तरह से धूमधाम से छाये रहे।

ऐसे वर्ष को इतिहास *'स्वतंत्रता की स्वर्ण जयन्ती का वर्ष'* लिखा जायेगा - यह भी कि बीसवीं शताब्दी खत्म होते-होते यह सब हुआ। यह भी कि तब एक नयी शताब्दी तीन वर्ष बाद ही जन्म लेने वाली थी। नयी सदी के जन्म लेने के पूर्व, देश के वर्तमान परिदृश्य को देखकर बुद्धिजीवी किस तरह की पीड़ा का अनुभव कर रहे हैं, इसे वयोवृद्ध साहित्यकार *श्री विष्णु प्रभाकर* ने *'साहित्य अमृत'* पत्रिका के 'स्वर्ण जयन्ती' अंक में इस प्रकार व्यक्त किया है - ''आज भारत का शासन संसद का शासन नहीं है, और मंत्रिमंडलों तथा ब्यूरोक्रेटों का ध्यान तो देश-विदेशों से संबंध स्थापित करने और उससे लाभ उठाने में लगा रहता है। वे सत्ता और पैसों के भूखे हैं। जनता से उनका दूर का भी संबंध नहीं है। मैं भुक्त भोगी हूँ। कल्पना से नहीं कह रहा हूँ। भारत का वास्तविक शासन चार महाशक्तियों के हाथ में है। पहली शक्ति है - पैसा। वह आज खुलकर खेल रहा है। अरबों रुपयों की बात सुनकर हमारे जैसे व्यक्तियों की आँखें फटी-की-फटी रह जाती हैं। लेकिन वह है कि आता है और हवा में उड़ जाता है। दूसरी शक्ति है - असामाजिक तत्त्व, जिन्हें साधारण भाषा में 'गुंडे' कहा जाता है - दल-के-दल हैं, कुछ भी कर सकते हैं, बस उन्हें फीस मिलनी चाहिए। टेलीविजन के नाना रूप धारावाहिकों और बंबइया फिल्मों में उनकी शक्ति व कौशल का परिचय मिलता रहता है और हमें उत्साहित करता रहता है। तीसरी शक्ति है - सरकार के तृतीय और चतुर्थ श्रेणी के कर्मचारी। उनकी फीस पत्थर की लकीर की तरह निश्चित है। उसे प्राप्त करके वे कुछ भी अकल्पनीय कर सकते हैं। और चौथी जो सबसे बड़ी शक्ति है, वह है सड़कों पर लाठी या राइफल लेकर घूमने वाला पुलिस का सिपाही। उसके पास जितनी शक्ति है, उतनी तो शायद विधाता के पास भी नहीं है।'' विष्णु जी आगे लिखते हैं - ''इक्कीसवीं सदी आने में अभी लगभग तीन-चार वर्ष हैं और हम अभी भी हिंसक पशु बन गये हैं। इंसान खोजे नहीं मिलता। जब कभी मिल जाता है तो विश्वास नहीं आता, चकित-से हम उसकी ओर देखते रह जाते हैं कि भ्रष्टाचार के दावानल में यह प्रह्लाद कहां से आ गया। ऐसा नहीं कि प्रह्लाद एक ही है, बहुत से हैं इस देश में, पर सत्ता लोलुप मानवों के सामने वे असमर्थ हो गए हैं।'' लेकिन विष्णु जी ने उन प्रह्लादों को भी चेतावनी दी है - ''जो अत्याचार सहता है वह

अत्याचार करने वाले से कम अपराधी नहीं होता। गांधी जी ने हमें यही तो अमोघ मंत्र दिया था कि, हमें अत्याचार का विरोध अपने प्राण देकर भी करना चाहिए। मेरा मार्ग अहिंसा का मार्ग है, लेकिन मैं यह कभी नहीं चाहूंगा कि अहिंसा कायरों का कवच बन जाये। मैं तो ऐसी हालत में हिंसा को भी स्वीकार कर लूंगा, पर कायरता को कभी स्वीकार नहीं करूंगा।''

तो क्या आज देश में राजनीति और समाज में जो नग्न नृत्य हो रहा है, आदर्शों और मूल्यों की खुलेआम जो होली जल रही है, उसका मुकाबला करने वाले हमारी नयी पीढ़ी के प्रह्लाद दूर खड़े कायरों की तरह तमाशा देखते रहेंगे? क्यों वे भूल जाते हैं कि भविष्य का संसार और समाज उन्हें कितना विषाक्त होकर मिलने वाला है - यदि उन्होंने अब भी कुछ न किया तो। क्या हमारे नवयुवक अपना कोई दायित्व नहीं समझते! वे कब तक मूक दर्शक बनकर असहाय से खड़े रहेंगे?

सच पूछिए, पिछले वर्षों में स्वार्थों की राजनीति, भ्रष्टाचार के नग्न रूप और समाज की कलुषित छवियां जिस तरह देखने को मिली हैं, उससे लगता है कि वर्ष 2001 हमें सावधान करके कह रहा है कि - *जागो, संभलो, अपनी पूरी ताकत से इन आसुरी-शक्तियों का मुकाबला करो, वरना ये तुम्हें, तुम्हारी सभ्यता, तुम्हारी संस्कृति और तुम्हारे देश को निगल जाएंगी।*

आज की युवा शक्ति के लिए प्रह्लाद के जिस प्रतीक का हमने अभी उल्लेख किया है, उसकी अपनी ही शक्ति थी, जिसके कारण आग की लपटें भी उसे नहीं जला पायी थीं, क्योंकि उसने अपनी शक्ति को पहचान लिया था और उसे उसने जगाया था - अपनी साधना और शक्ति के जरिये। ठीक उसी तरह हमारे युवकों को आज अपनी शक्ति को पहचानना और जगाना है और फिर एकजुट होकर राजनीति के उन 'हिरण्यकश्यपों' को हटाना है जो भ्रष्टाचार और स्वार्थ के सागर में डूबे हुए हैं और देश को भी डुबाने में लगे हुए हैं। समाज के उन असुरों को भी शक्तिविहीन बनाना होगा, जो पूरे देश की छवि को कलुषित कर रहे हैं। वैसे यह भी सच है कि इन असुरों के आश्रयदाता और संरक्षक भी 'हिरण्यकश्यप' ही हैं - तभी तो असुरों के हौसले बुलंद हैं और वे समाज में अपना संप्रदाय बढ़ा रहे हैं। एक छोटा-सा उदाहरण काफी होगा कि कैसे ये लोग हमारे समाज और देश की छवि को कलुषित कर रहे हैं। आस्ट्रेलिया से एक युवती पिछले वर्ष, अपनी सहेली के साथ क्रिसमस और नया वर्ष मनाने आयी। हवाई अड्डे पर उतरी। बाहर आने पर टैक्सी वालों ने उसे गिद्ध की तरह घेरा। अंत में एक टैक्सी वाला, अपने मित्र के साथ उसे उसके गंतव्य तक पहुंचाने ले चला। आधी रात का वक्त। उनकी नीयत बिगड़ी। उसे झांसा देकर वे एक होटल में ले गये और एक कमरे में बंद कर दिया। वह लड़की उस यातना को किसी तरह सहते हुए आखिर सुबह होने पर वहां से निकल भागी और अपने मित्र के पास पहुंची। यह बात जब अखबार में छपी, तब पुलिस सक्रिय हुई। उस लड़की ने पत्रकारों से सारी कहानी बताकर एक महत्त्वपूर्ण बात कही, जिसे सबने पढ़ा होगा - पर नज़रअंदाज़ कर दिया और किसी ने कोई प्रतिक्रिया नहीं व्यक्त की - जैसे इस देश में लोगों का राष्ट्रीयता के नाम पर खून ठंडा हो चुका है। उस लड़की ने कहा - ''*मैं वापस आस्ट्रेलिया जाकर, वहां के तमाम अखबारों में अपना यह अनुभव लिखकर बताऊंगी कि भारत जाने पर विदेशियों के साथ वहां के लोग कैसा व्यवहार करते हैं। यह भी कि भारत न जाओ और यदि जाओ तो किस तरह के खतरों से*

सावधान रहो, वरना कुछ भी हो सकता है।'' तो यह है हमारे लोगों के कारनामे, जो देश और समाज की छवि को कलंकित कर रहे हैं और हम इसे सहज बात मानकर उसकी उपेक्षा कर रहे हैं। दूसरे लोग हमारे बारे में क्या सोचते हैं, विदेशों में हमारी छवि किन कारणों से बिगड़ रही है - इसकी चिंता न देश के रहनुमाओं को है, न अधिकारियों को, न पुलिस को, न साज के अलम्बरदारों को। तब फिर वहीं एक प्रश्न अपने देश के प्रह्लादों से - कि तुम कब जागोगे और कब नृसिंह अवतार कराओगे ताकि हिरण्यकश्यपों और उसके असुरों के प्रभाव से देश मुक्त हो सके?

बात निराशा की नहीं है। हमें निराश तो बिलकुल नहीं होना है। प्रह्लाद को अपनी शक्ति पर विश्वास था, तभी तो वह आग की लपटों के बीच खड़ा रहा था। वही विश्वास हमारे नवयुवकों को जगाना होगा। *इकबाल* ने तभी तो कहा था - *''है बात कुछ ऐसी कि हस्ती मिटती नही हमारी'*। यह बात और कुछ नहीं, हमारी वह शक्ति ही है। इसे पहचानने की जरूरत है। आज जिन-जिन क्षेत्रों में लोगों ने अपनी शक्ति को पहचाना है, वे उसके द्वारा देश को जो कुछ दे रहे हैं, उसी के सहारे यह देश खड़ा और अपनी हस्ती को मिटने नहीं दे रहा है। कुछ झलकियां देखिए। एक नौका मालिक का बेटा ऐसी जगह पहुंच गया है, जहां महासागर आकाश से मिलता है। वह अपनी प्रतिभा, परिश्रम और लगन से, हथियार बनाने वाले मरणासन्न संस्थानों को जीवन देता है और फिर एक के बाद एक *अग्नि, पृथ्वी, आकाश, त्रिशूल, नाग* ... जैसे अत्याधुनिक प्रक्षेपास्त्र देकर सारे विश्व की महाशक्तियों तक को दहला देता है। देश के ऐसे सपूत, ऐसे 'भारत रत्न' का नाम है - *ए.पी.जे. अब्दूल कलाम।* पिछले कुछ वर्ष पहले दूसरी झलकी - दिल्ली के उपहार सिनेमा हाल में आग की लपटें उठ रही थी। चीख-पुकार मची थी। तमाशबीनों का हुजूम खड़ा था। पर अचानक यह प्रह्लाद कहां से आ गया? वह जलती लपटों और धुएं के गुबार में कूद पड़ा। उसने एक के बाद एक दस लोगों की जानें बचाईं। तब पता चला, इस प्रह्लाद का नाम है - **लेफ्टिनेंट राजेश पट्टू** - एक बहादुर सैनिक, असाधारण साहस का धनी और आज के नवयुवकों के लिए (यदि वे कुछ प्रेरणा लें) प्रेरणा-पुंज भी। अब तीसरी झलकी - एक ऐसी जोड़ी जिसने देश को गौरव दिलाया - अपनी प्रतिबद्धता, ऊर्जा और एकजुट होकर खेलने के कारण। इस युगल जोड़ी का नाम है - *लिएंडर पेस और महेश भूपति*, जिसने टेनिस की दुनिया में अपने को दूसरी सर्वश्रेष्ठ जोड़ी के रूप में प्रतिष्ठित किया है और चौथी झलकी - वर्ष 1997 की शुरूआत में बंगाल से *सौरव गांगुली* और दक्षिण भारत से *राहुल द्रविड़* देश के क्रिकेट-आकाश में दो नये नक्षत्रों की तरह उभरते हैं और वर्ष के अंत तक सारे क्रिकेट-संसार और क्रिकेट प्रेमियों पर धूमकेतु की तरह छा जाते हैं। हर ओर उनकी प्रशंसा है, हर निगाह के वे चहेते बन गये हैं। पांचवी झलकी - आज़ादी के एक साल पहले जिसने संगीत की दुनिया में प्रवेश किया, आज पचास साल बाद भी अपने संगीत का जादू बनाये रखने वाली गायिका *आशा भोसले* ने चौंसठ वर्ष की उम्र में *'जानम समझा करो'* जैसा पॉप-गीत गाकर 'एम.टी.वी. अवार्ड' प्राप्त कर देश का माथा ऊँचा किया और अंत में एक और झलकी - सिंकदराबाद की एक तंग गली के मकान में रहने वाली और एक पी.सी.ओ. चलाने वाले की बेटी *डायना हैडेन* ने 'मिस वर्ल्ड' का सम्मान जीतने के साथ-साथ मिस फोटोजनिक और मिस परसैनिलिटी के खिताब भी जीते और रीता फारिया, सुष्मिता

सेन तथा ऐश्वर्य राय के बाद भारत की अद्वितीय सुन्दरी के रूप में देश का गौरव बढ़ाया।

यदि हम पीछे घूमकर देखें तो हमारी आधी सदी के इस सफर ने कई उल्लेखनीय निशान छोड़े हैं। उनकी गवाही, हमारी सफलता और मंजिल की तरफ बराबर बढ़ते जाने का सच्चा सबूत है। ये निशां हमारी ताकत, मेहनत, लगन और आशा की कहानी कहते हैं और हमें नई स्फूर्ति देते हैं कि जिसने इतना सब हासिल किया, वह काले बादलों को देखकर निराश क्यों हो? हमने साइकिल से लेकर मोटरें और अर्थ-मूवर्स तक बना लिए, सुई से लेकर रेल की पटरियां और रेल के इंजन तक बना लिए। खिलौनों के हवाई जहाज़ से लेकर बड़े-बड़े हवाई जहाज़ तो क्या, अंतरिक्ष-यान तक बना लिए, हिमालय की चोटी को छुआ और समुद्र की गहराई में जाकर तेल निकाल लाये। धरती पर अनाज उगाने में हम आत्मनिर्भर हो गये। शहरों और बड़े-बड़े महानगरों में उद्योग-ही-उद्योग खुल गये। रोजमर्रा की जरूरत की हर नयी चीज़ हमने बना ली - इलेक्ट्रॉनिक, कम्प्यूटर टेक्नोलॉजी में निरन्तर आगे-ही-आगे बढ़ते जा रहे हैं। क्या-क्या गिनाएं कि हमने कितना पाया है - शायद उंगलियां कम पड़ेंगी, गिनती के लिए। तो फिर निराशा कैसी? जिस विश्वास से हम आज़ादी के बाद बढ़े थे और आधी सदी की मंजिल तक कामयाबी का परचम लहराते आए हैं, उसी की प्रेरणा से अब यहां से आगे बढ़ना है। बीसवीं सदी की आखिरी दहलीज पारकर, इक्कीसवीं सदी के पहले द्वार में प्रवेश करना है। स्वार्थ, भ्रष्टाचार, अनैतिकता और अमानवीयता के जिन बादलों ने हमारे परिवेश को घेर रखा है, उनको भेदने के लिए भी हमें खासकर हमारे युवा-प्रह्लादों को आगे बढ़ना है। जिस देश की युवा-शक्ति को रावण और कंस तक न मिटा सके, उसे भला इन बुजदिल, अपराधी, स्वार्थी, चाटुकार, भ्रष्ट और अनैतिक हिरण्यकश्यपों से क्यों डरना चाहिए? उसे तो पूरी शक्ति से हमें धराशायी करना है और जिस दिन ये युवक संकल्प ले लेंगे उस दिन ये बादल छंट जायेंगे और अवश्य ही *'स्वर्ण विहान'* होगा।

लेकिन देश के युवा प्रह्लादों सावधान ! ये हिरण्यकश्यप युवा पीढ़ी को गुमराह करके, अपना उल्लू सीधा करने के लिए उसकी शक्ति का दुरुपयोग पिछले पचास सालों से करते आये हैं। इनका यह मायाजाल कॉलेजों से फैलना शुरू करता रहा है और छात्र संघ के चुनावों में पीठ थपथपाकर तुम्हें अपने वश में करता रहा है। बाद में तुम उस जाल में फंसे स्वतः ही इनके पास खिंचे चले गये और इन्होंने जैसा चाहा तुम्हारा उपयोग किया। इनके दिखाए सब्जबाग में तुम्हें यह भी पता न चला कि तुमने अपने जीवन का स्वर्णिमकाल खो दिया, तुम्हें जो मिलना था, उसे तो तुम्हारे आका पहले ही डकार गये। तुम्हें उन्होंने गन्ने की तरह चूसकर फेंक दिया है, तुम घर से, समाज से, जीवन से कट चुके थे और बच रहे थे खद्दर का कुर्ता-पायजामा पहले एक ऐसे कार्यकर्ता के रूप में - जिसका काम अपने आका के लिए मुट्ठी बंधा हाथ उठाकर जय बोलना, उसके लिए बूथ लूटना, हत्याएं और हिंसा करना रह गया था। बदले में तुम्हें क्या मिला? अपने आका की झूठी और एक खोखली मुस्कान, जो न रोटी दे सकी, न परिवार और न जीवन के शेष दिनों का सुख। जब तुम्हें होश आएगा तब तुम अधेड़ावस्था से गुजर रहे होगे। हाथ खाली होंगे, आंखें धंसी होंगी, बाल बिखरे होंगे, चेहरे पर बढ़ी दाढ़ी तुम्हें गुंडा या डाकू बनाकर लोगों को

डराएगी और तुम धोबी के कुत्ते की तरह न घर के कहलाओगे, न घाट के। पिछले पचास सालों में राजनीति और राजनेताओं ने युवा-पीढ़ी को यही दिया है, जिसके कारण अंत में या वे खूंखार भेड़ियों की तरह गुंडे बन गये या उदासीन और निर्जीव उपेक्षित प्राणी बनकर, अपने बेमानी जीवन का अंत कर बैठे। इसलिए वक्त आ गया है कि हे प्रह्लादो! अपनी युवा शक्ति के इन स्वार्थी फरोशों से सावधान हो जाओ; मुखौटों के पीछे छिपे इनके घिनौने चेहरों को पहचानो और इन्हें बेनकाब कर दो। इन्हें अब और अपने को इस्तेमाल करने के लिए अवसर न दो। यह बीत रही सदी तुम्हें चेतावनी दे रही है कि - ''अब तक की सारी विद्रुपतायें तुम देख चुके। तुम सब कुछ बदल दो ताकि इतिहास कहे कि बीसवीं सदी के आरंभ में स्वतंत्रता के लिए जो स्वर्ण-विहान हुआ था, बीसवीं सदी के अंत में उसी स्वतंत्रता-प्राप्ति की आधी सदी ने एक नया इतिहास लिखा कि स्वतंत्रता का उपयोग कोई अपने स्वार्थ के लिए नहीं कर सकता। किसी को हक नहीं कि राष्ट्र और राष्ट्र के जीवन का सौदा करे और समाज में भ्रष्टाचार और अनैतिकता फैलाये, क्योंकि राष्ट्र सर्वोच्च है, राष्ट्र सर्वोच्च है।'' क्या इस देश के युवा-प्रह्लाद, बीसवीं सदी की यह पुकार सुनेंगे? जरा सुनो! पिछले पचास सालों में राष्ट्र की अस्मिता, लोकतंत्र और व्यवस्था से खिलवाड़ कर रहे राजनेताओं के लिए एक बूढ़े कवि की आवाज़ - उसके शब्दों का अर्थ समझो, उसकी वाणी का मर्म समझो और अंत में उसकी पुकार सुनो जो तुम्हें ही संबोधित है -

ये देश तुम्हारा और हमारा है सबका,
क्या आज़ादी का यों ही जश्न मनाएंगे?
बर्बादी से वीरान हो रहा जब गुलशन,
तब आज़ादी के दिये जलाए जाएंगे।
कल से बेहतर हो गए आज हम कितने?
ज़्यादा मत पूछो हाल जले दिल वालों का।
पीछे झंडा फहराना रे झंडेवालो!
पहले जवाब दो मेरे चंद सवालों का ।।१।।

और हां हुजूर, मैं नहीं करूंगा, 'हां' में 'हां',
जो ऐब करोगे खुलकर उसे बताऊंगा।
मदहोश हुए गर सिंहासन पर बैठ-बैठ
नीचे उतारकर तुम्हें होश में लाऊंगा।
खामोश न देखूंगा ऊपर मीनार सजे,
घर के भीतर लड़खड़ा रही दीवारों का।
पीछे झंडा फहराना रे झंडेवालो!
पहले जवाब दो मेरे चंद सवालों का ।।२।।

और यह है - युवा प्रह्लादों के लिए बूढ़े कवि की ललकार -

मैं कहता हूँ, वे बुजदिल हैं, वे मुरदे हैं,
जो धर कर सिर पर हाथ, हाथ को मलते हैं।
याद रखो - जिनमें बेकाबू दर्द आग बन जाता है,
वे आंधी बन, दुनिया समेटकर चलते हैं।
लेने वे झंडा छीन निकम्मे हाथों से,
इतिहास नाम लिखता ऐसे मतवालों का।
पीछे झंडा फहराना ऐ झंडेवालों!
पहले जवाब दो मेरे चंद सवालों का।

भारत उस धरती का नाम है, जो शस्य श्यामला है, जो शुजला सुफला है, जो सुखदाम् वरदाम् है। फिर यहां किस बात की कमी है? कमी यदि रही है तो हममें से ही कुछ लोगों ने इसके साथ जब-जब विश्वासघात किया तो यवन आये, अंग्रेज़ आये और उन्होंने इसका शोषण किया, इसे रौंदा और चले गये। फिर भी इस धरती ने उफ तक न की और हर बार नयी ऊर्जा के साथ मुस्करायी। तभी तो हम कहते हैं। 'वंदे मातरम्' और यह है कि ''है बात कुछ ऐसी कि हस्ती मिटती नहीं हमारी'। यहां की धरती जहां फसलें देती है, वहीं अपने गर्भ में छिपाये खनिजों के अनमोल रत्न भंडार देती है। कौन कहता है कि यहां की अर्थव्यवस्था कमज़ोर है? अर्थव्यवस्था को तो उन्होंने कमज़ोर किया है, जिन्होंने देश के विकास के नाम पर उसके खजाने लूटकर घर भर लिए; जिन्होंने 'चारा' और 'यूरिया' तक खा लिया। जिस देश के विधायक और सांसद इस नीयत से चुनकर आते हैं कि उन्हें अपनी सात पीढ़ियों के लिए कमाकर रखना है, ऐसे 'आदर्शवादी' लोगों के शासन में अर्थव्यवस्था कैसे मजबूत हो सकती है? सिद्धांतों और आदर्शों की भाषा बोलने वाले मेमनों की खाल के पीछे छिपे भेड़ियों को अब न पहचाना तो देश की अर्थव्यवस्था तो क्या, सारी व्यवस्थाएं चरमरा जाने वाली हैं। इसलिए देश की क्षमताओं को हमें हर क्षेत्र में समझना है और उनका दुरुपयोग रोकना है। हमें यह जान लेना है कि घर के बाहर जो कल्याणकारी योजना बनाकर लागू करता है, वही घर के पीछे वाले दरवाज़े से जाकर ढोल पीटता है कि - 'हो गई ... लागू हो गई ... योजना ...। लोगों को बहुत फायदा ...।' - जबकि लोगों ने तो उस योजना का नाम तक नहीं सुना। एक अर्थशास्त्री का कहना है कि देश का जितना काला धन दुबई के बैंकों में जमा है, अगर उसका दस प्रतिशत भी भारत आ जाये तो देश की सारी योजनायें तत्काल पूरी हो जायें और देश पूरी तरह कर्ज़ मुक्त हो जाये। पर सवाल तो यह है कि यह सब कौन होने देगा? जिन्हें मुक्त करना है वे पहले ही सारी रकम डकार जाएंगे और दुबई के बैंकों में किसका रुपया जमा है? स्विस बैंको में किसका रुपया जमा है? क्या पिछले वर्ष उजागर हुए घोटालों को देखकर नहीं लगा कि देश की अर्थव्यवस्था को डकार जाने वाले लोग कौन हैं और वे फिर भी लोगों के सामने शेरों की तरह गुर्रा रहे हैं और देश के कर्णधार बनने

का, आदर्शवादी व्यक्ति होने का, भ्रष्टाचार के खिलाफ मुहिम चलाने का, और अपने को पवित्र तथा राष्ट्र-भक्त और देश-सेवक कहने का दम भरते हैं और हम हैं कि सब कुछ जानकर भी खामोश हैं बल्कि उन्हें 'हीरो' बनाकर 'हीरो वर्शिप' कर रहे हैं? क्या इस देश के लोगों का ज़मीर मर गया है? नहीं, कम से कम देश के युवा प्रह्लादों का ज़मीर तो नहीं मरा है। वे जरूर उठेंगे और एक-न-एक दिन अवश्य नृसिंह अवतार होगा, तब हमारे देश के हिरण्यकश्यपों का नाश होगा। यदि ऐसा न हुआ तो क्या होगा? कोई नहीं जानता। पर एक विश्वास है, एक आशा है कि ऐसा होगा। जब-जब ऐसे नराधमों ने इस पवित्र भूमि को अपवित्र किया है, इसने ऐसे प्रह्लादों को जन्म दिया है, जिन्होंने इसे कष्ट मुक्त किया है। हमें अब यही आशा लेकर आगे बढ़ना है। बीत रही बीसवीं सदी में ऐसा 'स्वर्णिम विहान' करना है, जो देश के गौरव और महानता का मधुर संगीत पूरे विश्व में गुंजारित करेगा। आज यही आत्म-मंथन करने का और उसके बाद के निष्कर्षों पर सक्रिय होने का समय है। समय की इस पुकार को सुनो इस देश के प्रह्लाद! और अंत में सब मिलकर एक स्वर में अपना विश्वास व्यक्त करो -

हम होंगे कामयाब,
हम होंगे कामयाब
हम होंगे कामयाब एक दिन।
मन में है विश्वास, पूरा है विश्वास,
हम होंगे कामयाब, एक दिन।

□□□

जीवनी माला

अन्तरिक्ष में अद्‌भुत प्रयास
सुनीता विलियम्स
अम्बानी & अम्बानी
तरुण इन्जीनियर
स्टील किंग
लक्ष्मी मित्तल
धीरुभाईज़्म
CORPORATE GURU
DHIRUBHAI AMBANI
राष्ट्र गौरव
रतन टाटा
क्रिकेट का महानायक
सचिन
राजशेखर मिश्र
सौरव दा
राहुल द्रविड़
वीरेंद्र सहवाग